JN260389

Anthropology of Risk

リスクの人類学
不確実な世界を生きる

東賢太朗・市野澤潤平・木村周平・飯田卓［編］

世界思想社

序章
リスクの相貌を描く
——人類学者による「リスク社会」再考　　市野澤潤平　1

1 「リスク社会」としての現代像
2 リスクとは何か
3 人類学的リスク研究の系譜
4 「問題としてのリスク」のアポリア
5 「リスク社会」の再定義
6 本書の狙いと構成

第 I 部　技術・制度としてのリスク
イントロダクション　　木村周平　31

第 1 章
多産、人口、統計学的未来
——インドにおけるリスク管理としての産児制限　　松尾瑞穂　39

1 多産のリスク化
2 インドの「人口問題」
3 リスクを生きる
4 複数のリスクを横断する

第 2 章
「安全な水」のリスク化
——バングラデシュ砒素汚染問題の事例から　　松村直樹　62

1 「安全な水」とは何か
2 分析の視角
3 バングラデシュの地下水砒素汚染問題

  4 砒素対策実施側による「砒素」問題の可視化
  5 住民にとっての「アーセニック」
  6 「砒素」と「アーセニック」の差異が投げかけるもの

第3章
未来の地震をめぐるリスク
——日本における地震の「リスク化」プロセスの素描 木村周平 83

  1 地震はリスクか？
  2 動員、主体化、予防
  3 地震のリスク化1 市民生活の統制
  4 地震のリスク化2 仕組みの組織化
  5 私たちが立っている場所

コラム1 環境をめぐるリスク
    ——温暖化するシベリア・サハ共和国での洪水事例から
                      藤原潤子 104

コラム2 リスクと政治   日下渉 111

第II部 リスク・コンシャスな主体
イントロダクション   市野澤潤平 121

第4章
危険だけれども絶対安心
——ダイビング産業における事故リスクの資源化 市野澤潤平 132

  1 ダイビング産業とリスクの資源化
  2 ダイビング産業の構造——タイのプーケットを事例として

3　リスク教育
　　　4　リスク管理の代行サービス
　　　5　「安心」の販売
　　　6　リスクの資源化と「リスク社会」

第5章
航空事故をめぐるリスクの増殖
　　——コミュニケーションというリスクに関する理論的寓話　　渡邊日日　157

　　　1　コミュニケーションとリスクの問題系
　　　2　コミュニケーションの失敗とそれへの対策
　　　3　事故対策にみられるリスクと不確実性との関係
　　　4　寓話としての航空事故対策

第6章
リスクと向かいあうことから遠ざけられる人びと
　　——非リスク化の〈装置〉と「迷惑施設」の展開　　吉井千周　176

　　　1　「リスクを予測する」ことから遮断された人びと
　　　2　法制度から遠ざけられる市民
　　　3　なぜ市民はリスクを語ることができないのか
　　　4　権利の上に眠らされる者の反逆——「迷惑施設」の使用
　　　5　リスクを語ることを封じ込められた人びと

第7章
HIV感染リスク認知の「ずれ」
　　——日本の研究者とゲイ男性のあいだの事例から　　新ヶ江章友　196

　　　1　時間の感覚
　　　2　リスクを定義する

         3　リスクを計算する
         4　グレーの領域
         5　リスクの文化理論
         6　「決定」を委ねる
         7　HIV/AIDS とともに生きる希望

　コラム3　現代の公衆衛生／医療におけるリスクの個人化　　碇陽子　217

第 III 部　「リスク社会」へのオルタナティブ
イントロダクション　　東賢太朗　229

第 8 章
「待ち」と「賭け」の可能性
──フィリピン地方都市の無職と出稼ぎ　　東賢太朗　239

         1　「リスク社会」の労働と教育
         2　「リスク社会」の若者たち
         3　フィリピンの無職の若者たち
         4　イスタンバイたちの生き方
         5　「待ち」と「賭け」の可能性

第 9 章
自然と向きあうための技術的対応と社会的調整
──マダガスカル、ヴェズ漁民が生きぬく現在　　飯田卓　262

         1　漁獲安定化にむけた技術的対応と社会的調整
         2　ヴェズ漁村における資源問題
         3　漁獲をめぐる不確実性の増大
         4　社会的調整のはじまり──国際的 NGO 主導の禁漁試験

  5 漁師らによる社会的調整
  6 漁師らによる技術的対応
  7 技術的対応の功罪――悪循環か打開の契機か
  8 生活者感覚の再評価

第10章
無力な死者と厄介な生者
――エチオピアの葬儀講活動にみる保険・信頼・関与 西真如 285

  1 はじめに――死と不確実性
  2 葬儀講の活動
  3 死者と葬儀
  4 保険と連帯
  5 葬儀と信頼
  6 厄介な他人とかかわる
  7 厄介な生者

第11章
オルタナティブな世界の構築
――アメリカ合衆国のファット・アクセプタンス運動を事例に 碇陽子 306

  1 本章におけるオルタナティブの位置づけ
  2 「肥満」のリスク化
  3 ファット・アクセプタンス運動の世界
  4 オルタナティブな世界のあり方
  5 「私たちの世界」と理解(不)可能な世界

あとがき 329
索引 331

序章
リスクの相貌を描く
―― 人類学者による「リスク社会」再考

市野澤潤平
Ichinosawa Jumpei

1　「リスク社会」としての現代像

　現代社会は「リスク社会」であると言われている。そしてさまざまな領域でリスク・マネジメントの必要性が声高に叫ばれている。では、我々が生きる現代は、はたして過去と比べて、リスクが大きい／多い時代なのだろうか。
　有史以前から、人間を取り巻く環境は危険に満ちあふれていた。人間の生業活動の大部分はリスクへの対処であった、と表現しても過言ではない。ゆえに、現代社会をしてことさらに「リスク社会」である、と表現されるときには、ただたんにリスクの多さのみが意識されているのではない。従来から存在するものとはまったく異なるリスクが増大している、という理解が、一般に流通する「リスク社会」という語の背後にある。そのような意味での「リスク社会」を生きる人びとは、歴史上かつて直面したことのない新たなリスクに脅かされているというわけだ。
　「リスク社会」という言葉を一般に広めたのは、U. ベック（1998）である。ベックによれば、近現代における科学技術の発達と工業化・産業化の進展は、人びとを物質的に豊かにする一方で、新たな危険の登場を招いた。それは質的に新しく、しかも巨大で、しばしば対処がきわめて難しいものであるという。具体的には、放射能漏れを伴う原子力発電所の事故や、化

学物質による広域汚染などが念頭に置かれている。科学技術が発達した結果、専門家以外には（そして時に専門家でさえ）制御しきれないようなブラックボックスのなかで、予想もしない危険が生じる。経済や行政や科学といった専門分化した領域が巨大化し、さらにそれら複数のシステムが連関しあう複雑さが、大きな／多数の不確実性を育んでいる。我々が生きる世界のどこにどのような危険があるのか、そしてその危険の原因は何か、どうすれば軽減できるのか、もはや判然としない。

　たとえば、設計の刷新により劇的な燃費向上を果たしたとして鳴り物入りで登場したボーイング社の787型旅客機は、2011年の就航以来たびたび不具合に見舞われた。2013年1月には電池室からの出火事故が連続したことにより、アメリカ連邦航空局から運航停止命令を受ける事態となった。航空会社への当初の引き渡し予定（2008年）を大幅に延期してまで安全検査を徹底してきたはずの787型機は、なぜ就航後も機材トラブルを引き起こしつづけたのだろうか。仮にある1つの部品が99.9％の確率で安全だとしよう。しかしそれが1000個使われたシステムの全体が安全である確率は、単純計算で37％程度になってしまう（実際の事情ははるかに複雑だ）。現代のハイテク旅客機のような巨大なシステムになれば、見えないどこかに破綻が生じていることは不可避であるとすら言えるのだ（cf. Perrow 1999）。世界の航空事故の歴史をひもとけば、きわめてささいな不注意や機材の欠陥が、重大事故の引き金となっていることがよくわかる（cf. ゲロー 1997）。

　1980年代以降に社会問題となった薬害エイズ事件では、製造過程で加熱などによるウイルス不活性の措置がなされていなかった血液製剤によって、多くの血友病患者がHIVに感染してしまった。血液製剤を治療の頼りとしていた患者たちにとっては、まさに青天の霹靂であったろう。誰が意図したわけでもないのに、深刻な危険がいつともなく育まれ、突如として噴出する。そのような人間の予測と制御を超えた危険が横溢する現代を、ベックは「リスク社会」と呼んだ。公害や薬害、経済危機や社会保障の破綻、各種の環境破壊など、輪郭が不明瞭な、しかし巨大で致命的な被害をもたらす（かもしれない）危険が、現代社会には満ちあふれている。

我々の生きる現代世界では、かつては「神のみぞ知る」ことであった多くの事象が人為によるコントロールの対象となるとともに、人びとが判断のよりどころとしていた伝統的な価値観や規範意識が揺らいでいる。先進諸国においては、均質な製品を大量生産・大量消費する構造の産業群はもはや主役の座を降り、右肩上がりの経済状況も終わりを告げた。20世紀後半から進行してきた経済・社会・文化の全般を覆う変化は、たとえばZ. バウマン（2001）が「リキッド・モダニティ」と形容するような、不安定性と非均質性を顕著な特徴とする世界を生み出した。現代においては、日常生活や職業実践を構成する諸要素が倍加し、状況的な複雑さと流動性が顕著に増大したことで、主体はより多くの自己決定を強いられているように見える。アメリカや日本における貧富の差の拡大や年金制度の破綻が示すように、「ゆりかごから墓場まで」の理想が完全に達成されることがないまま、「福祉国家」の壮図はかつての輝きを失った。近代社会の諸制度が提供してきた（と考えられていた）、国民の生活を脅かす危険を回避するメカニズムは、もはや成立しなくなったのだ。みずからの生活の「安定」を保障してくれる超越的な「誰か」は、結局のところ存在しない——人生万般、道行く先にぽっかりと口を開けて待ち構える「危険」を回避するという難題は、今や個々の意思決定主体に事実上丸投げされている。我々が現代社会を生きる上で多かれ少なかれ感じている不安と困惑は、そもそも対処が困難なリスクへの自己責任での対処を求められるという、理不尽さに起因しているのである。

　こうした言説が紡ぎ上げる現代社会のモンタージュを、妥当な現実の描写と認めてもなお、現代とリスクに関する冒頭の問いに一言で答えるのは、人類学者にとっては難しい。リスクが大きいか小さいかという問いへの答えは、何をリスクと捉え、いかに見積もるかによって決定的に左右されることを、人類学者はよく知っている。そして何より、人類学者が本領とする微視的な事例研究は、「リスクに充ち満ちた社会」という時代診断が描く現代世界の鳥瞰図のうちに潜む、地域性や文脈に応じた偏差をこそ、見いだしていこうとするからだ。

2 リスクとは何か

2.1 リスクの相貌

「リスク」という語は、日常的に「危険、不安、脅威、好ましくないこと（が起きる可能性）、不確実性」といった意味において使用される。日常語としての「リスク」は、きわめて曖昧で多義的な、ゆえに幅広い文脈で使える便利な言葉として、人口に膾炙している。そのような曖昧さを引きずる形で、学術的な議論においても、「リスク」という語に込められる意味は、学問分野や文脈の違いに応じて大きなぶれを見せる。

ベック以降の「リスク社会」論では、「リスク」という概念は事実上、曖昧な多配列クラスを成している。多配列クラスとは、成員のすべてに共通の特徴により定義される単配列クラスとは異なり、必ずしも成員のすべてには共通しない複数の特徴の緩やかな共有（cf. ウィトゲンシュタインの言う「家族的類似」）によって定義されるクラスである（Sokal & Sneath 1963）。多配列クラスを鍵概念として使用する議論は、多様な現実について柔軟かつ幅広く言及できる利点がある一方で、性質の相容れない複数の現象や論理を1つの語で括って表現することで、総体としての厳密さを欠いてしまう嫌いがある（cf. 市野澤 2005）。

そこで本書では、「リスク」という概念を、語義的な多面性をできるだけ保持したまま単配列クラスとして定位したい――「リスク」とは、(1)未来[*1]、(2)不利益（損害）、(3)不確実性[*2]、(4)コントロール（操作・制御）、(5)意思決定、(6)責任、という6つの要因すべてを内包する、現在における認識である（ここで言う「認識」には、態度や行為といった事柄が外延的に含まれる）。ただしそれらの要因は、常に同じ重み付け、同じバランスにおいてリスクを意味づけるわけではない。その点で、我々から見たリスクは、人間の顔に似ている――6つの要因を変わらず包含しながら、立ち現れる状況に応じてその相貌は驚くほどに多彩であり、また刻一刻と異なる表情を作るのである。経営管理手法（またはそのための学問）としてのリスク・

マネジメントが幅を利かせる今日、「予想される損害の大きさ×発生確率」として「リスク」が定義されるケースが目立つが、本書における「リスク」の捉え方は、上記の単純な公式に集約されるものでもなく、また被害額や工学的な計量数値のみに還元して語られるものでもない。

2.2　未来、不利益、不確実性

　人間をして不利益をリスクとして意識させるそもそもの源泉は、未来[*3]を過去の延長線上において捉えようとする認識である。それは一言で表すなら、〈結果としての未来〉観だと言えるだろう。〈結果としての未来〉とは、現在までに与えられた諸条件が時間発展した結果として未来があるという、過去・現在の延長としての未来である。〈結果としての未来〉は、現在の延長であるがゆえに、現在において予期できる。予期された〈結果としての未来〉が不利益とみなされるときに、リスクへの意識が生じる。

　もちろん、過去から現在へという推移の単純な外挿が、そのまま未来へと現実化していくわけではない。未来は現在の諸条件が因果的な連関のもとに時間発展した結果であるが、その〈結果としての未来〉を完全には予

[*1] 過去・現在の延長として（不完全ながら）予期が可能な未来は、あくまでも「過去の記憶の「鏡像」なのであ」って（植村 2002: 156)、「あらゆる意味で現在われわれから隠されて〔中略〕感じ・考えることさえできない」（中島 1996: 174) 未来は、リスクという認識からは隔絶している。起こる（かもしれない）事象が特定されてはいるが確率的にしか捉えられない状況を「リスク」、そもそも何が起こるかさだかでない状況を「不確実」とした、F. H. ナイトによる古典的な定義（Knight 1971）は、おそらくはそのような「未来」の異なるあり方への洞察に基づく。本書におけるリスクの捉え方は、ナイトによる定義と重なる部分もあるが、それをそのまま踏襲するものではない。
[*2] 「不確実性」という概念も、「リスク」と同様に必ずしも明確な統一的定義がなされないまま、異なる学問分野でさまざまな意味あいにおいて使用されている。
[*3] 本節で概観するような未来観が西欧で生じた背景には、キリスト教的な世界観や未来への構えもかかわっていると考えられるが、ここでは深く立ち入らない。

測できないことを、我々は経験的に知っている。18世紀の数学者 P. S. ラプラス（1997: 10）は、ある瞬間における世界の状態をくまなく把握し分析できる知性にとっては、「不確かなものは何一つないであろうし、その目には未来も過去と同様に現存するであろう」と言った。いわゆる「ラプラスの悪魔」である。彼が持ち出したこの仮定は、人間が現実には「ラプラスの悪魔」たり得ないことをかえって強調する。ラプラス自身が意識していたように、人間の認識能力には限界があり、分析と考察の能力も不十分だ（サイモン 1999; 塩沢 1998）。

ゆえにリスクとは、「現在においては未来のことがまだわからず、知ることもできないがゆえに、不確実性を伴う未来の被害の現在における予期、という意味で理解される」（ナセヒ 2002: 21）。未来に生じるだろう望ましくない事象であっても、それが「絶対確実」であるとみなされるなら、リスクではない。たとえば、氷点下の北大西洋に沈みゆくタイタニック号で、婦女や子どもを優先して救命ボートに乗せ、みずからは死を覚悟して船に残った男たちのうちに（現実は映画のように美しくはなかったらしいが）、「死亡するリスク」を云々する者はいなかっただろう。（ある問題に関する）未来への見通しが程度の差こそあれ不確実だという確率論的な状況認識こそが、リスクをリスクとして特徴づけるのだ。

2.3　コントロールと意思決定

すべてを完璧に予見できる「ラプラスの悪魔」にとっては、答えは1つしかないのだから、考えた末の意思決定は必要ない。また、「天は落ちてこない」といった自明なまでに確実な未来については、もはや習慣的に処理され、あらためて意思決定がされることはない。だがそうではない未来の不確実性を前にするとき、我々はなんらかの意思決定を強いられる（自明な現実も、その自明性を失えば「杞憂」の元となる）。この意思決定という問題は、理性的に（合理的に）考え行動する人間という、近代以降のヨーロッパにおいて支配的となった人間観と、表裏一体である。地動説、ニュートン力学、そしてダーウィンの進化論に至る「科学革命」を経て、人間

を含めた森羅万象が等しく神の被造物であるという世界観は、決定的に変容した。考える「自己」を環境世界から引き離し、環境を「自己」によって把握され働きかけられる対象としたのだ。人間をして合目的的な意思決定をおこなわせるのは、「因果律」というドグマである。つまり、Aという働きかけを原因としてBという結果が生じる、すなわち原因が結果を生むと考える[*4]からこそ、人間はある特定の帰結を引き起こす目的において、環境に働きかけるのだ。

〈結果としての未来〉観は、過去・現在と未来とのあいだの因果的連続性への了解を土台として、成立している。そこでの未来は、したがって過去と現在の経験に依拠した予測の対象となる。のみならず、現在における決定や行動が未来を規定するのであれば、自己による決定いかんで未来の姿は変わっていくはずだ。つまり、未来は現在における人間の手によって可塑的であるという認識が、そこに生じるのである。未来とは、現在の延長であるが、確定はしておらず、不完全にしか予測できない。他方で、不確実であるがゆえに、現在における意図的な働きかけによって因果的に変化させる余地がある――こうした確率論的世界観と因果論的世界観とが交差した地点における未来認識（の一形態）が、リスクであるとも言えるだろう。

現在における諸条件を改変することにより、未来のありようを操作する。リスクとは、そのような思考の産物であるがゆえに、未来の問題であると同時に現在の問題である。いま現在にいる我々は、未来の出来事へと直接関与することはできない。しかし、未来をなんらかの形で現在に持ち込めば、それは現在のこととして我々の直接関与の対象となる。さらには、意思決定の対象となり得る。

---

*4 人間が何かの事象を観察して見取る因果関係とは、ありうべき無数の事象の関係の網の目から、特定の「系列」を選び取ったものにすぎない（cf. 九鬼 2012）。「原因と結果の関係というのは〔中略〕何らかの選択行為とともに「これこれを原因結果として見る」という理解の営み」であり、「ある種の物語、シナリオ、として因果関係は現れてくる」と一ノ瀬正樹（2013: 103）は指摘する。

未来に対するそのような我々の構えについてベックは、「リスクとは、未来を植民地化するための認知地図であり、(制度化された)試みなのだ」(Beck 1999: 3) と指摘する。たとえば、経営学の世界における先物価格や「現在価値 (present value)」の考え方などは、その典型だろう。まだ存在していない未来の価値の取引は、本来は不可能だ。そこで、金利や変動性を考慮するなどの工夫により、(現在から) 未来 (にかけて) の価値を現在において評価したり取引したりすることを、可能としているのだ。リスクという概念も、基本的には同様のロジックに基づいてあるものだと言える。我々が生きている現在とは、未来がリスクという形で織り込まれた現在なのである。

2.4　責任

　〈結果としての未来〉という認識と表裏一体であるリスクは、必然的に責任という問題ともかかわってくる。西洋近代が措定する理性的な存在としての人間が、自由意思において決断し行動することを通じて、未来を形作る。そこになんらかの不利益が生じる可能性は、(ある程度までは) 予見可能であり、操作可能なはずである。ゆえに意思決定者は、その決定に付随するリスクに対して責任を負わねばならない。言葉を換えると、なんらかのリスクが認定されるということは、それを生み出した者における責任が意識されることでもある。意思決定主体の目線からすると、リスクを認識するということはすなわち、将来に生じるかもしれない不利益を自己の責任において引き受けることである。

　リスクのそのような性質を、「決定」というモメントに引きつけて論じたのが、N. ルーマンである[5]。ルーマンは、「特定の潜在的な損失が特定の決定の帰結とみなされる、すなわちその決定に帰せられる」とき、それはリスクである (Luhmann 2005: 21-22) と言う。将来における不利益を生

---

[5] ルーマンによるリスク論の広がりについては、小松丈晃 (2003) による整理を参照。

み出すのが、現在における意思決定であるとき、その決定に参加できる者が認識するのが、リスクである。人間の決定の帰結として環境に変化が生じれば、それは決断した当の本人を含む少なからぬ人びとに影響する。その影響が未来の不利益となって現れる可能性がリスクなのだから、リスクを生み出した責任は、その元となる判断（に基づく行動）をした人間に帰せられることになる。

　ただし、未来に予想される特定の不利益に関して、それが誰の決定によって生じる（可能性がある）のかは、常に明確であるとは限らない。したがって責任が誰にあるかについても、おうおうにして水掛け論の対象となる。一般的に、科学・経済・政治などの巨大なシステムが稼働した結果として生じる広汎かつ深刻な影響は、そのシステム内部にきわめて多数の意思決定者を抱え、因果関係とコミュニケーションの輻輳する過程を経て姿を現す。ゆえに、広範囲にわたって不利益をもたらすような事象に関する責任の所在をどこに置くかは必ずしも自明ではなく、多くの場合、優れて主観的なものである。そこで、誰に責任が帰せられるのかを明確にするべく、利害関係者たちによる論戦や駆け引きが展開されることになる。いわば〈犯人探し〉がおこなわれるのである。何がどうリスクであるのかを決めることは、そのような決定／帰責をめぐるポリティクスの一側面である[*6]。ベックやルーマン、そして次節で言及するM.ダグラスらが論じるように、リスクの問題はすなわち政治の問題でもあるのだ。

[*6] すでに生じた不利益に関して、誰がどのように決定を下したのか——それゆえ誰にどのように帰責されるのかについては、事後的に問題化されることがある。リスクをめぐるコミュニケーションが過去を指向して展開され、現在から見て過去の時点における未来にかかわる認識として、リスクが構成される場合も少なくない。

3 人類学的リスク研究の系譜

3.1 記述的アプローチ

　E. キャッシュダン（Cashdan 1990）は、リスクを主題とする学術研究を、「処方的リスク研究」と「記述的リスク研究」とに、大別する。処方的リスク研究とはいわゆるリスク・マネジメントであり、確率・統計の数値によって測定され記述された未来の可能性としてリスクを把握し、その管理と統制をめざす。記述的リスク研究は、認識されたリスクに対して人びとがどのような経験的知識を蓄積し、その知識に基づいてどのように対応をしているのかについての、事例解釈をおこなう。人類学的なリスク研究は、主に後者のアプローチにおいて展開されてきた。

　広義に考えればリスクとは、人間という生物が時間認識を獲得し、未来への予期ができるようになったゆえに生じた、特有の世界の捉え方である。人類学者たちは、とくに伝統社会において、広義のリスクに関して人びとがいかなる経験的知識を蓄積し、その知識に基づいてどのように対応をしているのかについての、事例解釈をおこなってきた。彼らの議論の両輪となったのは、生活世界に侵入する危険に人びとがいかにして対処してきたのかという機能面への関心と、そもそも何をどのように危険とみなすのかという認知面への関心である。

3.2 生態人類学と経済人類学

　人びとによるリスク対応の機能面については、生態人類学や経済人類学と呼ばれる領域において、熱心に追究されてきた。生態人類学は、主に狩猟採集民や漁撈民という、人間個人と自然環境との直接的なかかわりのなかで生業を構築している人びとを対象として、彼らが環境変動に起因する危機をいかに乗り越えるかに着目する。狩猟民が生きる草原や森林にしても、漁撈民が船で乗り出す海にしても、当事者たちにとってはみずからの

管理や改変の力が及ばない原生自然である[*7]。都市や工場のような人間がつくりだした環境に比して、原生自然に内在する動態性は、食料などの生活資源を得るという人間側の思惑に反して、制御不可能な形でさまざまな不利益（もしくは利益の逸失）を生み出す。原生自然との直接交渉を生きる人びとは、そのような意味での不確実性の存在を十分に意識し、致命的な不利益を被らないための合理性を可能なかぎり備えた形で、自身の生業形態を構築する。人類学は、そのような人びとによる土着のリスク対策のあり方を、丹念に描き出してきた（Cashdan 1990; Halstead & O'Shea 1989; 秋道 2004 etc.）。

　伝統的な生業への経済活動という観点からの考察は、経済学と人類学が重なる研究領域として、一定の地歩を占めてきた。農業も含めた自然を相手にする生産活動ゆえの収穫の変動、とくにそれが下方に大きく振れる危険に対して人びとがどのように対処してきたのかについては、人間と自然との関係に加えて、社会に埋め込まれる形で構築されるリスクへの対応システムの態様が分析された（スコット 1999 etc.）。また、より人工的な環境である市場が生み出す不確実性とリスクに関しても、なかんずくリスク回避的な人びとの意識や商習慣が構築されるメカニズムについての分析が、蓄積されている（Geertz 1979; ギアツ 2002; Plattner 1985 etc.）[*8]。人類学における従来の市場論が想定していたのは、物財の相対取引であったが、我々の経済活動のなかで比重を増す一方のサービスの取引においては、人びとのリスクへの構えも異なってくる（市野沢 2003; Ichinosawa 2006）。

[*7] 実際には、永年にわたる人間の狩猟採集・農耕圧力によって、生態系の様相は大きな変化を被っている場合が多いが、おうおうにして当事者たちはその事実を意識していない（池谷 2003 etc.）。

[*8] こうした研究は、G. A. アカロフ（1995）らによって開拓された、不完全／非対称情報の経済学の系譜に位置づけることができる。

3.3　災因論と医療人類学

　対して、認知面に目を向けた議論を重ねてきたのは、「災因論」（もしくは「呪術論」）と呼ばれる領域である。災因論の文脈においては、人びとの予期を超えた形で生じた不利益について、事後的にいかなる解釈がなされるかが、分析の焦点となった。たとえば E. E. エヴァンズ=プリチャード（以下「E-P」）は、アフリカのアザンデ人における妖術を扱った有名な議論（2001）のなかで、以下のような例を提示する。ある建造物が倒壊したとき、ある男がたまたまその下にいて、怪我をした。アザンデは、そのようなとき、「なぜ」その男がそのような突発的な不幸に見舞われたのかを、妖術の作用として説明する。E-P によれば、アザンデは、(1)柱がシロアリに喰われて強度を失っていたために建物が崩壊した、(2)男は暑さを避けるために建物の陰に入った、という2つの必然性を理解しているという。アザンデが妖術の作用を持ち出すとき、彼らが答えている問いは、個別性への問いである。なぜその男が建物の下に入ったときに、たまたま建物が壊れたのか。またはなぜ建物が壊れるときに、その男はたまたまその下に入ったのか。なぜ他の可能なタイミングではなくその個別のタイミングであったのかという問いには、先ほどの2つの因果性の理解は答えることができない。アザンデは、妖術という説明装置を通じて、もう1つの因果性の語りを可能とすることによって、当初は偶然とみなされた不幸を、必然として了解可能なものとしたのである。

　このような、物理的な因果性の解明を通じた「いかに (How)」という説明の仕方では決して答えることのできない「なぜ (Why)」という問いは、医療人類学において、生物医学が提示する病因の説明では掬い取れない病者の苦悩の経験を考える上で、ふたたび注目を集めている (cf. 浮ヶ谷 2004)。近年、医療の現場にあふれる種々の不確実性が、医療行為の阻害要因という文脈を超えて、幅広く再考されはじめた (Fox 1980; 中川 1996 etc.)。医学が人間という集合を対象とした標準的な知識の集積である以上、そのなかの特定個人を取り上げて適用するという行為から、不確実を完全に払拭することはできない。ゆえに、病気や怪我の治療実践においては、

病者の側も、医師や看護師の側も、多かれ少なかれリスクを伴う決断を強いられる。病者の苦しみの経験のなかで、また治療という人びとの協働のなかで、危険に満ちた不確実性やリスクがいかなる意味を持つのかを描き出すことは、臨床の現場を対象とした人類学や社会学における、重要な課題である（Gifford 1986; Jenkins et al. 2005; Whyte 1997 etc.）。

3.4　リスクの文化理論

　1980年代になって、人類学におけるリスク研究の大きな潮流として、ある特定の社会（もしくは集団）の社会的・文化的な特性こそが、その成員である個々人による危険認識のあり方を決定するという、ダグラスらによる「リスク（認知）の文化理論」が登場した（Douglas & Wildavsky 1982）。「リスクの文化理論」が提示する過激なまでに社会構成主義的な論理は後に懐疑の的となり、またダグラスらが提出した図式的なモデルは、現実を捉えるには単純に過ぎると批判された[*9]ものの、危険が人間による環境への対応のなかで認知的に構築されるという基本的な視座は、リスク認知を数理的・統計的な方法によって具体的に記述しようとした社会科学におけるリスク研究との親和性があった。たとえばリスク認知の心理学は、自然科学の手法によって測定されるリスクと一般市民が感受するリスクとの量的・質的な乖離に着目し、ある問題に関して流通する情報の質と量、個人の持つ知識の多寡や社会的な位置、安全管理者への信頼の大小などが、リスク認知に大きく影響することを、実証的に示してきた（cf. Slovic 2000; 中谷内 2003, 2006 etc.）。与えられた条件が異なれば人びとが抱く危険の姿も異なるという構築主義的な危険観については、現在の人文社会科学的なリスク研究の分野では大筋で受け入れられている（cf. Zinn 2008）。

[*9]　「リスクの文化理論」への批判については、山口節郎（2002）やK. シュレーダー＝フレチェット（2007）などが、簡潔に整理している。また筆者は、リスク認知の動態性・構築性という観点から、「リスクの文化理論」の補足を試みたことがある（市野澤 2010）。

その影響力と後に巻き起こった批判の論争も含めて、1980年代の「リスクの文化理論」は、人類学的リスク研究の存在感を華々しく世間に印象づけた。しかしながらその後の人類学は、「リスクの文化理論」を批判的かつ建設的に引き継いで発展する、リスクを主題とする強力な議論を生み出すには至らず、針路を模索中である。

4　「問題としてのリスク」のアポリア

4.1　〈問題―解決〉という思考

　上に概説した人類学によるいくつかのアプローチは、リスクへのまったく異なる説明枠組みのようだが、そこで描き出される人間像が、問題を見いだしその解決を志向する主体（cf. 春日 2007）であるという点で、共通している。

　E-Pが描くアザンデは、一見したところ、不幸の理由を問う認識の地平に呪術・妖術という切断線を導入することによって、〈問題―解決〉型の態度からは距離を置いているように思えるかもしれない。たしかに、ある年に旱魃が生じる、ある特定の場所・時点において誰かが怪我をする、といった出来事の発生について、不利益を被る当事者（もしくはその目撃者）たちは、当初は因果的に明確な説明ができていない。しかしながら、呪術や妖術という語りの装置を借りて、やはり事態を因果的に（もしくは因果論の形式を借りて）説明することになる――結局は、因果論的な〈問題―解決〉の枠組みに、事態の把握を適合させているのである。それはすなわち、未来に予想される不利益という問題について、呪術的な説明を手に入れることができれば、その世界観の枠内において、環境操作的な対処ができるということでもある（もちろん、すでに起こってしまった不利益についてはそのかぎりではないが、少なくとも誰かに責任を問うことはできる）。呪術を導入した因果的な説明が作り上げられた後では、その因果を覆すことによって状況の操作が可能となるのだ。偶然を因果論的な未来観とすりあわせ

ようとする認識的営為は、このように半ば必然的に、不確実性をある種の問題として捉え、それ自体の解消、もしくはその影響の管理統制という解決を志向する態度へとつながっていく。

4.2　確率と統計

　リスクが問題として見いだされるということは、そのリスクの原因と責任がどこにあるのかという、〈犯人探し〉がなされることと、同義である。すでに起こった出来事の犯人探しは、推理小説でもおなじみのように、その出来事を生じさせた因果系列の特定を通じてなされる。たとえば誰かが死体で発見された際には、ナイフで胸を刺すなどの、被害者が死亡する原因を作った者が犯人となる。対してリスクへの〈犯人探し〉は、すでに起きてしまった出来事ではなく、将来において被る「かもしれない」不利益の、原因となり責任を発生させる「かもしれない」因果の系列を、見定める。リスクという問題の解決への道は、探り当てられた因果関係を操作し制御することによって、拓けるはずである。しかしもちろん、現時点で不利益はまだ形を成していないのだから、明瞭な系列としての因果関係の特定はおこない得ない。そこで駆使されるのが、確率・統計という道具である。確率・統計を通じて、曖昧模糊とした未来における「かもしれない」は、具体的に把握できる形で可視化される。「明日は雨が降るかもしれない」と漠然と言われるよりも、「明日の降水確率は70％だ」と数値で示されるほうが、傘を持っていくか否かの判断がしやすい[10]（ただし、数値の提示の仕方によっては逆に判断を迷わせることもある）。これが数値で示される確率の効用である。不確実性への漠然とした認識を超えて、操作や対処の対象として取り扱うべく確率・統計を通じて数値化されたリスクは、狭義の

---

[10] 雨に濡れることと雨具を持ち歩く手間とのあいだの損得と、雨が（どの程度の強さ・長さで）降るかの確率とが、それぞれ定量的に測定・記述できれば、期待利得の算定が可能となる。ただし、そのようにして算定した期待利得の妥当性がどの程度なのかは、判断が難しい。

リスクであると言えるだろう。

　統計データは、集合的な事象のなかに潜む危険を浮かび上がらせる。たとえば、ある特定の属性（収入、職業、学歴、住居、服装など）を持つ人びとの集合を取り出すと、その他の人びとに比べて、犯罪者である割合が高いということが、統計的に示される。もし誰かがその「犯罪者が多い」集合に属しているなら、その誰かは犯罪者である可能性が高い、という推論が、そこから導き出される。この（不完全な）現実描写における「かもしれない」は、確率という形をとることで、未来における生起可能性としての「かもしれない」へと転化される——ある一定の属性を持つ集合（のある特定の標本）は犯罪者を含む割合が高いという統計的な事実は、そのなかの特定の個人を取り上げたとき、その個人が現時点では犯罪者でなくとも、未来において犯罪者となる可能性が高い、という未来の確率へと読み替えられる。現代におけるリスクは多くの場合、このような統計と確率との共犯関係のもとに、人びとの前に提示される。タバコを例にとれば、喫煙者と非喫煙者とを比較した場合、喫煙者の集合のなかに、肺癌患者の数がより高い割合で発見される（この割合を数字で示したものが統計だ）。であるなら、喫煙者であるあなたは、現時点で肺癌でなくとも、将来そうなる確率（数字で示された可能性）が高い——ゆえにタバコを吸うことは、あなたにとっての肺癌リスクを増やす[*11]。

4.3　リスクの増殖

　不確実性を飼い馴らす手段としての確率・統計の技術は、18 世紀末か

[*11]　肺癌と喫煙については、現在における肺癌患者の過去の喫煙歴を調べる「後ろ向き（retrospective）」調査と、現在（から未来）における継続的な喫煙者が肺癌を罹患する割合を調べる「前向き（prospective）」調査との両方において相関関係が見いだされ、多数の調査結果の検証を経て、疫学的には因果関係を認めるのが妥当であるとされている（Cornfield et al. 1959）。ただし、肺癌に罹患したある特定の喫煙者に関して、その原因が喫煙にあると証明するのは容易ではない。

ら20世紀にかけての科学における決定論的世界観から確率論的世界観への転回のなかで、急速に発展した。それは、未来と不確実性への人間の認識における、「確率革命」と呼ばれるにふさわしい大きな変化であった（クリューガーほか 1991; ハッキング 1999; ポーター 1995）。確率・統計は、不確実性を飼い馴らす手段であると同時に、不確実性を飼い馴らしたいという欲望を加速させる原動力でもあった。未来に生じるかもしれない不利益は、（皆目不明というのではなく）不確実性が整調された数値として示されることにより、とりとめのない「かもしれない」ではもはやなく、人間による働きかけに応じた変化を測定することが可能な対象とされる。働きかけに対する変化の度合いを正確に測定できれば、その働きかけを原因とし、リスクの増減を結果とする因果関係[*12]を、見いだせる。かくして人間は、確率・統計を通じて、未来の不確実性を厳密な操作と管理の対象とすることに成功した[*13]。コンピューターとソフトウェアの進化により、かつては統計学者（に雇われた女性たち）が紙と鉛筆で数か月もかけておこなっていた統計解析の計算を、現在では誰もが手元のパソコンを使って一瞬で片づけられる。コンピューターの圧倒的な計算能力を前提として生み出される多彩な統計解析の手法は、我々の生活世界に遍在する未来の不確実性を、1つひとつ具体的な対処を要請するリスクとして提示する。また、かつては気づかれることすらなかったリスクの存在を、次々と可視化していく。結果として我々は、無尽蔵のリスクの海を泳ぐ自分を発見し、溺れるのを避けるためにもがきつづけねばならないという強迫観念にとりつかれる。

---

*12 統計解析が扱えるのは、正確には因果関係ではなく相関関係である。ゆえに、統計を援用してなされる因果関係の同定は、相関関係をもって因果関係とみなすという、意図的なすり替えに基づいている。

*13 ただし、フォーディズムからポストフォーディズムへという産業構造の転換に伴い、実務上の問題を生み出す不確実性の位相も変化しつつある。竹内啓は、現代の最先端技術の応用現場には「大数の法則によって補正されるような偶然誤差が許容される余地はない。品質管理は言葉の本来の意味で「統計的」でありうる余地はきわめて少なくなった」（竹内 2010: 206）と述べ、「大数の法則によって「偶然を飼いならす」時代は終わったと言うべきである」（竹内 2010: 201）と喝破する。

現代社会を生きるということは、リスクを生み出す諸条件の操作と統制へと駆り立てられ、縛りつけられることと同義である。

　専門家たちは、多種多様なリスクを見つけ出す能力こそもつものの、現代社会に特有の種々の新しいリスクへの効験ある処方箋はもたない。それらのリスクは、関与する因果関係があまりに複雑で影響範囲があまりに広大なゆえに、いかに高度な確率・統計の技術をもってしても、究極的には滅却するのが不可能なのだ。因果の系列において過去・現在の延長として未来を捉えきれ「ない」という不在の了解ができるとき、因果連関をたどっての問題解決の努力は、挫折せざるを得ない。ただたんに解決すべき問題があるのではなく、その問題が原理的に解決不能なのだという〈問題〉こそが、現代におけるリスクと我々とのかかわりを特徴づけている。現在あらゆる実務領域で隆盛を極める確率・統計的なリスク管理の営為は、膨大な資源を注いでリスクを縮減していく限界効率逓減の彼方に、究極的には手の触れ得ない残余の領域があることを、逆説的に浮かび上がらせてしまうのだ。

5　「リスク社会」の再定義

　現代が「リスク社会」であると言われるとき、そこにはさまざまな含意がある。しかし濃淡の差こそあれ、大まかには本章の冒頭で述べたような、日進月歩する科学技術の副作用である巨大な危険や、近代社会に特有の諸制度によって確保されていた安全の消失などを強調しつつ、「リスク社会」論は展開される。既存の「リスク社会」への分析はいずれも説得力のある議論ではあるが、生活者や組織、共同体や国家の生存を脅かす危険が、現代社会において強度を増しつつあるという「事実」をもって、「リスク社会」という状況理解を基礎づけるのは、性急に過ぎるだろう。たとえば、一般的な「リスク社会」論において頻繁に言及される原発事故と中世ヨーロッパを襲った疫病、または深刻さを増しつつあるとされる格差社会日本と辻斬りが横行した江戸時代初期——それぞれを危険という観点から比

較しようとしても、万人が納得するような測定の尺度も方策も、我々は持ち得ないのだ。したがって我々が生きる現代が何ゆえに「リスク社会」なのかを語る上では、自然の征服・管理への志向の強まり、判断のよりどころを提供してきた伝統的な価値規範の衰退、さらには宗教に代表される超越的な論理の失墜など、人びとによる世界との向きあい方の変化に着目するのが、妥当な針路のように思える。それは、先に示したように「リスク」を意思決定主体による環境認識の問題と絡めて理解しようとする我々の立場からすれば、当然の帰結でもある。

　2011年3月11日、仙台市にある宮城学院女子大学構内において、筆者は東日本大震災を体験し、交通が途絶して帰る場所を失った学生たちとともに、大学の体育館や合宿所で避難生活を送った。電気、水道、ガス、通信などのライフラインが遮断されたなか、学内避難所で寝泊まりする学生たちは、乏しい備蓄食料や飲料水の節約を強いられたが、徒歩で外出して（いつ開くかわからない）商店へと買い出しに行くにあたっては、大きな不安と難色を示した。「放射能」を含んだ雨雪に打たれるリスクを、恐れたからだ。被災直後に外部情報の入手手段として活躍した、貧弱な画質の携帯用テレビは、地震の影響で生じた福島第一原子力発電所の事故についての報道を、繰り返し映し出していた。また、電波状態が悪いなか、時折つながる携帯電話には、「放射能」汚染を警告するチェーンメールが、続々と送られてきた。その時点で、福島第一原発から漏出した放射性物質が、仙台市民の身体に危害を加える可能性がどの程度なのか、正確に見積もる術は当事者たちにはなかった。しかしそれでも、雨雪のなかを外出することの「リスク」——そうすることで被るかもしれない危害への怯えと、外出するか否かの決定の重さだけは、確実に存在していたのである。人類学者の目には、原発史上でも稀に見る深刻な事故そのものに加えて、直接の関係者でもない多数の人びとが、その事態にまつわるリスクをさまざまな形で重く受け止め、大きな混乱を引き起こした顛末こそが、考察すべき対象に映る。

　そこで本書では、人びとを徹底的にリスク・コンシャスにしていく（リスクへの意識を強く深く内面化していく）諸条件が卓越し、またその諸条件の

複合が社会・経済・政治の制度を組み上げる骨幹となっている事態こそが、「リスク社会」の最大の特徴であると、定位しておく。客観的または物理的な危険の大小多寡にかかわらず、である。増殖し多様化する、リスクについての言説、そしてリスク対応のための技術や制度が、人びとをしてリスクを強く意識させ、避けて通れない困難として受け取らせる。他方で、ある人びとにとってのリスクの存在は、別の人にとってはビジネス・チャンスとなる（さらには、大きな利益や変革をもたらすための行動・決断に伴う属性として、リスクをとることが賞賛される）。結果として21世紀の社会は、「リスクを生産し、グローバルに流通させ、消費し、コントロールし、争点として主題化する」（美馬 2012: 239）ダイナミクスに翻弄されて、先の見えない漂流を続けることになる。

　冒頭に掲げた問い——現代においてはリスクが大きい／多いのかという疑問——には、人びとをよりいっそうリスク・コンシャスにする状況があるという意味で、「然り」と答えることができよう。ゆえに現代における制度や組織の設計は、リスクを個々の意思決定主体に負わせるにせよ、保険制度のようにその分配をめざすにせよ、前近代的な連帯と相互扶助へと回帰するにせよ、一様にリスク管理や回避の意識に強く根拠づけられたものとなる。のみならず、複雑化するリスク対応の営為それ自体によって、新たなリスクが生み出されてしまう[*14]。近年着目を集めている、リスクがある「かもしれない」状況に対応しようとする「予防的アプローチ (precaution-based approach)」（Klinke & Renn 2002）は、リスク・コンシャスな人びとによって新たな「（対応すべき）問題」としてのリスクが生み出される、典型例だろう。「リスク社会」におけるリスクは、そのような再帰的な文脈において、我々の生きる世界のあり方を決める基底要因となっているのだ。

　リスクの存在を示すのみならず、それを不安や恐怖と結びつける回路が張りめぐらされ、刺し網のように人びとを絡め取っている（その典型が、

---

　*14　あるリスクを縮減することが別のリスクの増大を導く「リスク・トレードオフ」状況（グラハム／ウィーナー 1998）は、現実世界に遍在している。

種々のリスクを巧みに商機へと転換するリスク・ビジネスの氾濫だろう）この世界で、我々はリスクの存在と重さの両方に敏感にならざるを得ない。リスクの存在に怯え、その重さに打ちひしがれる。そんな陰鬱に我々を追い込んでいくのが、「リスク社会」である。繰り返して言えば、現代の「リスク社会」は、冒頭で紹介したような新しい巨大な危険による脅威に加えて、リスクを可視化して突きつけることを通じて我々をリスク・コンシャスな主体へと作り変えていく、種々の状況的要因の存在によってこそ、より鮮明に特徴づけられる。そうした、人びとをある特定の方向に差し向けていく要素の総体を、我々は M. フーコーにならって〈装置〉と呼ぶことができるだろう（cf. 第Ⅱ部イントロダクション）。リスクの〈装置〉の卓越こそが、かつて経験されたことのない特異な「リスク社会」として、我々が生きる現代を際立たせているのだ。

6　本書の狙いと構成

　本章の冒頭に示した意味での「リスク社会」の到来を叫ぶ既存の議論は総体として、リスクが充溢する現代社会への説得力のある時代診断であり、そこで生じる諸問題をあぶり出して批判的な議論をおこなってきた（ただし、見いだされた問題への決定的な処方箋はない）。本書はそうした議論を基本的には受け入れつつも、「リスク社会」を実在として無批判に措定してそれを観察するという態度はとらない。本書に登場する「リスク社会」という言葉／概念は、観察対象を指し示すのではなく、パースペクティブである――本書は、執筆者がそれぞれ観察した生の現実を、「リスク社会」という視座において描写する。

　渋谷望は「リスクの原理的な計算不可能性をリテラルに受け取れば、リスク計算を冷静におこなう一見合理的な態度と、宿命論とはじつは紙一重ではないだろうか」と喝破する。さらに「リスクの回避に最善を尽くすのも一つの有効な方法であろう。しかしそうであれば、最初から起こりうる事態を運命として受け止め、腹をくくる態度も、それと同じ権利において、

別の一つの方法といえる」(渋谷 2003: 106-107)として、宿命論が、〈問題―解決〉という枠組みを脱臼するような仕方でのリスクへの対処法であることを、指摘している。同様に近年の人類学は、不確実性に対峙する上での人間の態度を、損失に怯える〈問題―解決〉型の思考のみに還元することに、鋭い疑義を差し挟んでいる(市野沢 2003; Ichinosawa 2006; 春日 2007; Zaloom 2004 etc.)。その疑義の根底には、問題を見いだして解決することを絶対的な善とする価値観が人びとの生活を覆い尽くし、問題の不解決がすなわち失敗であり不幸であるという、現代社会のあり方への危惧、生活者があえぐ息苦しさへの不満、絶望の跋扈への警鐘がある。

　人類学者は、E-Pやダグラスの議論がそうであったような、リスクという概念を括弧に入れて考察する志向を武器に、「リスク社会」という時代診断を吟味することができる。リスクとは、近代以降に際立ってきた思考形態であり、現代的な制度や技術を巻き込んで成立するものである。アジアやアフリカで伝統的な生活を送る人びとにおける土着の知識の価値をあきらかにすることで、西洋文明を批判し相対化するという役割[*15]を自認してきた人類学の視線は、リスクという概念およびその回避と管理への欲望がまとう圧倒的な正当性(リスクが合理的・科学的な思考の産物だという臆見にその根拠がある)を、相対化する可能性を秘めている。先に見たように、「リスク社会」におけるリスクが、一方では人間の予測と制御を超えていくものであり、他方では対処しようとすることによっていっそうの増殖をみるようなものであるなら、それは十全な意味で計算可能で制御可能な対象とはなり得ない。リスクを問題として捉え、その解決を志向することのアポリアは、そこにある。リスクをリスクとして捉え、リスク回避のテクノロジーを発達させることを通じて、リスクに直面した我々の憂いを解消することは、原理的に不可能なのである。リスクの人類学は、そうした事態そのものを問うていこうとする。特定のリスクを問題視し解消しようとする「処方的」なアプローチからは一定の距離を置きつつ、「リスク

---

*15　ただし、人類学がそのような役割をまっとうし得たかについては、さまざまな批判がある。

社会」の盤根錯節を解きほぐして把捉し、説明する（そして可能であれば〈問題―解決〉とは位相を異にする希望の下萌えを見いだす）ことが、リスクの人類学の役割となるだろう。

　人びとの生活世界を取り巻く種々の危険をテーマに据えた人類学者たちは、危険をいかに軽減するかという問いを立てず、危険に直面した人びとの主観においてそれがどう捉えられているのかに、着目してきた。我々がめざすリスクの人類学は、その伝統を引き継ぎ、人びとにとってのリスクは各自が生きる文脈に応じて異なるという前提のもとに、多様で複雑な仕方で立ち現れるリスクの〈相貌〉を描き出すことから出発する。哲学者の大森荘蔵は、近代科学がその発展の歴史のなかで、「色、匂い、手触り、といった暖かみのある着衣を剥ぎ捨てて、「物」として存立可能に必要なぎりぎりの「物体（ボディ）」」すなわち「客観世界」のみの描写に退却したことを批判する（大森 1994: 131）。同様な意味において本書は、確率・統計を主たる道具とするリスクの描写が、人びとが嗅ぎ触れるリスクの芳潤な質感を、ともすれば捨象しがちであったことに対して、批判的な立場をとる。

　本書の事例描写を通じて読者は、リスクには一瞥して見える以上の色合いや奥行きがあり、目の届かない裏側や隠れた襞を持つのだということに、思い至ることになるだろう。人類学者たちは、リスク的な思考が卓越した社会という時代診断をマクロな視点においては追認しつつも、処方的リスク研究による理解の枠組みには回収しきれないリスクの相貌を個別事例の内に見いだそうとしてきた。その視線は、はるか高みから一望する鳥瞰的なものではなく、「虫瞰的」なものとなる――生い茂る草葉のなかで地面の微かな匂いや草木の精妙な色模様を感受する小さな虫たちの、複眼的な視点である。リスクの人類学は、虫瞰的な視点から、解決すべき「問題」という平板な理解を劈（つんざ）いて立ち現れる相貌においてリスクを捉え直すことを通じて、たんなる困難に終わらないさまざまな「リスク社会」の肖像を描いていく。ゆえにリスクの人類学は、事例に応じた「リスク社会」像が輻輳する、不定型な迷宮といった様相を呈することになるだろう。しかしミクロな視座においては、その不定形性こそが、我々の生きる「リスク社会」を特徴づけるのである。ゆえに、「リスク社会」を微視的に描こうと

する試みは、その達成において「リスク社会」という時代像の均質性を否定することになるだろう。我々が困難と折りあいをつけつつリスクを生きることへのヒントは、リスクの人類学が築造する迷宮のどこかに隠されているはずである。

本書の構成

　本章につづく第Ⅰ部から第Ⅲ部それぞれの冒頭には、導入の役割を果たすイントロダクションを配置し、問題意識の整理と各章の概要紹介をおこなっている。第Ⅰ部「技術・制度としてのリスク」は、さまざまな事柄がリスクとなり、さらにそのリスクが圧倒的な「事実」として、我々にとって現象することになるそのメカニズムを、あきらかにする。第Ⅱ部「リスク・コンシャスな主体」では視線を逆向きにとって、目の前に提示されるリスクを人びとがいかにして受け入れる（もしくは受け入れない）ことになるのかが、叙述される。このように複眼的にリスクの「現場」を描き出した上で、第Ⅲ部「「リスク社会」へのオルタナティブ」では、陰鬱な「リスク社会」化の潮流から逃れる道筋が模索される。

　本書の論考はそれぞれが独立しており、いずれから読みはじめても構わないが、各部を読み進める前にイントロダクションに目を通しておくと、より議論をつかみやすくなるだろう。

参照文献

アカロフ，G.A.　1995『ある理論経済学者のお話の本』（幸村千佳良・井上桃子訳）ハーベスト社。
秋道智彌　2004『コモンズの人類学——文化・歴史・生態』人文書院。
市野沢潤平　2003『ゴーゴーバーの経営人類学——バンコク中心部におけるセックスツーリズムに関する微視的研究』めこん。
——　2005「風評災害の社会学に向けて——「風評被害」論の批判的検討」『Sociology Today』15: 41-51。
——　2010「危険からリスクへ——インド洋津波後の観光地プーケットにお

ける在住日本人と風評災害」『国立民族学博物館研究報告』34(3): 521-574。
一ノ瀬正樹　2013『放射能問題に立ち向かう哲学』筑摩書房。
池谷和信編　2003『地球環境問題の人類学——自然資源へのヒューマンインパクト』世界思想社。
植村恒一郎　2002『時間の本性』勁草書房。
浮ヶ谷幸代　2004『病気だけど病気ではない——糖尿病とともに生きる生活世界』誠信書房。
エヴァンズ=プリチャード，E. E.　2001『アザンデ人の世界——妖術・託宣・呪術』(向井元子訳) みすず書房。
大森荘蔵　1994『知の構築とその呪縛』ちくま学芸文庫。
春日直樹　2007『〈遅れ〉の思考——ポスト近代を生きる』東京大学出版会。
ギアツ，C.　2002「バザール経済——農民市場における情報と探索」(小泉潤二訳)『解釈人類学と反=反相対主義』(小泉潤二編訳) みすず書房, pp. 96-107。
九鬼周造　2012『偶然性の問題』岩波文庫。
グラハム，J. D. ／ J. B. ウィーナー編　1998『リスク対リスク——環境と健康のリスクを減らすために』(菅原努監訳) 昭和堂。
クリューガー，R. ／ L. ダーストン／ M. ハイデルベルガー編　1991『確率革命——社会認識と確率』(近昭夫ほか訳) 梓出版社。
ゲロー，D.　1997『航空事故——人類は航空事故から何を学んできたか？ (増改訂版)』(清水保俊訳) イカロス出版。
小松丈晃　2003『リスク論のルーマン』勁草書房。
サイモン，H. A.　1999『システムの科学 (第3版)』(稲葉元吉・吉原英樹訳) パーソナルメディア。
塩沢由典　1998『市場の秩序学——反均衡から複雑系へ』ちくま学芸文庫。
渋谷望　2003『魂の労働——ネオリベラリズムの権力論』青土社。
シュレーダー=フレチェット，K.　2007『環境リスクと合理的意思決定——市民参加の哲学』(松田毅監訳) 昭和堂。
スコット，J. C.　1999『モーラル・エコノミー——東南アジアの農民叛乱と生存維持』(高橋彰訳) 勁草書房。
竹内啓　2010『偶然とは何か——その積極的意味』岩波新書。
中川米造　1996『医学の不確実性』日本評論社。
中島義道　1996『「時間」を哲学する——過去はどこへ行ったのか』講談社現代新書。
中谷内一也　2003『環境リスク心理学』ナカニシヤ出版。
———　2006『リスクのモノサシ——安全・安心生活はありうるか』日本放送

出版協会。
ナセヒ，A. 2002「リスク回避と時間処理――近代社会における時間のパラドクス」（庄司信訳）土方透／A. ナセヒ編『リスク――制御のパラドクス』新泉社，pp. 18-51。
バウマン，Z. 2001『リキッド・モダニティ――液状化する社会』（森田典正訳）大月書店。
ハッキング，I. 1999『偶然を飼いならす――統計学と第二次科学革命』（石原英樹・重田園江訳）木鐸社。
ベック，U. 1998『危険社会――新しい近代への道』（東廉・伊藤美登里訳）法政大学出版局。
ポーター，T. M. 1995『統計学と社会認識――統計思想の発展 1820-1900 年』（長屋政勝ほか訳）梓出版社。
美馬達哉 2012「リスク社会 1986 / 2011」『現代思想』40(4): 238-245。
山口節郎 2002『現代社会のゆらぎとリスク』新曜社。
ラプラス，P. S. 1997『確率の哲学的試論』（内井惣七訳）岩波文庫。
Beck, U. 1999 "Introduction: The Cosmopolitan Manifesto," *World Risk Society*, Polity Press, pp. 1-18.
Cashdan, E. (ed.) 1990 *Risk and Uncertainty in Tribal and Peasant Economies*, Westview Press.
Cornfield, J., W. Haenszel, E. C. Hammond, A. M. Lilienfeld, M. B. Shimkin, and E. L. Wynder 1959 "Smoking and Lung Cancer: Recent Evidence and a Discussion of Some Questions," *Journal of the National Cancer Institute* 22: 173-203.
Douglas, M. and A. Wildavsky 1982 *Risk and Culture: An Essay on the Selection of Technical and Environmental Dangers*, University of California Press.
Fox, R. C. 1980 "The Evolution of Medical Uncertainty," *Milbank Memorial Fund Quarterly / Health and Society* 58(1): 1-49.
Geertz, C. 1979 "Suq: The Bazaar Economy in Sefrou," in C. Geertz, H. Geertz, and L. Rosen (eds.) *Meaning and Order in Moroccan Society: Three Essays in Cultural Analysis*, Cambridge University Press, pp. 123-313.
Gifford, S. M. 1986 "The Meaning of Lumps: A Case Study of the Ambiguities of Risk," in C. R. Janes, R. Stall, and S. M. Gifford (eds.) *Anthropology and Epidemiology: Interdisciplinary Approaches to the Study of Health and Disease*, Reidel, pp. 213-246.
Halstead, P. and J. O'Shea (eds.) 1989 *Bad Year Economics: Cultural Responses to Risk and Uncertainty*, Cambridge University Press.

Ichinosawa, J. 2006 "Economic Anthropology of Bangkok Go-Go Bars: Risk and Opportunity in a Bazaar-Type Market for Interpersonally Embedded Services," *Research in Economic Anthropology* 25: 125-150.

Jenkins, R., H. Jessen, and V. Steffen (eds.) 2005 *Managing Uncertainty: Ethnographic Studies of Illness, Risk, and the Struggle for Control*, Museum Tusculanum Press.

Klinke, A. and O. Renn 2002 "A New Approach to Risk Evaluation and Management: Risk-Based, Precaution-Based, and Discourse-Based Strategies," *Risk Analysis* 22 (6): 1071-1094.

Knight, F. H. 1971 *Risk, Uncertainty and Profit*, University of Chicago Press.

Luhmann, N. 2005 *Risk: A Sociological Theory*, trans. R. Barrett, Aldine.

Perrow, C. 1999 *Normal Accidents: Living with High-risk Technologies: with a New Afterword and a Postscript on the Y2K Problem*, Princeton University Press.

Plattner, S. 1985 "Equilibrating Market Relations," in S. Plattner (ed.) *Markets and Marketing*, University Press of America, pp. 133-152.

Slovic, P. 2000 *The Perception of Risk*, Earthscan.

Sokal, R. R. and P. H. A. Sneath 1963 *Principles of Numerical Taxonomy*, W. H. Freeman.

Whyte, S. R. 1997 *Questioning Misfortune: The Pragmatics of Uncertainty in Eastern Uganda*, Cambridge University Press.

Zaloom, C. 2004 "The Productive Life of Risk," *Cultural Anthropology* 19(3): 365-391.

Zinn, J. O. (ed.) 2008 *Social Theories of Risk and Uncertainty: An Introduction*, Blackwell.

技術・制度としてのリスク

PROLIFERATION OF
RISK-RELATED TECHNOLOGIES AND
INSTITUTIONS OF RISK MANAGEMENT

I

introduction
技術・制度としてのリスク
──イントロダクション

木村周平
Kimura Shuhei

　リスクという概念は扱いにくい。経済学、医学、工学などの諸学問、さらには分野横断的な領域としての「リスク学」などがそれぞれに研究を蓄積し、またそれらとかかわるもろもろの実践が多様な仕方で実生活のなかに影響を及ぼししつつある現在、無数の定義のすべてをふまえたうえで「リスク」という概念の外延を規定し、分析用語として定位しようとすることは、きわめて困難である。それを認めたうえで第Ⅰ部がおこなうのは、リスクという社会的文化的な現象の全体像を描き出すことではなく、あくまでも「部分的な事実」をあきらかにしようという試みである。
　現在、リスクという言葉が社会科学的な批判の対象となっているのは主に２つの理由によると言えるだろう。１つは、科学技術の発展によって環境破壊や原発事故に代表される新しいタイプの問題群が現れていることであり、もう１つは、リスク計算（ある対象や行為が引き起こしうる将来のよくない出来事が起きる可能性についての確率的な数値化）とそれに結びついた技術や制度が、本来、将来の損失を回避するべきものであったにもかかわらず、しばしば人びとの生を制限したり、問題を押しつけたりするということである。両者は別の論点だが、現実的には複雑に絡みあっている。たとえば社会学や現代思想の文脈では、後者に重点を置きつつ、リスクを特定のタイプの権力（「環境管理型権力」などと呼ばれる）のテクノロジーとして位置づけ、リスク社会と政治・経済の新自由主義とを厳密に区別しないまま批判することが多かった。しかしこうした捉え方は、おそらく現実の、

ある種の先端部分を描き出してはいるが、他方で、その先端部で現れている現象を社会全体に一般化してしまう傾向があるように見える。兆候論的な社会批判と陰謀論的な想像力とは容易に結びつきうるため、注意が必要である。

　すでに多くの指摘があるように、一言で「リスク」として括られる物事のなかにはきわめて大きな多様性がある。どういう領域か（食品なのか医療なのか）、想定されるアクシデントがどのようなものか（疾病か事故か）、あるいはどのような社会状況なのかによって、実際に構成される仕組みは異なるのだ。人類学的な視点がまず目を向けるべきは、そうした現実的な多様性であるだろう。それゆえ第Ⅰ部では、「リスク」と名指される現象が、それぞれの現場でどのようなものとして現れているか、またどのようにして、今あるような形で現れるに至ったかを、具体的な状況下で描き出す。ある対象や行為は、どのような過程の結果、それが引き起こしうる損失が取り上げられ、回避や統制の対象となるのか。リスクの知覚・分析・管理にかかわるもろもろの技術や制度は、いかなる主体によって生み出され、所有され、発達させられるのか（あるいは逆に、いかなる主体を生み出すのか）。こうした問いに愚直に取り組み、特定の問題にまつわる具体的な様態を追っていくことが、結局のところ、つかみどころのない、しかし抗いがたい現代社会のリアリティとしての「リスクなるもの」に対する実践的な批判に通じるのではないかと、我々は考える。

統計・分析・管理

　第Ⅰ部では、現代社会を生きる諸主体が、リスクを伴う（とみなされる）実践や意思決定をおこなおうとするときに、それを支え、あるいは条件づける、多くの場合当然視され不可視なものにとどまる仕組みをひっくり返して（Bowker & Star 2000; cf. Riles 2000）、明るみに出そうとする。この幾分か歴史人類学的な様相を帯びた試みは、第Ⅱ部の、より「人類学的」な諸論考——個人や組織などの主体が、不確実でリスキーな（に見える）状況に対処しながらどのように生きているかを描き出す——の下敷きとな

るものである。

　将来のよくない出来事を知覚し算定する仕方と、その算定にもとづく対処の仕方は、多様でありうる。しかし現実には、こと前者に関してはここ40年ほどのあいだに確立した「リスク分析」という工学的な手法群が、後者に関しては、企業組織などを対象とした「リスクマネジメント」や「リスクガバナンス」の仕組みが、強い影響力を持っている。こうした事態はどのようにして生み出されたのか。多くの論者は、リスクという仕組みの歴史を語るうえで確率の計算、つまり統計（学）や蓋然性をめぐる数学の発展が果たした役割がきわめて重要であると論じている。たとえばP. バーンスタイン（2001）は、リスクというツールが、賭け事を事例とした蓋然性をめぐる数学と結びついて理論的に彫琢されたこと、さらにJ. ベルヌーイによる大数の法則やA. ケトレによる正規分布の発見などの現実の確率的なばらつきも予測可能にする統計学の理論的な発展と結びつくことで確立していったことを描き出している。I. ハッキングはこうした理論的な進展が、「数字の洪水」、つまり病気や自殺などの諸現象が「数え上げられ、図表になり、公刊され」（ハッキング 1999: 6）ることで、データとしての統計資料が蓄積されたことによって可能になったと論じている。そしてこの統計という、科学的・客観的・規範的な装いをもつ実践は、M. フーコー（2007など）が論じるように、国家の統治における「人口」という問題系と結びつき、それを分析し、まさに統治・管理するためのテクノロジーとして発展してきたのである。

　この典型例である保険について触れておこう。保険は、集合を措定することで個々の成員を襲う損失の重みを分散させる仕組みであり、上で述べたようなリスクに関する統計と理論を背景に発展した、リスク管理の手法のひとつである（Ewald 1991: 203、本書第10章も参照）。これはたんに損失を回避するものというよりは、むしろある行為をおこなうために、それが引き起こしうる損失にあらかじめ対処するためのツールだと言える。そして保険は、新たに見いだされた「社会」という集合における相互扶助や、連帯の仕組みとしての「社会保険」のように、人びとの生を支えるものともなった。ここでのポイントは、この保険という仕組みは、比較的均質な

集合さえ設定できれば、あらゆる状況や問題に対して応用できる可能性があるということである。F. エヴァルドの言葉を借りれば、「保険は、リスクのカテゴリーを通じて、すべての出来事をアクシデントとして対象化する」（Ewald 1991: 199）のである。こうして統計分析や保険は多分野に進出していく。しかしアイロニカルなことに、統計分析の技術の向上は、集合を構成する要素のなかにアクシデントの発生確率の偏りが存在することをあきらかにする。その結果、集合は分断――「ハイリスク集団」と「ローリスク集団」――され（あるいは「もともと存在していたもの」として可視化され）、その分断には科学的・客観的、かつ規範的な正当性が与えられるのである。

　もちろんリスクへの対処法は、保険以外にもさまざまなあり方がある。集合で損失をシェアできない場合、たとえば個々の主体（個人や組織・団体など）の、一回的な行為や意思決定においても、「リスク管理」――科学的な分析手法を通じてアクシデントの確率を量的に計算し、それにもとづいてリスクの評価、つまりどのレベルまで受け入れられるかを決め、それを上回らないような意思決定や、日常的な実践をおこなう――という手法が用いられる[*1]。多くの場合、こうした分析に用いられる諸ツールは、曖昧で不確実な部分をはらんでいるにもかかわらず、方法論的に確立したものと見なされ、A. ギデンズ（2005）の言う「専門家システム」のように、人びとはそれを信頼し、あえてその計算に疑問を付すことはない。そうした信頼には、どの程度までの確率であれば受け入れられるかの決定も含まれる。その結果、諸主体は、そうした計算や評価に対して受動的なポジションを取らざるをえなくなり、それらにもとづいて行動を自主的に規制するよう強いられるのである（東京電力福島第一原発事故が明るみにしたのは、その決定の曖昧さと、同時に、人びとみずからどれが正しいのかを判断しようとす

---

*1　集合で損失をシェアできないもう1つの場合というのが、ベックが挙げる、原発事故や環境問題などである（影響の範囲が社会や国家のような既存の集合を越えるし、シェアすべき損失を算定することもできない）。そのためもはや、通常の意味での「リスク管理」では対応できない。

ることのたいへんさであった）。

技術・制度としてのリスク

　福島真人（2010: 204）が指摘するように、「特定の分野で開発されたリスク分析ツールそのものが広く流通し、見えにくいリスクを掘り出していくという展開を見ると、リスク社会とはじつは「リスク分析ツールが氾濫する社会」であり、リスク分析という考え方や装置が大衆化していく社会であるともいえる」。

　たしかにリスクを管理する技術や制度は、新たに開発され、続々と社会のさまざまな領域に配備されつつある。金融や市場の分野での、ポートフォリオをはじめとするいわゆるリスク・ヘッジの仕組み。企業や組織の経営における内部監査や説明責任などの概念や制度、手続き（Power 2007; cf. Strathern 2000）。治安に対する、法律という古くからの予防テクノロジーと、監視カメラやGPSのような視覚的なテクノロジー（e.g. 重田 2003）。防災や公衆衛生などに対する、シミュレーションやシナリオといったツール（Lakoff 2008; Tellmann 2009）。これらは、いずれも手続きや装置を組みあわせてパッケージ化（ブラックボックス化）しているが、ごく大雑把に言って、上でも触れたギデンズの「専門家システム」のように、個々の主体の意思決定を代行してしまうような仕組みと、もう1つは、むしろ地図やシミュレーションのように可視化することで個々の主体の意思決定や主体間のコンセンサスを促すような仕組みが存在している。これらは、それぞれの問題をめぐって、どのように配置され、人びとの生を枠づけているのか。

　第Ⅰ部の各章は、リスクとともに生きる人びとだけでなく、こうした仕組みのあり方に焦点を合わせる。第1章で松尾瑞穂はインドにおける多産という問題について論じる。多産はまず、人口過剰によって発展を遅らせるとして、国家にとってリスクとして現れた。このロジックはまず社会改革を進めようとする知識人階級に積極的に受け入れられ、彼らは優生学的な視点からさまざまな介入をおこなっていく。この介入は独立後、政府

によって暴力的な手段も伴いながら進められる。松尾が注目するのは、こうした産児制限が次第に「家族計画」や「家族福祉」というロジックと結びつくことで、個人が意思決定すべき問題として立ち現れてくるという点である。このことは国家的なリスクの内面化と呼べるかもしれないが、とはいえその意思決定は自由な個人がなすのではない。松尾が事例を通じて示すのは、意思決定をめぐる、避妊手術を受ける当事者である女性とその家族のあいだの緊張関係である。

　つづいて第 2 章で松村直樹が取り上げるのは、バングラデシュにおける地下水砒素汚染の問題である。バングラデシュではそもそも、衛生的に問題のある表流水を飲料水に利用することが感染症のリスクを伴うことが問題視されていた。そのため、より「安全な水」を得るべく、1970 年代ごろから井戸の設置が推奨された。しかし、1990 年代になって、この井戸水にじつは高濃度の砒素が含まれていること、そして人口のなかで少なくない割合で慢性的な砒素中毒が発生していることがあきらかになった。しかし、砒素汚染がなぜ生じたのか、どのように対応すればよいかはまだ解明の途上であり、政府や国際機関などは確定的な情報がないまま、日々伝えられる新しい情報をもとに対応をおこなっている。そこでは、住民のみならず対策をおこなう側も、多様な情報や方法のもたらす不確実な状況のもとにある。その上で松村は、砒素中毒の結果は蓄積的で症状が出るまでに時間がかかるため、ベックの言うような不安に基づく連帯が生じにくい状況にあると述べる。

　第 3 章で木村が取り上げるのは、地震をめぐるリスクである。発生の頻度はきわめて低いが、ひとたび起きれば大きな被害を引き起こす地震を、通常の確率計算で捉え、リスクとして管理することは難しかった。木村が追うのは、地震保険や予知研究、さらには地震動予測地図などのツールが生まれ、実際の地震などを契機に相互に結びつくことで未来の地震がリスク化されていくプロセスである。このプロセスはじつはリスク化された地震に対応するための主体を生み出し、動員していくのだが、地震の被害を低減させることが悪だと言いがたいため、多くの場合、好ましいこととして受け止められ、自然に生活のなかに入り込んでいく。木村は、こうした

プロセスの展開を、動員と主体化という二重の運動から論じる。

　第Ⅰ部は図らずも災害にかかわる章が2つ収められることになったが、それらが直接的に言及しているとしていないとにかかわらず、各章における2011年3月11日に発生した大災害の影響はあきらかである。自然災害を、人間の手の届かないものではなく、対応可能なものとして位置づけ、被害を抑制しようとする、ということは人間の希望であった。たしかに長い年月をかけたそのような営みによって災害の被害は軽減されてきた。しかし、我々は決して災害をコントロールできてはいない。災害は起きるまではたしかにリスクとして分析・管理できそうに見える。しかし実際に起きてしまった災害があきらかにするのは、そうしたリスク管理がいかにツギハギだらけの、不整合や欠落を含んだものであるか、ということである。

　しかしそこで再度、社会を見渡してみると、そうしたツギハギはじつはさまざまなところに見いだせるのではないだろうか。そうだとしたら、我々の生きる時代がそのように呼ばれているところの「リスク社会」とは、いかに影響力があるとはいえ、どこかハリボテのような側面があるのかもしれない。第Ⅰ部を通じてこうしたことに考えをめぐらせることが、読者を第Ⅱ部以降の議論へと誘うはずである。

参照文献
重田園江　2003『フーコーの穴——統計学と統治の現在』木鐸社。
ギデンズ, A.　2005『モダニティと自己アイデンティティ——後期近代における自己と社会』(秋吉美都・安藤太郎・筒井淳也訳) ハーベスト社。
ハッキング, I.　1999『偶然を飼いならす——統計学と第二次科学革命』(石原英樹・重田園江訳) 木鐸社。
バーンスタイン, P.　2001『リスク——神々への反逆 (上・下)』(青山護訳) 日経ビジネス人文庫。
福島真人　2010「組織, リスク, テクノロジー——高信頼性組織研究について」『学習の生態学——リスク・実験・高信頼性』東京大学出版会, pp. 179-210。
フーコー, M.　2007『安全・領土・人口 (ミシェル・フーコー講義集成7, コレージ

ュ・ド・フランス講義 1977-1978年度)』(高桑和巳訳) 筑摩書房。

Bowker, G. C. and S. L. Star 2000 *Sorting Things Out: Classification and Its Consequences*, The MIT Press.

Ewald, F. 1991 "Insurance and Risk," in G. Burchell, C. Gordon, and P. Miller (eds.) *The Foucault Effect: Studies in Governmentality*, Harvester Wheatsheaf, pp. 197-210.

Lakoff, A. 2008 "The Generic Biothreat, or, How We Became Unprepared," *Cultural Anthropology* 23(3): 399-428.

Power, M. 2007 *Organized Uncertainty: Designing a World of Risk Management*, Oxford University Press.

Riles, A. 2000 *The Network inside out*, University of Michigan Press.

Strathern, M. (ed.) 2000 *Audit Cultures: Anthropological Studies in Accountability, Ethics, and the Academy*, Routledge.

Tellmann, U. 2009 "Imagining Catastrophe: Scenario Planning and the Striving for Epistemic Security," *Economic Sociology* 10(2): 17-21.

第1章
多産、人口、統計学的未来
―― インドにおけるリスク管理としての産児制限

松尾瑞穂
Matsuo Mizuho

1 多産のリスク化

　12億の人口を抱えるインドでは、「人口」は国家のみならず、日常生活でも人びとの関心事となっている。それは、定型化された形で表現されることが多い。たとえば、筆者が団らんの場で日本について話すようにせがまれたとしよう。話を聞いている人びとは、日本を称揚する際には、「日本が発展しているのは、人口が少ないからだ」と語り、それとの対比で「インドは過剰人口のせいで、このような状態に置かれている」と嘆く。あるいは、少し挑発的に「結局は人口の問題だよ。日本の人口は何人？ インドの10分の1？　ほらごらん、インドもそれだけの数になればすべての問題が解決するよ」などと言う。そして最後には、「ムスリムや下層の人びと（kali lok）の多産のせいだ」といったお決まりの不満で会話は幕を閉じる[*1]。

　このように、社会経済の先進性／後進性の根拠が、人口の大小に求められることが多いのである。彼らにとって、人口は国家の発展と直接結びつくものとなっているが、それは人口の増大が国力の増大と結びつくという

---

*1　2011年8月、ガナパティ祭りの最中にインド西部マハーラーシュトラ州プネー市のチットパーワン・バラモンの家での昼下がりの会話。

意味においてではなく、発展の阻害要因という意味においてである。そして、その原因はある特定の「反社会的」な集団——具体的には「ムスリム」や「貧困層」など——の多産に負うものと見なされる。こうした言説は、しばしば、ヒンドゥー国家を脅かす「人口爆弾」などとメディアにおいて表象され、人びとの定型化された認識と語りを増幅させてきた。

このような人口問題に対する危機感は、筆者が調査をしているマハーラーシュトラ州の都市中間層のあいだでとくに顕著だといえるだろう。彼らはインド政府が進める産児制限政策のもっとも熱心な支持層であり、また、1952年に家族計画が開始される以前の19世紀後半から、「社会改革」として産児制限運動を主導してきたのもこのような階層であった[*2]。

産児制限はその当初から、社会の質を低下させるおそれのある「リスク集団」を同定・管理することで、社会の向上に寄与するという目的を強く持っていた（Ahluwalia 2008; 松尾 2009）。立岩真也は、「優生学運動」を国家主導というよりは、「社会の中に妙に憂いに満ちた人たちが一定数いて、その人たちが始めて大きくしていった運動」（立岩 2000: 129）であることを指摘している。これをふまえるならば、この「妙に憂いに満ちた」集団は、今日でもインドの高カースト中間層によくあてはまる。彼らは、彼らが認識する危機感を社会の大部分が共有していないことにいらだち、さらに危機感を深めていく。

当然のことながら、出生数を抑制することをめざす産児制限運動と優生学運動はイコールで結ばれるものではない。産児制限は、マルサス主義的な観点から全体としての人口を抑制し、食糧資源を確保し国家運営に寄与

[*2] 社会改革運動（social reform movement）は、19世紀末から20世紀にかけて、イギリス植民地下に英語教育を受けたインド人知識階級によって担われた。西洋近代との邂逅を通して自社会を自省的に振り返った彼らが、イギリス支配からの独立をめざすナショナリズムの高まりのなかで、宗教の近代化や、寡婦殉死、寡婦の再婚禁止のようなインドの「因習」を打破し、社会を向上させようとした運動である。女性問題が社会改革運動の焦点となったのは、ある社会の文明化の度合いは女性の地位によって測れるとされ、インド女性の地位の低さが「文明化の使命」を主張するイギリスによるインド支配の正当化に使われたためである（粟屋 2003）。

するという統治にかかわる問題もあれば、望まない妊娠からの女性の解放というフェミニズム運動としての性格も有していた（荻野 2002）。だが、このように支柱となる思想は異なっているとはいえ、そこにはいずれも多産（および、それに起因する人口問題）は来るべき未来を脅かす「リスク」であり、なんらかの形で適切に管理されねばならない、という共通の意志が存在してきた。本章の冒頭で紹介した語りに代表される「人口問題」は、国家／社会の全体としての「人口」と、ある人が何人子どもを産むのかという「多産＝生殖」という位相の異なるものが、リスクを媒介として因果論的に接合されることによって構成されているのである。

　本章で扱う人口と多産とのかかわりで言えば、そのリスク化は「統計学」、そしてセンサス（国勢調査）技術の発達と深い関係がある（檜垣 2010；本書第Ⅰ部イントロダクション）。M. フーコーは、国家が「人口」への関心を高め、管理・統制を強めていく 18 世紀以降、近代的な統治者に必要な知として「統計学」を挙げている。1749 年に発明された新しい語である「統計学」とは、もともと「国家に関する (statisticus)」という近世ラテン語に由来する。すなわち、それは、ある時点における国家の力や資源（人口、死亡率や出生率の計量、森林、農地、鉱山など国家が使える富や生産余剰の算定）に関する認識である。この統計学が近代における統治の知の本質的内容を構成するようになるという（フーコー 2007: 337-338）。そして、それは、たとえば日本であれば、2004 年をピークとして、2050 年には日本の総人口は 9515 万人となり、2005 年に比べて約 25.5％減少し、高齢化率は 39.6％になる（国土交通省国土審議会政策部会長期展望委員会 2011: 4）とか、インドの場合には、人口は 2001 年から 2026 年にかけて年 1.2％の割合で 34％増加し、2026 年には 14 億に達する（GOI 2006: x）といった統計学的未来を生み出していく。

　これらの未来予想図に基づいて、国家は（原則的には）将来の経済的・社会的リスクの見通しを立て、戦略を示し、なんらかの介入や対策を実施していく。あるいは、実施すべきだと考えられている。だが、その具体的な操作となると、全体としての人口そのものの数値ではなく、目標出生率「1.40」（日本／厚生労働省）や「1.90」（インド／保健家族福祉省）のように、

人が生涯で何人の子どもを産むのかという身体の次元、そしてフーコーにならえば「統治のための特権的な道具」としての家族の次元へと戻らざるをえない。フーコーが生権力の二極とするこの個人の身体の規律と人口の管理は、リスクを媒介としてどのように作動していくのだろうか。

　本章では、インドにおいて多産をめぐるリスクが歴史的にどのように立ち現れてきたのかをあきらかにし、その上で、これらのリスクが「多産」と「人口」とのあいだにある乖離を接合しながらいかに実体化していくのかを、多産を管理する手段であり、思想でもある産児制限を事例として考察する。

　以下では、まずインドで「多産（high fertility）」がリスク化していく歴史的な経緯を論じる。そこで重要なのは、リスク管理の対象が、およそ独立期を境に、ある特定集団から全国民へと変化したという点である。これは対象の単純な拡大ではなく、産児制限が「質」の論理から「数」の論理に基づくものへと変質したということを示している。次に、リスクを実体化していく技術や制度（＝装置）が、生活世界のなかにどのように配置されているのかを検討する。そして、少しずつ不整合を生み出しながらも重なりあう複数のリスクに基づきながら、人びとがいかにみずからの未来を作り上げていくのかを見ていこう。

2　インドの「人口問題」

2.1　社会改革としての産児制限

　初期の産児制限は、インドでは英語教育を受けた高カーストの知識人階級による社会改革運動の一環として始まった。当時の運動の詳細は拙稿（松尾 2009）に譲るとして、ここではその過程で、国家／社会の向上にとっての「リスク集団」が特定化されていったということを指摘しておきたい。それは端的に言えば、ムスリム、トライブ（部族）[*3]、低カースト、そして貧困者といった、ヒンドゥーの高位カースト知識人にとっての「他

者」である。

　インドの人口は、センサスが実施される1871年以前は推定するほかないが、ダイソンは、1830年代から1890年代は緩やかな人口増加を経験した後、1890年代から1920年までは飢餓や伝染病による死亡率の上昇で人口増加率が低下したと見積もっている（Dyson 1989）。こうした高死亡率が解消され、人口が増加に転じてインドの「人口問題」が認識されはじめるのが1930年代である。2億5132万人だった1921年から約11％の人口増加を示した1931年センサスでは、センサス行政官のJ. H. ハットンがインドの「人口問題」に警鐘を鳴らしている。だが、問題はインドの総人口が増えるということのほかに、ムスリム増加率の高さと、それに対するヒンドゥー増加率の相対的な低さにも見出された[*4]。

　センサスや統計を活用してヒンドゥーの危機を説く動きは、20世紀に入ってからインド各地で活発化していく。1916年に『インドの人口問題──センサス研究』を著した統計学者のP. K. ワッタルは、社会の文明化が進むほど出生数は減ると考え、インドのコミュニティのなかでトライブの出生数がもっとも高いことをその証拠とした。ヒンドゥー教徒より出生数が高いムスリムや、高カースト・ヒンドゥーより多産の低カーストも同様に説明された（Wattal 1916）[*5]。1936年の第1回全インド人口会議においても、経済学者のR. ムッケルジーは、ビハール州とベンガル州でムスリム人口が50年間に51％増加したと主張し、ヒンドゥーの危機感を煽っている（Ahluwalia 2004）。19世紀末以降、ヒンドゥーとムスリムの対立が

---

*3　トライブとは、主に森林や山間部に居住する非アーリア系の集団である。

*4　1881年から1911年のあいだにヒンドゥーの人口は15.1％増加したのに対し、ムスリム人口は26.4％増加した（Wattal 1916: 15）。ムスリム増加の原因としては、彼らの出生数が多いこと以外にも、一夫多妻制や、再婚が禁止されているヒンドゥー寡婦のムスリムとの再婚による改宗によるものと考えられた（Gupta 2006）。

*5　ワッタルはこの議論をH. スペンサーの社会進化論に依拠している。ワッタルはまた、この議論を拡大し、欧米諸国に比べて高いインドの出生率は「我々の社会が原始的状態にあることを示している」と嘆いている（Wattal 1916: 17）。

激化するにつれ、ムスリムの増加に対するヒンドゥーの警戒心は強まっていくのだが[*6]、それまで曖昧であった宗教やカーストのカテゴリーとその帰属に、「統計的実体」を与えたのがセンサスなのである（小牧 2003）。そして、インドにおいて優生学は、インドの「在来種」としてのヒンドゥーと、「外来種」としてのムスリムという対立構造にも適用された（Hodges 2010）。

一方、ボンベイ管区では、性科学者の A. P. ピッライや N. S. ファールケーなどのバラモン[*7]によって「優生学協会」が創設され、避妊具を用いた出産抑制がめざされた。ピッライやファールケーらは、優生学的思考にもとづき人間を「適合者（fit）」と「不適合者（unfit）」とに分け、不適合者の増大によりアーリヤ人種、ひいてはインド国家の発展が阻害されることを憂慮した。このように、産児制限運動はたんなる人口抑制にとどまらず、いかなる国民／民族を形成するのか、国家の正当な構成員は誰なのかといった議論と深くかかわりあっていたのである。

S. アルワリアによれば、1920 年代以降、バラモンをはじめとする高カースト男性のあいだで人口に関する危機感が高まった背景には、この時代がインド社会の変革期にあたり、とくにこうした層のあいだで不確実性が高まっていたことが関係しているという（Ahluwalia 2008）。彼らは、イギリス植民地支配下で英語教育を受け、植民地行政を支える現地人エリートとして高い社会的地位を維持することに成功していたが、カースト差別の撤廃や宗教間の融和を説く M. ガンディーが主導する独立闘争は、サバルタンや女性、農民のようなこれまで政治運動から排除されていた大衆を政治的主体として構築し、社会変革を迫っていた。また、ボンベイ管区やマ

[*6] ヒンドゥーからはヒンドゥーへの改宗、再改宗を促すアーリヤ・サマージの「浄化（*shuddhi*）」運動や、ヒンドゥーの団結を唱える RSS（民族奉仕団）などの「統合強化（*sanghatan*）」運動が繰り広げられた。それに対して、ムスリム側も 1926 年にタブリーグ（布教）運動を組織し、改宗者の再イスラーム化を推し進めた。

[*7] バラモンとは、ヴァルナ（種姓）の最高位を占める司祭階級で、カースト制の頂点に立つ集団。

ドラス管区では、抑圧されていた低カーストや不可触民（ダリット）集団が新たな政党を組織し、低カーストの権利向上運動を展開していた。彼らは「反バラモン」を旗印に掲げて、伝統的な労働・サービスの拒否やヴェーダ経典の焼き捨て、禁止されていた共有池の利用や寺院の参拝などをおこなうことによって、既存のヒンドゥーの位階構造と高カーストの権威に大々的に異議を唱えはじめた。と同時に、ヒンドゥーとムスリムのあいだでの緊張が高まり、各地で暴動や衝突が頻発していった。センサスの確立とともに、宗教やカーストに基づくコミュニティ区分の明確化とその帰属が先鋭化していったが、それは、宗教別の分離選挙制[*8]などを通して、コミュニティの政治的利害と直接結びつく実体となっていく。

　このような既存の秩序の変革期にあって、未来を「憂慮」する上位カーストの知識人にとって、社会問題の解決の糸口は、民族＝国民の質的管理に見出されたのである。とはいえ、この時代の「人口問題」は、実質的には言説領域にとどまるものであった。優生学協会の活動も雑誌や書籍の出版を通した啓蒙活動に重点が置かれていた。産児制限クリニックでは、不妊手術や、ペッサリーやダッチキャップなど輸入避妊具の販売もおこなわれていたが、それらの利用はボンベイやマドラスのような大都市の、そのまたごく一部の層に限られていた。人口問題への対処が社会改革者の手を離れ、国家政策として全インド的に開始されるのは1952年以降のことである。

2.2　リスク集団から国民へ

　戦争中は中絶などの産児制限が事実上禁止されていた日本の場合、障害

[*8]　インド統治法の1909年モーリー＝ミント改革によって、少数派のムスリムに配慮した宗教別分離選挙が定められた。これは一般選出議員のなかで、ムスリム分離議席が宗教別人口割合に応じて割り当てられ、ムスリム選挙人のみによって選出されるという制度である。これは、イギリス植民地政府によるムスリムの優遇であるとしてヒンドゥー・エリート層の強い反発を生んだ。

者やらい病患者、精神病患者に対する不妊手術や強制中絶件数が増加するのは1950年代であり、優生学の思想はむしろ戦後に実体化されていったという。優生学は戦争と結びついた過去の思想なのではなく、むしろ戦後の国家建設／復興という一大プロジェクトのなかで具体化されたのだ（松原　2000）。独立後のインドにおいても、家族計画という名のもとに、実際に不妊手術が本格化していくのは1960年代後半以降である。だが、ヨーロッパや日本の場合と大きく異なっていたのは、不妊手術が主に精神病を含む病者や障害者への手術にとどまらず、広範な国民を対象におこなわれた点にある。

　これは、第二次世界大戦後、発展途上国の人口増加による食糧資源の危機が認識されるようになった世界的な開発体制の潮流と連動している。1961年の国連総会では「国連開発の10年」が定められ、国際社会が一丸となって人口問題に取り組むことがめざされた。また、アメリカのロックフェラー財団をはじめとする国際組織は、医療・食糧分野でインドに多額の資金援助をおこなうが、それには人口抑制政策を実施することが条件となっていた。1970年代に入ると、人口、食糧生産、工業化、汚染、再生不可能な天然資源消費の幾何級数的成長とその限界を指摘したローマ・クラブの『成長の限界』（メドウズほか 1972）などが発表され、地球資源の有限性と希少性はさらに広く喧伝されるようになる。

　インドの家族計画の中心であり、今日までつづく「不妊手術キャンプ」は、ちょうどそのころ大々的に開始された。キャンプは、地域の保健施設で毎月または毎週開催され、手術を受けた人には報奨金とサリーなどが与えられる[*9]。開始当初、キャンプには「県内や近隣県のすべての家族計画センターの医師たちが駆り出され」「人びとを魅了するために、無料の食事やエンターテイメントでお祭りのように」仕立てられたという（Chattopadhayay-Dutt 1995: 38）。これまでの子宮内避妊具（IUD）やコンド

[*9]　調査地では、報奨金は男性の精管切除手術には500ルピー（2014年現在約850円）、女性の卵管結紮手術、腹腔鏡手術には150ルピー（約250円）である。

ームのような避妊方法に比べて、有効性が高いとされた不妊手術がさらにエスカレートしていくのが、1975～1977年の非常事態宣言下[*10]においてである。公務員や学校教師には、2人以上の子どもがいる場合には就職や昇給に大きな不利となるなどの圧力がかかったが、一般市民も各種免許の取得や不動産登記といったさまざまな役所の手続きには不妊手術を条件とされるなど、その影響は広範にわたった。

　なかでもターゲットとなったのが、都市や農村の貧困層である。それは、きわめて暴力的におこなわれた。筆者が調査するマハーラーシュトラ州の村落では、「夜、警察が突然家にやってきて、食事中だった父親を無理やりトラックに乗せてキャンプへ連行した。集落の男性はみな手術をさせられた」「村長や警察が中心になって手術は進められた。村に不妊手術のトラックが来ると、男たちはみな山へ逃走し、逃げ遅れた人はつかまった」と、当時の記憶は今でも鮮明である。1976～1977年の1年間に、全インドでそれまでの5年間に相当する800万人以上が不妊手術を受けさせられている（GOI 1988）。

　こうした半強制的な不妊手術の敢行には、ガンディー首相の次男で、インド青年会議代表を務めていたサンジャイ・ガンディーの意向が強く反映されていた（Guha 2007）。サンジャイはインド全土での家族計画とともに、首都デリーでは大規模な強制的スラム浄化作戦も推し進めている。暴力的手段を用いながらも都市／社会を「美化」しようとする意図は、貧困層への不妊手術の強制においても同様に発動されたと考えることもできるだろう。独立後インドでは、国家の成長と発展のためという大義名分のもと、産児制限が国家の一大プロジェクトとなり、個人や各集団の差異よりも、人口の「数／量」そのものがリスク管理の対象となったのである[*11]。

　しかし、非常事態宣言を解いた直後の1977年3月におこなわれた総選

＊10　選挙法違反で最高裁により議員資格失効を言い渡されたインディラ・ガンディー首相が、1975年6月に非常事態宣言を出し、21か月にわたって総選挙の延期や報道の検閲、対立政治家の逮捕・抑留、市民活動の制限などをおこなった。

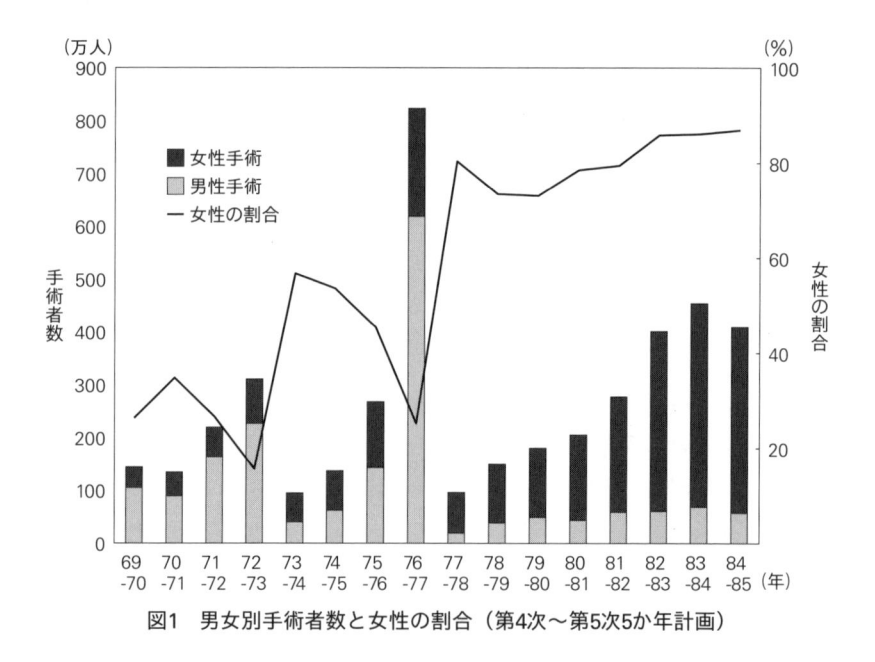

図1 男女別手術者数と女性の割合（第4次〜第5次5か年計画）

挙では、強権政治への強い反発からガンディー首相は敗れ、国民会議派は独立以来、初めて下野することとなった。そして、それ以降の政権では男性に対する不妊手術の政治化を恐れ、政策の対象が女性へと完全にシフトしていく（図1）。また、その過程で、これまでの否定的なイメージが強い「家族計画（family planning）」から、より包括的な母子の健康の向上をめざす「家族福祉（family welfare）」への転換がおこなわれ、福祉の名のもと、女性自身の自発的な選択による産児制限の実施がめざされるようになる。

*11 中国の産児制限政策を検討するS.グリーンハルも同様に、毛沢東主義の中国において産児制限（および子どもを産むということ）は個人の選択の問題ではなく、社会主義的近代達成のための国家事業になった、と指摘している（Greenhalgh 2003）。

2.3　家族福祉という新たな統治

　1980年代以降、不妊手術に特化したターゲット方式から、より包括的な女性の健康向上へと転換がはかられたが、それ以降不妊手術がなくなったわけではない。図1からもわかるように、政権交代後の1977〜1978年は一気にその数が減るものの、徐々に増えて数年後には非常事態の前よりも増加している。今日でも、不妊手術は家族福祉の中心手段となっており、むしろ、母子保健の向上や普及とともに、その傾向は強くなっているともいえるのである。その契機となったのが、1994年の国連人口開発会議（カイロ会議）である。カイロ会議では179か国が合意した「行動計画」が定められたが、その最大の特徴は、人口問題の解決をマクロなレベルからの「抑制」ではなく、ミクロなレベル、すなわち夫婦の「選択」に依存するべきであるという立場への転換である。とくに主体として女性の重要性が認識され、「リプロダクティブ・ヘルス／ライツ」が提言された。

　こうした新しい動向はインドの開発計画にも取り入れられたが、その際にもっとも重点が置かれたのが、妊産婦死亡率と乳幼児死亡率の減少だった（西川 2007）。低年齢出産、多産、そして間隔を空けない出産がインドの産婦死亡を引き起こす3大リスク、すなわちリプロダクティブ・ヘルスの最大のリスクとされ、これらを防ぐには、妊婦検診と専門的な医療者が立ち会う施設での出産、そして家族計画が有効な手段と位置づけられた。とくに伝統的産婆によって担われるこれまでの自宅出産のあり方は、高い死亡率の原因とされ、WHO（世界保健機関）のような国際機関にも批判されてきた（松尾 2003）。

　母子保健政策において、家族計画は妊産婦検診や出産時のケアと同様に女性の健康を守る手段として浮上した。多産を管理するということは、国家によって強制されるものから、リプロダクティブ・ヘルス達成のための基本的行為となり、個人の意思選択に基づくという位置づけが前面に押し出される[*12]。ここにおいて、産児制限は国家ではなく、個人がさまざまなリスク管理に基づいて選択・決定していくものになり、リスクを引き受ける主体として家族、とくに女性が対象化されていく。そして、不妊手術

が本格的に村の隅々にまで広がるのも、じつはこの母子保健の進展によってなのである。以下に、具体的な事例を見ていこう。

3　リスクを生きる

3.1　村の不妊手術と多産観の変化

　筆者の調査地であるインド西部、マハーラーシュトラ州ムルシ地域では、1970年代から入りはじめた女性の卵管結紮手術を「タケ *take*」（＝縫合）、2000年以降に始まった腹腔鏡手術を「ライト *light*」（＝電気）と呼んで区別している。当日中に帰宅できる腹腔鏡手術に比べ、卵管結紮手術の場合は1週間の入院が必要だが、村の女性のあいだでは卵管結紮手術への信頼が高く、腹腔鏡手術の効果は不確実であると考えられている。

　ムルシ地域を管轄する、地域の保健施設（以下、「PHC」）の2003年データによると、女性が生殖年齢（15〜49歳）にある夫婦の家族計画実施率は74％となっており、州内でもきわめて高い実施率である[*13]。インド保健

[*12]　ここで、達成すべきはあくまでもリプロダクティブ・ヘルスであり、ライツではない、ということは特筆しておく必要がある。カイロ会議でも先進国と途上国のあいだで議論が分かれたのが、女性の「自己決定権」をめぐってである。カイロ合意では便宜的に「Reproductive Health / Rights」とされたこのリプロダクティブ・ライツは、「すべてのカップルと個人がその子どもの数と、出産の間隔、そして時期を自由にかつ責任を持って決定すること、そしてそれを可能にする情報と手段を有することを基本的人権として承認し、また、最高の水準のセクシュアル・ヘルスとリプロダクティブ・ヘルスを獲得する権利」を意味する。だが、女性運動において求められてきたリプロダクティブ・ライツとは、一言で言えば「他人が自分の身体に対して許可なく介入しようとする際に、それを防ぐため、それに抵抗するための権利」であった（柘植 2000: 13）。インドのリプロダクティブ・ヘルスは死亡率の減少という母子保健のなかに取り込まれ、「ライツ」としての側面は捨象されている。

[*13]　マハーラーシュトラ州全体の家族計画実施率は66.9％、インド平均は56.3％である（GOI 2007）。

家族福祉省は、1970年代後半から「私たちは2人、私たちのもの〔子ども〕も2人（Hum do, hamare do）」という標語を掲げ、両親と2人の子どもからなる核家族を推進してきたが、この地域はこうしたキャンペーンがよく浸透している「成功例」だともいえるだろう。

　PHCでおこなわれる手術件数は年間150〜200件であり、その95％以上を女性への不妊手術が占めている[*14]。2006年4月から2009年3月の3年間の全手術858件を調べると、女性の卵管結紮手術が607件ともっとも多く全体の70.7％、腹腔鏡手術は212件（約24.7％）、男性への精管切除手術は39件（4.5％）である。このように、村で家族計画といえば女性への不妊手術を意味しているといってよい。インド全国で見ても、人びとが受容した家族計画サービスのうち70％以上は女性の不妊手術が占めている（International Institute for Population Sciences 2000: 138）。

　村で不妊手術を受けた女性の平均年齢は25.13歳、そして平均子ども数は2.2人である。かつては、すでに3〜4人の子どもをもつ30代以上が中心だとして実質的な人口抑制効果が疑問視されていた不妊手術であるが、村では24〜25歳というもっとも生殖活動が活発となる女性たちへの手術が一般的である。また、手術を受ける夫婦の子どもが2.2人だという現状は、3人以上の子どもを持つことは望ましくないとされているということを示している。

　だが、手術の実施に関しては世代差が大きい。村では、60歳以上の女性のほとんどが手術を受けた経験はない。実際に、女性が手術を受けるようになったのは、その子ども世代にあたる現在40代の女性たち以降のことである。それをバラモンであるJ一族を例にとって見てみよう（図2）。

　A氏（73歳）は、彼自身が6姉妹に挟まれた7人キョウダイの唯一の男性である。父系で継承される土地を共有する、彼と同世代の父方イトコも6人キョウダイである。A氏の妻であるL（69歳）は14歳で嫁ぎ、21歳で長女を出産した後、2〜3年ごとに妊娠・出産を繰り返して、合計7人

＊14　ムルシ地域の人口は約3万2000人（2001年）である。この地域には4軒のPHCがあり、不妊手術を執りおこなうのはそのうち2施設である。

図2 J一族の家族構成

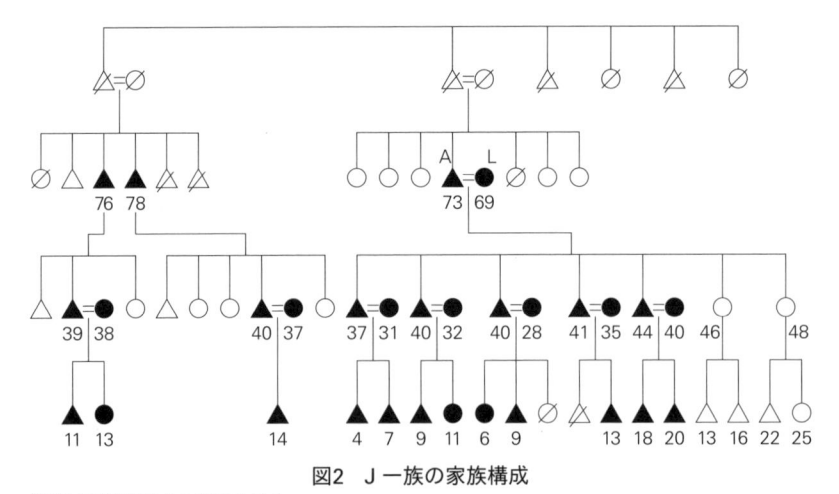

数字は2005年時点の年齢を示す。
色つきは村に居住、白抜きは村外居住を示す。

の子どもをもうけている。彼女が生殖適齢期であったころには、家族計画の手段は「まったく何もなく、知識もなかった」ため、子どもをたくさん産むことはごくふつうのことであった。Lのような世代の女性にとっては、多産であることは、なんら恥じ入ることではないのである。むしろ、「シャクティ」と呼ばれる女性の生殖能力は、大地や女神のもつ生命を生み出す力と同様に賞賛されるべきものであり、多産もその表れと見なされてきた。

しかし、子ども世代では事情が異なる。Aとし夫婦の7人の子どもたちは、婚出した2人の娘も含めて、全員が1人か2人の子どもしかもっていない。それは、Aの父方イトコ一家においても同様である。また、J家の嫁にあたる女性たちは、1人を除いて全員が不妊手術を受けている。これは、村では1980年代後半から90年代にかけて不妊手術が本格的に普及したことと呼応している。また、彼女たちはPHCのキャンプではなく、お金を払って民間診療所で手術を受けている。家族計画をすることは、村で比較的高い地位にある彼女たちにとっては自明の選択であった。長男の妻は、「子どもをきちんと育てるのは女性の責任で、考えもなくたくさん子どもを産むのは恥ずかしいことだ」と語り、たとえ経済的な問題がい

っさいないとしても、「子どもは2人で十分」であり、「そんなに産んで、いったいどうするというの？」という。

　筆者は村で、何人もの家族に同様の問いを投げかけたが、そのほとんどが必要以上の子どもは産むべきではない、と語り、そうでない家族を「だらしがない」「きちんとしていない」「教育を受けていない」ものと見なしていた。こうした語りからは、Lの世代には存在していなかった、「多産は恥ずかしい」ものであり「生殖は管理すべき」である、という観念が子ども世代には広く存在していることがうかがえるのである。国家の発展＝近代化のために（半）強制された産児制限は、今では個人の先進性／近代性を象徴するものとして内面化されている。

3.2　母子保健の普及

　これほど手術が一般化した背景には、この地域の医療保健インフラの普及が関係している。プネー県はムルシ地域の郡庁所在地であるパウド村を拠点として、僻村への遠隔地医療に力を入れてきた。ペアを組む男女の保健スタッフが、それぞれ割り当てられた村々を週に1度回ってコンドームや経口ピルなどの避妊具を配布するとともに、妊娠した女性や出産した女性に対する指導をおこなう。これは、彼女たちに診療所での検診を促すとともに、子どもの数や妊娠月数、合併症のリスクなどの個々人の情報を把握、更新するために欠かせない。

　また、村には2000年以前には公立病院の他に民間診療所が2軒存在するのみだったが、この数年でその数は8軒に増加した。そのうちの1つは、手術室やラボ、入院施設、看護師養成所を備えた大規模なものであり、これまでは都市に行かなければならなかった超音波検査もおこなうことができ、帝王切開などのハイリスク出産にも対応可能となった。村には産婆はもはや存在しておらず、出産はすべて施設で執りおこなわれるようになっている。すなわち、これまで自宅で「勝手に」産んでいた妊婦たちが、今では出産前からなんらかの形で保健行政によって把握されているということだ。それはハイリスクを抱える妊婦を事前に見つけ出し、出産のリス

クを下げるという母子保健の主目標でもある。

　こうした母子保健の普及にともない、妊婦検診とそれにつづく施設出産が日常化し、医師など医療者との接触機会がこれまで以上に増大している。その結果として、不妊手術をはじめとする家族計画が、リスク回避のための選択肢として人びとに示される機会も増加しているのである。それはたとえば、次のようにおこなわれる。

> **事例1　病院での妊婦検診のやりとり（2009年8月）**
> 　病院の診察室で、25歳前後と思われる妊娠7か月の女性を女性医師が検診している。医師が、診察台から起き上がった女性に向かって「いいですか、この出産がすんだら手術をしたらどう？　家族でよく話しあってください。夫はなんて言っているの？」と聞く。女性は小さな声で「しようと……」。医師「じゃあ、そうしましょう」〔カルテを見て〕「あなた流産経験があるわね？　これ以上リスクをとらないで（*risk ghyachi nahi*）」と言う。うなずく女性に向かって、医師は出産後2〜3週間で手術を受けられること、問題はまったくないということを説明し、退室させる。

　不妊手術が村の広範囲な女性たちにまで届くようになったのには、出産前検診の普及に伴う医師との日常的な接触、医療施設での出産、そしてその後につづく手術が母子保健の一連の流れとして提示されつづけることで、女性たちにとって手術が特別なものではなくなり、日常性を帯びたことにある。そして村に戻った彼女たちを待っているのが、PHCの保健職員や教師、とくに公立保育所（*anuganwari*）[*15]のスタッフである。

[*15]　保育所は各村に存在し、小学校に隣接して建設された小屋や寺院に3〜4歳の子どもたちが午前中の3時間ほど通ってくる。県の管轄で実施されている保育所プログラムの主な目的は、子どもたちに毎日軽食（ゆでた豆類）を提供することで栄養失調を改善し発育を促すことにある。スタッフは定期的に子どもの身体測定をおこない、役所に報告する義務を負う。

3.3　村の家族計画エージェント

　保育所のスタッフは、ほとんどがその村に居住している女性たちである。彼女たちは職務の一環として村内の全世帯調査を年に１度おこなうため、村の家族の世帯構成、年齢、子どもの数などをすべて把握している。それらをもとに、キャンプがおこなわれる前には、手術が必要だと見なされる人びとの家を個別に訪問し、あらためて手術について知らせたり、当日はPHCへも付き添い、事務手続きの手伝いもおこなう。

　保育所スタッフになる要件である最低10年生以上（中学卒業相当）という学歴や、定期的におこなわれる公的なトレーニング、月々の現金給与といった点からも、スタッフは村では比較的「先進的な女性」であると見なされることが多い。だが、スタッフは必ずしも高カーストに限られているわけではなく、村によっては元不可触民の新仏教徒など多様な出自から構成されており、一部の上位階層だけではなく、幅広い住民と親密なかかわりをもっている。村外居住者が多数を占める公務員の保健職員に比べて、同じ村の住民で、かつ、ほぼ同世代にあたる保育所スタッフは、村の女性にとっては、日常的にもっとも接触する機会が高い家族計画のエージェントであると同時に、身近なロールモデルとなりうるのである。手術をしごく当たり前のものとして受け入れる女性たちが多いのは、親族や隣人にあたるこうした身近な女性からの影響がきわめて大きい。

　一方、保健職員は職務として家族計画に従事しており、手術数の増減はより直接的な利害関係をもつ。ターゲット型家族計画が批判され、その転換が求められているとはいえ、現在でも手術目標数と達成数はPHCに掲げられており、一定の指標となっている。保健職員は、村を回り女性に手術を勧める際には「これ以上子どもがいて、どうするの？　子どもがたくさんいたら、状態／生活は良くならない（*sudharat nahi*）」と説く。また、子どもは女児１人にもかかわらず不妊手術を受けた看護師は、「いつもまわりの人に勧めていることを、自分が率先して示さなければしめしがつかない」と言い切る。彼女たちは、ある意味でもっとも産児制限の近代性を身体化したエージェントだといえるだろう。

4 複数のリスクを横断する

　1991年以降のインドの経済発展により、ムルシ地域にも工場や企業の進出が起こった結果、近年では土地の高騰による農地の売買や、現金収入が得られる労働機会の飛躍的な増大が生じている。これまでも村には上位カーストや富裕な農家の若者を中心に都市の大学（カレッジ）に進学する者もいたが、彼らは都市でホワイトカラーの職に就くほどの学歴はなく、かといって家業を継ぐわけでもないという中途半端な状態になりがちであり、家族としては年収の何倍もの教育費を払う動機づけが弱かった[*16]。ところが、現在では高卒に相当する12年生を修了したばかりの若者でも、うまくいけば工場で農業収入の3〜4倍以上の給与を得ることが可能となっている。家族にとって、男女を問わず子どもにはできるかぎりの教育を受けさせることが最大の関心事となった結果、子どもは養育に非常に「手間と金のかかる」存在となると同時に、将来的な経済上昇を果たす可能性も秘めた存在となった。

　北インドでのジェフリー夫妻の研究によると、宗教や両親の教育程度の差異以上に、子がもつであろう将来的な雇用や地位上昇の可能性が出生数には大きく影響しているという。彼らの調査地の支配カーストの出生数が大きく減少する一方で、ムスリムの多産が続いている背景には、それぞれの集団が置かれた社会資本へのアクセスの格差がもっとも重要な要因となっている（Jeffery & Jeffery 2006）。

　一方で、人びとがなぜ産児制限を実施するのか、その理由は必ずしも一枚岩ではない。母子保健は、基本的にハイリスク妊婦を事前に見つけ出し、

[*16] 村では中学生に相当する10年生まで教育を受けることが可能であるが、11年生以降はプネー市に通学し、多額の授業料を支払う必要がある。村の学生が通うあるカレッジでは、入学金が約10万ルピー、年間の授業料は3万5000ルピーである。村の平均的な月収は3000ルピー程度である。家族は土地の売却や親族・知人からの借金などで教育費を捻出する。

管理することに重きを置いている。事例１の医師も、妊婦の流産経験から、リプロダクティブ・リスクを根拠として手術を勧めていた。病院という現場においては、家族計画はあくまでも母子保健の理念に基づいて提示され、そのかぎりにおいて正当性を帯びている。だが、村の女性たちが手術の理由として口をそろえる「多産は望ましくない／恥ずかしい／良くない」という言説には、保健職員や保育所のスタッフが語り、かつみずからが体現する生活の向上（＝発展）の障害としての多産という家族の生活戦略にかかわるリスクや、何を近代的だと見なすかという価値観が強く反映されているということが示されている。母子保健政策が進めるリプロダクティブ・ヘルスに基づいたリスクは、必ずしも人びとにとっての行動の主たる根拠とはなっておらず、保健行政や医師などの専門家がもつ認識とは異なっている。

　一方、経口ピルやコンドームなどの避妊手段があまり利用されていない農村部において、もう１つの重要な産児調節の手段となっているのが人工妊娠中絶である。不妊手術を受けておらず、また夫も避妊具を使用しないような場合には、複数回の中絶を経験する女性も多い。そのような状況では、希望する数の子どもを産んだ後の不妊手術は、たしかに女性の「自律性」を確保する手段となっている点も否定できない。今や女性自身にとっても、不妊手術は生活を向上させるためにみずからが選択した、合理的かつ自然な手段であると見なされている。「リスク社会」が合理的な選択を下す「主体」をつくりだすことを目的としているのであれば、必ずしも母子保健が原則に掲げるようなリスクではないにしろ、一見するとその目的は達成されている。

　だが、手術を引き受ける主体はなぜ女性なのか、他の手段ではなくなぜ手術なのかという問いに明確に答えることは容易ではない。それはたいていの場合、「女性が受けるものだから」「女性にかかわることだから」という同語反復のやりとりに終わってしまう。リスクの引き受け手についてのさらなる問いをブラックボックス化し不可視化することで、主権権力と家族（共同体）は奇妙な共犯関係を結んでいるともいえるだろう。だが、もちろん、次に示す事例のように、時には両者の利害が相反することもある。

事例2　パウド村の出産（2006年3月）

　帝王切開で2人目を出産予定の村の女性は、長女のときも帝王切開だったため、身体へのリスクを考え、出産後にはそのまま不妊手術をおこなうという約束を医師としていた。午後2時ごろ、帝王切開手術が始まる。出生前性別診断が法律で禁止されているインドでは、子どもが生まれるまで男児か女児かはわからない。胎児は女児だった。予定では、そのまま縫合の前に不妊手術に進むところだったが、医師は手術をせずに、診察台に横たわる女性に「どうする？」と聞く。女性は何も答えない。そこで、医師は待合室の外で待つ家族に相談し、少しの話しあいの後、夫は手術の予定を取りやめ、子どもが少し大きくなるまで様子を見たい、と医師にいう。医師はやはり、という反応を示しながらも、とくに反論することはなかった。こうして、不妊手術は「延期」された。そのあいだ、女性は一言も手術について言葉を発することはなかった。

　手術室を出た医師は、筆者に「どうせまた来年、帝王切開することになるよ」と苦笑いをしていた。医師たちは、今回手術をしなかったことで、避妊されずにすぐに妊娠するであろうことと、夫婦は男児が生まれるまで妊娠を繰り返すであろうことを予想しているのである。

　このように、実際には手術をするかどうかは、さまざまなリスクが天秤にかけられて決められている。インドにおいて男児がもつ社会的価値の高さを考えるならば、男児がいないということは、家族にとって将来にわたる経済的・社会的リスクを負うことにつながる。つまり、この場合には将来的な扶養者の欠如や家系の断絶というリスクが、多産に伴うリプロダクティブ・ヘルスのリスクや家計負担のリスク、さらには近代的主体からの逸脱というリスクを凌駕している。

　専門家である医師からすると、男児が生まれるまで手術を回避する（＝未来に賭ける）というこの夫婦の選択は、男児選好という村の「因習」に縛られたものである。だが、じつは手術をしていない家族だけがこの「因習」にとらわれているわけではない。むしろ、不妊手術が男児選好というジェンダー規範を実現するために用いられている可能性がある。

たとえば、村で不妊手術をおこなった夫婦の平均（生存）子ども数は2.2人であったが、その内訳は男児が1.29人、女児が0.91人の割合で男児のほうが多くなっている。子どもが男児しかいない家族は多いが、女児しかいない家族は数えるほどであり、かつその数も3〜4人と平均よりかなり多い。つまり、男児が1人か2人つづけて生まれた時点で、夫婦は「産み止め」をするために手術をおこなうが、女児しかいない夫婦にはそのようなことはほとんど見られない。不妊手術はたんなる（ジェンダーフリーな）「多産」の制限ではなく、男児選好という人びとの目的の達成に寄与している可能性もある。女児中絶をおこなうほどの明確な意思はないにせよ、家族にとっては、手術は将来的な扶養が期待できず、かつ多大な持参財が必要となる女児を産むというもう1つのリスクを回避するための手段でもあるのだ。

　以上論じてきたように、人びとは複数のリスクを横断しながら何かを選択し、「より良き」未来を作り上げようとしている。そして、多産を制限することで家族の生活を向上させるという実践は、人口問題の解決なしに国家の発展なしとする独立後の国家戦略の言説とも重なりあう響きをもつ。だが、その一方で、それはインド全国で見ても男性（1000）に対して圧倒的に少ない女性（940）という性差の拡大を促進し、結果的には人口構造の不均衡をもたらすという新たな国家的リスクをも招聘する。人口問題という統治にかかわるリスクは、今や人びとの直接の選択の動機としてはほとんど後景に退いており明示化されないが、むしろ他のリスク——たとえば女児を産むことや著しい家計負担——を回避するための、もっとも都合が良く身近な手段の提供者として機能している。このようなシステムが成立することで、リスクは自己転回していくのだといえるだろう。

参照文献
粟屋利江　2003「南アジア世界とジェンダー——歴史的視点から」小谷汪之編
　　『現代南アジア5　社会・文化・ジェンダー』東京大学出版会，pp. 159-190。
荻野美穂　2002『ジェンダー化される身体』勁草書房。

小牧幸代　2003「英領インド期のセンサスと宗教」小谷汪之編『現代南アジア5　社会・文化・ジェンダー』東京大学出版会, pp. 11-36。

立岩真也　2000『弱くある自由へ――自己決定・介護・生死の技術』青土社。

柘植あづみ　2000「女性の人権としてのリプロダクティブ・ヘルス／ライツ」『国立婦人教育会館研究紀要』4: 9-14。

西川由比子　2007「国際人口会議の潮流とインドの人口政策――1990年代の動向を中心として」『城西大学経済経営紀要』25: 17-29。

檜垣立哉　2010「ヴィータ・テクニカ第8回　確率・環境・自己　前」『現代思想』38(7), pp. 8-17。

フーコー, M.　2007『安全・領土・人口（ミシェル・フーコー講義集成7, コレージュ・ド・フランス講義　1977-1978年度）』（高桑和巳訳）筑摩書房。

松尾瑞穂　2003「出産の近代化政策における「伝統的」産婆――インドのTBAトレーニングをめぐる価値と実践」『民族學研究』68(1): 65-84。

―――　2009「争点化するセクシュアリティ――英領期インドにおけるR. D. カルヴェーの産児制限運動を中心に」『南アジア研究』21: 152-173。

松原洋子　2000「日本――戦後の優生保護法という名の断種法」米本昌平ほか『優生学と人間社会――生命科学の世紀はどこへ向かうのか』講談社現代新書, pp. 169-236。

国土交通省国土審議会政策部会長期展望委員会　2011　「国土の長期展望」中間とりまとめ本文（http://www.mlit.go.jp/common/000135853.pdf　2014年3月5日閲覧）

Ahluwalia, S. 2004 "Demographic Rhetoric and Sexual Surveillance: Indian Middle-Class Advocates of Birth Control, 1920s-1940s" in J. H. Mills and S. Sen (eds.) *Confronting the Body: The Politics of Physicality in Colonial and Post-Colonial India*, Anthem Press, pp. 183-202.

―――　2008 *Reproductive Restraints: Birth Control in India, 1877-1947*, University of Illinois Press.

Chattopadhayay-Dutt, P. 1995 *Loops and Roots: The Conflict between Official and Traditional Family Planning in India*, Ashish Publishing House.

Dyson, T. (ed.) 1989 *India's Historical Demography: Studies in Famine, Disease and Society*, Curzon.

GOI (Government of India) 1988 *Family Planning Year Book 1987-88*, Ministry of Health & Family Welfare.

―――　2006 *Census of India* 2001, *Population Projections for India and States 2001-2026*, Office of the Registrar General & Cousus Commissioner (http://www.jsk.gov.in/projection_report_december2006.pdf　2014年3月15日閲覧）

―――― 2007 *National Family Health Survey (NFHS-3)*, International Institute for Population Sciences（http://dhsprogram.com/pubs/FRIND3/FRIND3-vol1.pdf 2014 年 3 月 15 日閲覧）

Greenhalgh, S. 2003 "Planned Births, Unplanned Persons: 'Population' in the Making of Chinese Modernity," *American Ethnologist* 30(2): 196-215.

Guha, R. 2007 *India after Gandhi: The History of the World's Largest Democracy*, Macmillan.

Gupta, C. 2006 "Hindu Wombs, Muslim Progeny: The Numbers Game and Shifting Debates on Widow Remarriage in Uttar Pradesh, 1890s-1930s," in S. Hodges（ed.）*Reproductive Health in India: History, Politics, Controversies*, Orient Longman, pp. 167-198.

Hodges, S. 2010 "South Asia's Eugenic Pasts," in P. Levine and A. Bashford（eds.）*The Oxford Handbook of the History of Eugenics*, Oxford University Press, pp. 228-242.

International Institute for Population Sciences 2000

Jeffery, P. and R. Jeffery 2006 *Confronting Saffron Demography: Religion, Fertility, and Women's Status in India*, Three Essays Collective.

Wattal, P. K. 1916 *The Population Problem in India: A Census Study*, Bennett, Coleman & Co.

第2章 「安全な水」のリスク化
―― バングラデシュ砒素汚染問題の事例から

松村直樹
Matsumura Naoki

1 「安全な水」とは何か

「20世紀が石油をめぐる戦争の世紀だったとするならば、21世紀は水をめぐる戦争の世紀になるだろう。私たちがこの貴重で生命維持に不可欠な資源の管理方法を変えないかぎり」。1995年8月、当時世界銀行副総裁のI. セラゲルディンはこのように発言し、『ニューズウィーク』やCNNなどを通じ世界中に水の危機が迫りつつあることを訴えた[*1]。1999年に『青の革命 (The Blue Revolution)』を著したI. R. カルデールは、食糧危機への懸念を払拭したとされる「緑の革命 (Green Revolution)」にならい、水の危機を克服するための「青の革命」が必要だと説いた (Calder 1999)。2000年3月にオランダのハーグで開かれた第2回世界水フォーラム (World Water Forum) において報告された「世界水ビジョン」は、「私たちが今アクションを起こさなければ、2025年には世界の総人口の約半分が水不足の国に暮らすことになるだろう」と警告している (World Water Council 2000)。

近年の地球の水資源を取り巻く未来のシナリオは、常に非常に暗いもの

---

*1 (www.serageldin.com/ 2011年10月1日閲覧)

として描かれており、強い危機感を表現する言葉であふれている。「水をめぐる戦争（Water Wars）」をテーマにした著書も相次いで出版されている（ド・ヴィリエ 2002; バーロウ／クラーク 2003; シヴァ 2003; Pomeranz 2009）。こうした水をめぐる危機やシナリオはただ漠然とセンセーショナルなかたちで提示されているのではなく、複雑なデータや統計などがより説得力をもつかたちで処理・解析され、いわゆる「専門家」によって可視化された上でメディアや出版物を通じて繰り返し我々の眼前に、より具体的なかたちを伴って示される。たとえば、「地球上で依然として11億人もの人びとが安全な水を得ていない」（UN 2005）、「世界では8秒間に1人の割合で子どもが水に由来する病気によって死亡している」（UNICEF 2004）、「最悪の場合、21世紀半ばまでに60か国70億人が水不足に直面する可能性がある」（UNESCO 2003）、というぐあいに。これらの情報やシナリオは問題の深刻さという点で大きな説得力とインパクトをもつ一方で、我々の生活実感として、このようなグローバルな問題がはたしていつどのようにみずからの生活へ降りかかってくるのか、解決に貢献する方法はどのようなものなのかが非常にイメージしづらいこともその大きな特徴のひとつである。

　しかし日常生活に目を向けると、このようなグローバルなレベルでの問題ではなくとも、日々摂取する飲み水に関して、「水道水に発癌性をもつトリハロメタンが含まれている」、といった情報に加え、とくに2011年3月に起きた福島第一原子力発電所の事故以降、「東京都の浄水場の水から1リットルあたり210ベクレルの放射性物質ヨウ素131が検出された」といった類のニュースに我々が触れる機会は確実に増加している。そこでは情報の真偽以前に、水の安全性に関する情報の存在そのものが、一見透明で何の変哲もない水を、さまざまな表現や数値、具体的な化学物質の名前を通じて擬似的に「可視化」させている。そのとき、水はたんなる「水」ではなく、「さまざまな有害無害な物質を含む集合体としての水」へとその姿を変え、個々人の生活レベルにおいてもどう対処すべきか、「安全な水」とは何かということについて、我々の意識や生活に否応なく注意を促してくる存在になる。そして「癌」や「病」という言葉のもつ重みと、

「安全」か「安全でない」かについて交わされる、結論も終わりも見えない安全性論争から、我々ははたしてそのまま水道水を飲みつづけてもよいのか、ペットボトルの水を買うべきなのか、あるいは浄水器を購入するべきなのかといった判断をしなければいけないような観念にとらわれてしまう。ぐあいの悪いことに、一時的に1つの判断・選択をしたとしても、この問題は完結せず、さらにその方法が正しいのか、他に良い方法はないのか、とその問いはいつまでも繰り返されることになる。そこではたとえばU. ベックが述べるように、「われわれは、いやおうなく未来、つまり、現在の（個人的かつ政治的な）行動を決定する「変数」や「原因の予測」にかかわらざるをえない」状況に置かれてしまう（ベック 1998: 47）。もちろんそれらをあえて意識しないという選択肢もあるが、情報に対するある種の「気持ち悪さ」自体は残り、結果的に喧伝されている「危機」や「不安」そのものがまったく消え去るわけではない。

　本章では、このようなグローバルとローカルな文脈が交差するなかで「安全な水」をめぐる葛藤が生じている状況を示す事例として、アジアのデルタ全域で6000万人もの人びとが潜在的なリスク下にあると指摘されている地下水の砒素汚染問題を取り上げる。なかでも汚染規模が大きく、かつ筆者が2002年からかかわりを持ちつづけてきたバングラデシュを対象に、「安全な水」を取り巻く不安や不確実な状況が作り上げられていく過程や砒素対策のなかで生じている問題を、関係者の語りを通じて描き出すことを試みる。

2　分析の視角

　S. M. ホフマンとA. オリヴァー=スミスは『災害の人類学』のなかで「地震のように突然に起こると考えられる事象から生じる災害であろうと、早魃や毒物汚染のように長期間気づかれないうちに起こり、だれの目にもあきらかな最初の出現があって初めて認識される災害であろうと、災害には過去・現在・未来がある。災害に巻き込まれた多くの人や集団や機関は、

その後、多くの場合長期にわたり、要望や関心ごとを一つひとつ取り上げ、交渉の場に出していくが〔中略〕、その複雑なやりとりや議論の中で初めて、災害の本質が理解される」と論じている（ホフマン／オリヴァー=スミス 2006: 17）。さらに「イデオロギー的な事柄と物質的な事柄の関係を観察するのは困難であるが、災害はそれを可能にするレンズを提供してくれる。〔中略〕不確実性・危険・安全・運・運命といった概念がどのように構築されているかは、世界観の基本的な部分を構成する」（ホフマン／オリヴァー=スミス 2006: 15）、と述べ、個々人や組織などによる災害に対するまなざしは当該社会の世界観を具現化しており、これらを見ることが災害の全体像を把握するのに有益であると指摘している。これは M. ダグラスと A. ウィルダフスキーが論じた「何を汚染や危険とみなすかはそれぞれの社会的・文化的文脈によって規定される」（Douglas & Wildavsky 1982）という見方とも通底する。

　バングラデシュの砒素汚染問題に関しては、本章第 4 節などで後述するように、砒素汚染の原因や影響、あるいはその技術的な解決方法の開発などに焦点を絞った研究が依然として主流である。しかし砒素汚染問題をめぐって蓄積された多くの研究の存在が、これまで問題ではなかった点をさらに細かく問題化させ、対策を実施する側や問題の渦中にある住民に無数の選択肢をもたらすことで、かえって解決を複雑にしているという側面については見落とされがちである。本章ではこれまで嘉田由紀子（2003）などによって、住民生活や環境の視点から水と人とのかかわりが描かれてきた従来の社会学的・人類学的な研究のように特定の分野や視点でのみ切り取るのではなく、解決策としてめざされる「安全な水」とははたして何かという観点から、この複合的な砒素汚染問題を取り巻く全体像を浮かび上がらせることを試みる。

3　バングラデシュの地下水砒素汚染問題

3.1　安全な水供給のための井戸の普及

　砒素の毒性自体は古くから知られており、その強さから「毒物の王様（King of Poison）」などとも形容されてきた（Hussain 2000: 28）。飲用などによって慢性的な曝露が続くと、皮膚、とくに手足や胸部などに黒斑や白斑といった色素沈着や色素脱失の症状が現れはじめ、その時点で摂取をやめないと体内に蓄積されつづけ、手のひらや足裏の角化症、最終的には皮膚の悪性腫瘍、内臓の癌や手足の壊疽などを引き起こす（National Research Council 1985: 167-169）。

　バングラデシュで起きている地下水の砒素汚染は、工場排水による公害といった人為的な原因ではなく、自然由来であることはほぼ確実視されているが、地下水への溶出の原因はすべて解明されているわけではない（Ahmad 1999; WHO 2000 など）。そして「Silent Killer」とも形容されるように、水中の砒素濃度が必ずしも高くないことから症状がすぐには現れにくく、症状が出はじめるまでにある程度の年月がかかってしまうという特徴がある。そのため基準値を超える濃度の砒素が含まれた水を知らずに飲みつづけ、慢性砒素中毒の症状が出ていることに気づかないまま生活を送っている住民も多い。

　歴史をさかのぼれば、大英帝国の植民地であったころから、コレラ[*2]、天然痘、マラリア、ペスト、インフルエンザなどがたびたび流行病（パンデミック）として猛威をふるっていたため、現在のバングラデシュを含むベンガル地方は熱帯で発生する疾病の巣窟とみなされていた（脇村 2002）。住民はとくに飲

[*2]　とくに当時年間40万人もの死者を出していたコレラはこのベンガルデルタ地域をその起源とする風土病であるとも言われており、実際に1817年にバングラデシュ南西部で大流行し、そこからインド、そして世界中に広がったとされる（見市 1994）。

用の貯水池や川の水といった表流水を地域の共有水源として利用していたが、1884 年にコッホによってコレラ菌の純粋培養が成功し、細菌学の発展に伴って水と細菌との相関性がよりあきらかになったことで、水に由来する疾患対策として表流水から地下水への転換が模索されはじめた。

その後第二次世界大戦などを経て、1947 年にインドから「東パキスタン」として独立して以降、1950 年代には世界保健機関（WHO）の、1960 年代にはユニセフなどの国際機関の支援が入りはじめると、とくに赤痢や腸チフスなどといった水衛生状況に由来する疾患の蔓延や、それに伴う高い乳幼児死亡率が問題視され、衛生的に問題があるとされる表流水から地下水への本格的な転換が開始された。これに伴い、まずつるべ井戸が、やがて手押しのポンプ式井戸の普及が開始されるに至る。

そしてバングラデシュとして独立する 1971 年以降、ユニセフを中心とする援助機関の後押しもあり、政府は安全な水供給のため、10 世帯に 1 基の井戸を設置することを目標とする対策を推進した（DPHE 1976）。さらに井戸設置促進政策に付随するかたちで民営化、産業化が一気に進んだことから費用が下がり、住民にとって井戸を設置することが容易になった。結果として全国で約 1000 万本とも言われる手押しポンプ式の井戸が掘られることになり、バングラデシュの多くの農村では各世帯単位で飲用井戸を所有するまでに至った。わずか 30〜40 年ほどのあいだに、飲用水源の個人化が一気に進んだことによって 1990 年代初頭には住民の安全な水へのアクセス率が 95 % を超え、その急速な水衛生状況の改善に世界銀行をして「水の奇跡（Water Miracle）」と言わしめた（WSP 2003）。

3.2 砒素汚染の発見と方針の転換

しかし、1993 年に北西部で砒素汚染が発見されると事態は複雑な様相を呈していく。発見当初は局地的な汚染と推測されたが、すでに隣国インドでも 1980 年代後半以降に砒素が問題となっていたことから、バングラデシュ全土での調査の必要性が指摘されはじめた。その後バングラデシュ政府は 2001 年から 2003 年にかけ全国 482 郡のうち砒素汚染の可能性が

報告されていた270郡を対象にした全国一斉調査を、世界銀行などの支援を受けるかたちで実施した。その結果、砒素検査が実施された約500万本の井戸のうち、29％にあたる144万本の井戸に基準値を超える砒素が含まれていること、砒素中毒の可能性のある人びとの数が約3万8000人にのぼることがあきらかになった（APSU 2005）。

　政府はそれまで水衛生に由来する疾病を予防することを最優先に、個別の浅井戸の設置自体を「安全な水」の普及の同義語として地下水の利用を推し進めてきた。これが皮肉にも砒素汚染問題が起きたことから、安全を担保しなければならない個別の水源が一気に1000万か所以上になってしまうという逆説的な状況に陥らせた。しかし政府側は、個別の井戸は民間業者を通じて掘削させ、維持管理は住民に一任という体制を前提として、20万〜30万の人口に対し飲用水を担当する職員をわずか数名しか配置しておらず、水質管理体制自体は整備していなかった。既存の体制と限られた予算のなかで、井戸1本1本の水質を管理し対策を実施することが実質的に不可能であったことから、政府は再度180度方針転換をし、2004年には50世帯に1基の割合で井戸に替わるコミュニティ共有型の水源[*3]の設置を推進することを国家政策として決定した（GOB 2004）。これにより「安全な水」供給のための政策として、水源の個人化から、ふたたび共有化・コミュニティ管理型へ、そして地下水重視から、可能な場所では表

---

*3　具体的に「安全な水」供給の方法として、20世帯から数百世帯までを対象とする共同管理型の代替水源施設の建設がNGOや政府機関、援助機関などによって進められている。この共同管理型の代替水源では、池や表層水（つるべ井戸）、湖などから取水し、「PSF（Pond Sand Filter）」「DWSF（Dug Well Sand Filter）」「AIRP（Arsenic Iron Removal Plant）」などと呼ばれるフィルターを設置するものや砒素が出る層よりもさらに深い層から取水する「DTW（Deep Tube Well）」などがある。なおフィルター部分は箱型のコンクリート製の建物でできており、その中を仕切りそれぞれ砂利や砂、煉瓦チップなどを入れ濾過材として利用する。そして手押しポンプで取水した水が、それぞれの濾過槽を通り、浄化された水が蛇口から出るという仕組みである。仕組み自体は非常にシンプルで、すべて現地で手に入る材料が使われている。これらは基本的には建設費総額の10％程度の住民による負担金とともに建設され、完成後は住民によって維持管理される、というものである。

流水重視へと舵が切られることになったのである。

　対策開始から約10年後の2009年から2010年にかけ政府によって301郡（前回調査対象270郡および新たに砒素汚染が確認された31郡）を対象に追跡調査が実施され、このあいだに約4170万人が改善された水源にアクセスできるようになったことが確認された。しかし一方で依然として約2210万人（高率砒素汚染地域で未だカバーされていない人口が約1900万人、砒素汚染以外で塩水の混入や高地で水が得られない地域の人口が310万人）が「安全な水」にアクセスできていない現状もあきらかになった（LGD et al. 2010）。また保健省によって実施された砒素中毒患者数に関する追跡調査で、全国に3万7039人の砒素中毒患者が登録されていることが確認されている（同書）。すなわち問題の発見から約15年間にわたりさまざまな対策がとられてきたものの、未だに約2200万人の人びとが（砒素や塩水濃度が基準値以下でかつ細菌汚染のない）「安全な水」を得られていない状況にあるとされている。

4　砒素対策実施側による「砒素」問題の可視化

4.1　さまざまな研究成果

　調査で特定された地域で実際に砒素対策を進める側にとって、砒素汚染問題に関連する研究成果で示される内容はその対策の拠り所となることから非常に重要である。しかしそれらは統一の方向に収斂するのではなく、むしろさまざまな「起こりうるかもしれない可能性」をめぐって細分化、多様化の一途をたどっている。そして砒素汚染問題発覚から時間が経つにつれてますます多くの研究成果が蓄積されることで、現場での検証が必要な項目が増え、それらすべてに対応することができないという逆説的な状況を生んでいる。

　たとえば砒素がなぜ地下から溶出したのかという起源論争は長いあいださまざまな形で繰り広げられており（Mandal et al. 1996; McArthur et al. 2001;

Polizzotto et al. 2008 など)、未だ決着を見ていない。またバングラデシュに適した対策技術に関する研究や製品開発も、毎年のように新しい研究成果が発表されるが (e.g. Delowar 2006; Mohan & Pittman 2007 など)、それらの多くはバングラデシュ社会での適用可能性、汎用性までを実証したものではなく、実際に住民によって継続的に使用されるに至るものはごく一部にすぎない。

さらに飲用水における砒素問題・砒素対策が大きく取り沙汰される一方で、健康被害に関する砒素以外の要因 (たとえば栄養状態や摂取する食物) との関係や、農作物・家畜への砒素の影響を考慮した対策の必要性も指摘されている (CSE 2005)。近年の研究では、砒素対策によって地下水から表流水への転換が進んだ結果、砒素汚染からは守られているものの、表流水摂取による細菌性の感染症が増加し、これまで低下していた乳幼児の死亡率が逆に増加したという研究成果さえ報告されている (Field 2011)。

このような目まぐるしい状況のなかで、対策を進める側は日々公表されるそれらの新しい研究成果を実際の対策にいつどうやって反映させるか、安全性と住民への影響などの観点から日々判断を下すことが求められている。まさしく藤垣裕子が指摘するような「科学者にも予測がつかない問題」でありながら、対策を打つためにとるべき方法について「「今、現在」社会的合意が必要」な状況に置かれつづけている (藤垣 2003: 7-8)。さらに最新の研究の適用だけでなく、砒素の危険性を可視化するために重要な基準値や許容値、その計測という対策側の対応そのものにも不確実性や安全をめぐる多くの混乱が潜んでいる。

たとえば、体内摂取時の許容量に関する基準値の設定をめぐって、バングラデシュでは世界保健機関 (WHO) が推奨する値よりも緩い値が採用されており、その基準に基づいて対策も進められている。具体的にはWHO が 1993 年にガイドラインで定めた飲用水の砒素の含有量は 0.01 mg/l 以下であるが、バングラデシュ政府が定めたガイドラインでは 0.05 mg/l 以下という数値が基準となっており 5 倍の開きがある。WHO が根拠のひとつとしているアメリカ環境保護局 (US Environmental Protection Agency) の調査結果では、0.01 mg/l の砒素が含まれた水を生涯にわたっ

て飲みつづけた際の発癌リスクは1万人中6人であり、これをWHOは最低ラインとしている。単純計算をすればバングラデシュのガイドラインである0.05 mg/lでは発癌リスクは1万人中30人[*4]となる（WHO 2000）。この0.05 mg/lという基準値の採用は、0.01 mg/lでは「安全な」飲み水の確保が難しいというバングラデシュ政府の判断によるものとされている。しかし住民が日々摂取する水に含まれる他の物質や栄養価の影響などもあることから、はたしてどの程度人体への影響として将来的に差が出てくるのか、基準をやはり引き下げるべきなのか、あるいはもっと基準が緩くても大丈夫なのかを現場で1つひとつ判断することもまた非常に困難である。判断基準を誰がどこにどう置くかによって対策方法も変わってくるが、どこを最低ラインとした対策をとるべきか、そして2つの基準値のあいだの数値が検出される井戸をどのように扱うかという点は実際には対策側に委ねられているのが現状である[*5]。

4.2 簡易検査法の問題

どこまでが安全でどこからが危険かという基準値の設定という重要な問題に加えて、対策を実施する具体的な場所を決定するにあたって重要な、井戸の簡易砒素検査という方法自体にも、検査機器の性能（正確性）や検査機器の維持管理状態（精度）をめぐって顕在化していない問題を抱えている。バングラデシュの村落でさまざまな機関によって実施されている砒素検査は、検査施設からの距離が遠いことや検査施設での専用の機器を用

[*4] 単純な比較はできないものの、バングラデシュでは年間自動車1万台あたり60人の交通死亡事故が発生している（Maniruzzaman & Mitra 2005）。
[*5] ドナーやNGOなど支援側もみずからの組織のポリシーや現場の状況に応じてどちらの基準に従うかを決めている。2001年から実施された全国一斉井戸検査では、砒素の危険性を可視化するための簡易な方法として、この0.05 mg/lという基準値を境に、基準を超えたものを赤に、基準値を下回った井戸を緑にペンキで塗り分けることによって、住民が井戸の安全性について視認できるような対策がとられている。

いた検査費用が高額なことから、基本的には現場用の簡易砒素検査キットを使用して実施されている。ただ肝心の簡易検査キットそのものの結果が正確かどうか、あるいは、検査する側の人間が正確に検査をおこなったかどうかの判断が住民にはつかず、そこで結果として出された数値だけがその正確さ不正確さにかかわらず一人歩きしてしまっている。

その具体的な事例として、過去に実施された支援プロジェクトにおいて、南西部のJ県K村というところで、全国一斉調査時に基準値以上の砒素が含まれ、飲用には不適とされてきた多くの井戸が、その後地方行政機関による簡易検査キットを用いた砒素検査において、砒素が基準値以下になっているという測定結果が次々と報告されたことがあった。住民はふたたびこれらの井戸が使用できるようになったのではと期待したものの、結果に疑いを持ったプロジェクト側が、簡易検査キットではなく、実験室で水質を再検査したところ、じつは地方行政機関が持っていた簡易検査キットで使用する試薬が保存状態の悪さから機能しておらず、正確な値とかけ離れた値が出ていたことが判明した。これにより、K村の住民にこの事情を説明することが必要になったものの、いったいどの時点からの結果が間違っていたのか、そして具体的にどの井戸が安全で、どの井戸が安全でないのかの区別ができなかったため、説明を受けた住民側にかえって混乱をもたらすという事態に発展した。つまり飲用水に基準値を超える砒素が含まれているという現象自体は確認されながら、それを計測する行為やそこで結果として出てくる数値、あるいは分析結果といった砒素の危険性を可視化していく対策過程そのものが、かえって住民の日常生活に混乱を生じさせているとも言える。さらに砒素は無味無臭無色であり、測定した上でなければその水が飲めるか飲めないかの判断ができないが、結果として出された数値が個別の井戸レベルで間違っていたとしても、集落、村、県と集約され、いったん地域傾向としてまとめられてしまえば、検査をどのように実施したかの遡及的な確認は実質不可能となり、ホットスポットのような局地的な高濃度汚染地域は取り残されがちになってしまう。

4.3　対策者間のズレ

　加えて、バングラデシュで実施されているさまざまな対策において、対策側としてかかわる者が向きあわなければならないもう1つの現実的な問題は、対策側のアクターが、必ずしも同じ方向を向いていないということである。たとえば支援地域に配布する大型の啓発ポスターのなかに、基準値を超える砒素が検出された井戸の水を飲まないように、という危険性の部分を強調したメッセージを入れようとしていた対策側に対し、政府側からは井戸から基準値を超える砒素が検出されたとしても、その井戸水は洗濯や食器洗い、水浴びなどに使う分には安全であるという記述をこそ入れるべき、という主張もあった。すなわち砒素の危険性を住民に対して強調することよりも、むしろ生活用水としての井戸水は依然として安全であるということを強調することで、井戸を掘削して普及させるというみずからの職務や組織命題を果たそうとするような逆向きのベクトルも現場では働いていたということである。

　このように、専門的な知識や経験に基づき対策を実践する側も、確たる正解が未だ得られていない状況のなかで、次々と提示される不確実性を持った選択肢のなかからそれぞれが依って立つバックグラウンドや置かれた状況に応じて異なった方法を選び取らなければならない状況に置かれているという点で、住民となんら変わらない砒素汚染問題の「当事者」であるとも言える。

5　住民にとっての「アーセニック」

　問題解決のための研究や支援が実施され、砒素の危険性がさまざまなかたちで対策側から強調される一方で、その水と毎日触れざるをえない人びとは、安全か否かという厳密な基準値の議論よりもむしろ、突如出現した避けられない新しい生活リスクに対し、どの水源が「より安全」（砒素やその他の水質が基準値以下の水を必ずしも意味しない）で、そこへのアクセスを

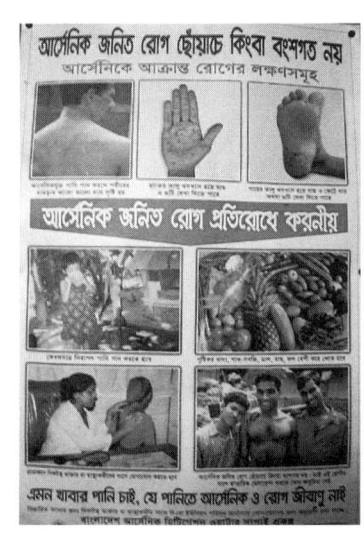

砒素への関心を啓発するポスター

どう確保するかということへの問題関心が高いのが実情である。

バングラデシュでは、「砒素」というこれまで住民の意識のなかにまったく存在していなかった現象をわかりやすく伝えるため、TVやラジオといったメディア媒体を使ってCMや特別番組などが繰り返し放送されてきた。さらに、街角にポスターや看板のようなかたちで危険性とその対処方法を訴える方法がとられてきた（写真参照）。

描かれている内容はほぼ似通っており、井戸水に基準値を超える砒素が含まれている可能性があること、その判別のために井戸検査をする必要があること、検査の結果次第でその井戸水の飲用をやめ、他の代替水源から飲用水を得る必要があること、慢性砒素中毒の具体的な症状、症状が出ていたら病院などで医者のアドバイスを受けること、栄養価の高い食事をとること、砒素中毒は伝染する病ではないことなどである。さらに情報の信憑性を高めるためポスターにイスラム教の宗教指導者を登場させたり、親子の関心を引くためにアニメふうのポスターにしたりとさまざまな工夫がなされている。こうした種々のキャンペーンの結果、砒素の問題はバングラデシュ内で知られるようになり、砒素を英語に言い換えた「アーセニック」という言葉が非常によく流通している[*6]。国内で販売されている飲料水のペットボトルのラベルにほぼ例外なく「アーセニックフリー」という文字が並び、学校教育で用いられる教科書のなかにも「アーセニック」の問題が取り上げられている。

---

*6　複数のプロジェクトや調査報告書を見るかぎり、「砒素問題を知っているか」の問いに「知っている」と答える人びとの数が90％を超えることがふつうになっている。

その一方で、村にやってくる筆者のことを住民がむしろ親しみを込めて「アーセニックさん」と呼んだり、対策側が砒素対策用に設置した簡易水道から出る水のほうを住民が「アーセニックの水」と呼んだりもしている。「アーセニック」をめぐって新聞などでセンセーショナルな見出しが躍る一方で、住民が用いる「アーセニック」には、それ自体が形容詞のような使われ方もされている。すなわち単純に毒としての「砒素」という直接的な意味や、「暗い」「たいへんな」というイメージだけでなく、いま起きている不可視な現象そのものまでをも包含するようなさらに広い意味が付与されて用いられている。

ただ「アーセニック」という言葉の流布に比して、「アーセニック」を解決すべき問題と捉え、住民や地域が自主的に対策をとっているわけではないのが実情である。その背景にあるものを、砒素汚染被害の激しい南西部J県のM村において、砒素中毒患者を中心に同心円状に位置する村医者や伝統医といった、否応なく日々砒素と向きあわざるをえない「当事者」を対象に筆者がおこなった聞き取り調査を手がかりに考えてみたい。

(1) 重症患者Aさん（女性、57歳）

M村にある彼女の家の周辺は村でもっとも砒素濃度が高いエリアで、基準値の10倍から20倍近い濃度の砒素が検出される。その水を20〜25年近く摂取。2000年インドの病院で手のひらの癌と診断される。同年ダッカの病院で手のひらの癌を取るため左手を半分切除。しかしその後も体内に蓄積された砒素によって身体は弱っており体調は思わしくないという。

「現在NGOが設置した砒素除去装置の水を飲んでいます。飲むと体調が悪くなるけれども他に方法がありません。近くに良い水はないのですから。水質検査の結果では〔許容値の範囲内しか〕砒素はないと言っていますが、その量でさえ私にはだめなのです。体に変調を来します。機械を使っておこなった検査の結果がどうこうというよりも、私が実際に口にして感じた結果のほうが重要です。検査の結果では、安全に飲めるのかもしれませんが、私には許容の範囲内ではないのです。〔中略〕砒素は私の身体に入り込み、すでに私を食い尽くしたのです。私は砒素問題が解決する前に

すべてが終わってしまうと思っています。〔中略〕ただ良い水を得るためだけに、私は想像がつかないぐらい努力をしてきました。私はこのような努力をすることができましたが、そのようにできない人たちに、助かるすべはあると思いますか？　あなたたちが努力してみてください。もしかしたらもっと早く解決できるかもしれません。あなたたちに可能なら解決できるでしょうし、そうでなければそれまでです。私たちにはどうすることもできません。ただアラーの意志で生きながらえられるぶんだけ生きるのです」

(2)　伝統医 B さん（男性、70 歳）

　彼は、村に複数いる伝統医のひとりである。多くの伝統医が蛇をつかまえそこから強精薬を処方したりするが、彼はジーン（精霊）を操る。代々家系が伝統医であり、親もそうだったという。この村で生まれ育ち、若いころはインドなどでも修行したが 20 代後半には村に戻り、それ以来農業のかたわら必要に応じて患者を診つづけている。

　「昔は多くの人がやってきたが、最近は呼ばれることもめっきり少なくなった。息子たちも伝統医をしているわけではない。みんな何かあったら医者のところに行くからな。砒素中毒も治せるかって？〔彼も、そしてまわりの者たちも、笑いながら〕無理に決まっているよ。私の身体を見てくれ〔と、シャツをまくり上げると上半身の胸のあたりに黒斑が広がっており、典型的な砒素中毒症状が現れていた〕。私も他の者たちと同じように井戸の水を飲みつづけてこうなった。砒素はジーンなどの仕業ではない。私がジーンを操ることができるのと同じように、砒素の症状を良くするのはあんたたちの仕事だよ」

　患者になった多くの村人からの聞き取りによっても伝統医が砒素を治せるとは信じられておらず、「アーセニック」を治すような伝統医はいるかと聞くと、その質問自体が笑われることが多い。この村では「アーセニック」は外からやってきた新しい問題であり、町の病院にいるようないわゆる「きちんとした医者」に診てもらうべきだと考えられている。とはいえ、一定程度以上の症状が出ているほとんどの患者が、親戚や知人などが聞きつけてきた「良い伝統医」のところに、あまり信じてはいないながらもと

りあえず通ってみたということもまた事実である。

(3) 村医者 C さん（男性、52 歳）

彼は、祖父が医者であったことから小さいころから医療について興味を持ち、高校を出た後、郡病院の研修を受けて村医者[*7]になった。現在は村の市場のなかに薬屋を構えさまざまな患者の相談に応じている。上述した2人とは違い砒素中毒患者ではない。

「砒素に関しては、新聞から最初に情報を得た。いったい何だろうと思ってはいたが、この村で起こるとはまったく思っていなかった。ただ、同じ村内で原因不明の重症の患者がおり、その患者が郡病院で砒素中毒であるという診断を受けて、そこで初めてこの村でも砒素汚染が起きていることを実感した。それ以来、村の人たちが安全な水を飲めるようにといろいろと働きかけてきた。近隣村の住民からも砒素のことについてはよく聞かれる。しかしみんな気にはしているが、じつのところよくわからないし目の前の生活のことで手一杯で人任せにせざるをえないようだ。もちろん自分のような一介の村医者ではどうすることもできないし、やはり日本人や外国の助けなしでは解決できない問題だと思う。ある錠剤を水に落とせば有害物質を取り除くことができたり、家庭用の簡単なフィルターが開発されたりすればいいが、もちろんそんなこと自分たちにはできないから、実験とか研究をやっている人たちに期待したい」

　ここで取り上げた3人の語りに共通してみられる、アラーや「日本人」に解決や未来を「預ける」といういわばイスラム教における「宿命論」

[*7] ここで言う村医者とは、Palli Chikitshaks（＝Village Physician）のことであり、1979年（ジアウル・ラーマン政権時代）以降にアメリカ合衆国国際開発庁（USAID）の援助によって導入された養成制度を経て、新たに「村医」になった人びとである。彼らは、医療における「正式」な資格を持っているわけではないが、1年間の研修を受けることにより、村落レベルにおいて村人の健康相談を受け、薬を処方することができる。この制度導入の背景には、村落レベルでの現代医療従事者が圧倒的に少なかったことや、アルマ・アタ宣言を受け、プライマリー・ヘルス・ケアの充実を村落レベルで効果的にはかるためであったと言われている（Feldman 1983; Osman 2004）。

(未来を神の領分とし不可知のものとして捉える)のような考え方は、悲観的な意味あいだけではなく、現状における住民に残された数少ない希望の裏返しとして砒素汚染地域の住民の語りのなかに広くみられるものである(松村 2009)。

　こうした対応を住民の砒素の危険性に対する認識の低さとして指摘し、さらなる啓発活動の重要性を訴える議論は多い(Paul 2004; APSU 2005)。しかし「アーセニック」の重要性や深刻さはすでに住民に認識されており、むしろその危険性や影響が地域や個々人に不均等にかつ誰にも想定できないかたちで分配され、住民の日常生活にまだらに取り込まれているという状況が住民の対応を難しくしていると言える。つまり砒素の含まれた水を飲みつづけてきた個々人の経験や過去に砒素中毒の原因がさかのぼる上、その症状の現れ方や影響の出方もそれぞれ異なり、現時点における社会での一律な対応や未来に向けて同じ選択をすることが厳密には有効性をもつわけではない。また対策方法も不確かであることから、個々の住民が抱えている他の生活上の問題が優先され、地域コミュニティ側からの主体的な取り組みが起こりにくい状況にあると考えられる。問題として認識されながら、解決方法がいわば「宙に浮いている」砒素問題を住民が「アーセニック」として語るとき、そこには住民の価値観や宗教観、人生観などをひっくるめた、彼らが「今」置かれている状況が色濃く投影されている。

6　「砒素」と「アーセニック」の差異が投げかけるもの

　「万物の根源は水である」と説いた古代ギリシャの哲学者タレースの言葉を引くまでもなく、古代より人類は生命維持に不可欠な水をいかに確保するかに腐心し、水資源の豊富なところに文明は築かれてきた。しかし近年、世界的な規模でこの水という資源が脅かされているとする悲観的な予測や未来のシナリオが描かれるようになっており、その度合いは年々強さを増している。単純な水不足にとどまらず、水質汚染や水資源をめぐって起こりうる紛争、あるいは気候変動の影響による洪水災害の増加などの多

くは、我々がコントロールできるレベルを超えたはるかに大きな問題である。しかしその一方で、我々の生活圏にもそれらはさまざまな形をとって侵入してきており、とくに日々摂取しなければならない飲用水の安全性をめぐる終わりなき議論は、我々がその日その日におこなう判断や選択へ影響を与えながら、常に未来への不安を喚起しつづけている。

　本章では、バングラデシュの地下水の砒素汚染問題を事例に、住民の生活圏のなかに突如として立ち現れた砒素という新しい生活リスクがどのように浸透し日常のなかに位置づけられつつあるのかを、砒素対策のなかで生じている問題や関係者の語りを通じて描き出してきた。そこでは住民だけでなく対策をおこなう側も、「安全な水」という問題に、多くの相反する研究結果やアクター間の方向性の違いのなかで不確実な選択を迫られる「当事者」であること、また住民側も、砒素中毒の被害が、個々人がどのような水を飲んできたかという過去に根ざしたもので共同体での一律な対応が即効性を持たないことから、主体的な取り組みが起こりにくい状況にあることなどを論じてきた。とくにリスクを科学的に提示し未来への危険性を喚起するという対策側のこれまでのアプローチは、宗教的・地域的な背景から、未来を不可知のもの、みずからの判断の及ばないところと捉える住民側とのあいだで、効果的なかたちで受け入れられているとは言いがたく、応急処置的な対処は実施されているものの根本的な問題解決には至っていない。少なくとも科学的な根拠に基づく客観的な事実として措定された砒素汚染そのものだけを問題とすると、砒素というリスクへの対応そのものが逆説的に新たな生活リスクを生み出しているというその過程や現実を見落としてしまいかねない。じつは、そうした状況は東日本大震災後に起きた福島原発事故をめぐって生じている混乱や安全性をめぐる不確実な状況とも非常に似ており、さらなる未知の現象が「リスク」という名のもとに、これからも我々の生活のなかに入り込み、未来への不安を喚起しつづけてくるであろう。そうであるからこそ、バングラデシュで起きているこの砒素汚染問題に対する試行錯誤も、木村（2013: 14）の言葉を借りれば、「彼ら・彼女らは私たちと同じ問題に取り組む者たちなのであり、その経験を通じて／とともに考えられることは少なくない」のである。そ

のことを再認識した上で、この姿の見えない災害への対応を、双方向的に考えていくことが重要であろう。

参照文献

ド・ヴィリエ，M. 2002『ウォーター——世界水戦争』（鈴木主税・佐々木ナンシー・秀岡尚子訳）共同通信社。

嘉田由紀子編 2003『水をめぐる人と自然——日本と世界の現場から』有斐閣。

木村周平 2013『震災の公共人類学——揺れとともに生きるトルコの人びと』世界思想社。

シヴァ，V. 2003『ウォーター・ウォーズ——水の私有化，汚染そして利益をめぐって』（神尾賢二訳）緑風出版。

バーロウ，M.／T. クラーク 2003『「水」戦争の世紀』（鈴木主税訳）集英社新書。

藤垣裕子 2003『専門知と公共性——科学技術社会論の構築へ向けて』東京大学出版会。

ベック，U. 1998『危険社会——新しい近代への道』（東廉・伊藤美登里訳）法政大学出版局。

ホフマン，S. M.／A. オリヴァー=スミス編 2006『災害の人類学——カタストロフィと文化』（若林佳史訳）明石書店。

松村直樹 2009「生活を脅かす"リスク"と浮遊する"安全な水"——バングラデシュ飲用水砒素汚染問題の事例から」*Kyoto Working Papers on Area Studies* No. 29（京都大学東南アジア研究所）。

見市雅俊 1994 『コレラの世界史』晶文社。

脇村孝平 2002 『飢饉・疫病・植民地統治——開発の中の英領インド』名古屋大学出版会。

National Research Council 編，和田攻・木村正己監訳，久永明・石西伸訳 1985 『環境汚染物質の生体への影響 16-ヒ素』東京化学同人。

Ahmad, S. A. et al. 1999 "Arsenicosis in a Village in Bangladesh" *International Journal of Environmental Health Research* 9: 187-195.

Alaerts, G. J. and N. Khouri 2004 "Arsenic Contamination of Groundwater: Mitigation Strategies and Policies," *Hydrogeology Journal* 12(1): 103-114.

APSU (Arsenic Policy Support Unit) 2005 *The Response to Arsenic Contamination in Bangladesh: A Position Paper,* Arsenic Policy Support Unit, Department of Public Health Engineering.

Calder, I. R. 1999 *The Blue Revolution: Land Use and Integrated Water Resources Management*, Earthscan Publications.

CSE (Centre for Science and Environment) 2005 *Nectar to Poison: A Briefing Paper on Arsenic Contamination of Groundwater*, CSE.

Delowar H. K. M. et al. 2006 "A Comparative Study of Household Groundwater Arsenic Removal Technologies and Their Water Quality Parameters," *Journal of Applied Sciences* 6(10): 2193-2200.

Douglas, M. and A. Wildavsky 1982 *Risk and Culture: An Essay on the Selection of Technical and Environmental Dangers*, University of California Press.

DPHE (Department of Public Health Engineering) 1976 *Guidelines for the Implementation of the Second Rural Water Supply Construction Project of 155,000 Shallow and 10,000 Deep Tube Wells and Village Sanitation Project with People's Participation*, Department of Public Health Engineering.

Feldman, S. 1983 "The Use of Private Health Care Providers in Rural Bangladesh: A Response to Claquin," *Social Science and Medicine* 17(23): 1887-1896.

Field, E., R. Glennerster, and R. Hussam (eds.) 2011 "Throwing the Baby out with the Drinking Water: Unintended Consequences of Arsenic Mitigation Efforts in Bangladesh." (http://scholar.harvard.edu/files/field/files/arsenic_infantmortality_feb10.pdf 2011年10月1日閲覧)

GOB (Government of Bangladesh) 2004 *National Policy for Arsenic Mitigation 2004 and Implementation Plan for Arsenic Mitigation in Bangladesh*, Local Government Division, Ministry of Local Government, Rural Development & Cooperatives, GOB.

Hussain, A. ZMI. 2000 "Effect on Health Due to Arsenic Contamination of Groundwater in Bangladesh," in Chowdhury, Q. I. (ed.) *Bangladesh, State of Arsenic 2000: The First Annual Report on the Country's State of Arsenic*, Forum of Environmental Journalists of Bangladesh, pp. 27-33.

LGD (Local Government Division), Ministry of Local Government, Rural Development and Cooperatives, Government of People's Republic of Bangladesh 2010 *Situation Analysis of Arsenic Mitigation 2009*, LGD, DPHE, JICA.

Mandal, B. K. et al. 1996 "Arsenic in Groundwater in Seven Districts of West Bengal, India: The Biggest Arsenic Calamity in the World," *Current Science* 70: 976-986.

Maniruzzaman, K. M. and R. Mitra 2005 "Road Accidents in Bangladesh," *IATSS Research* 29(2): 71-73.

McArthur, J. M. et al. 2001 "Arsenic in Groundwater: Testing Pollution Mechanisms for Sedimentary Aquifers in Bangladesh," *Water Resources Research* 37(1) : 109–117.

Mohan, D. and C. U. Pittman Jr. 2007 "Arsenic Removal from Water/Wastewater Using Adsorbents: A Critical Review," *Journal of Hazardous Materials* 142 (1-2): 1–53.

Osman, F. A. 2004 *Policy Making in Bangladesh: A Study of the Health Policy Process*, A. H. Development Publishing House.

Paul, B. K. 2004 "Arsenic Contamination Awareness among the Rural Residents in Bangladesh," *Social Science and Medicine* 59(8): 1741–1755.

Polizzotto, M. L. et al. 2008 "Near-Surface Wetland Sediments as a Source of Arsenic Release to Ground Water in Asia," *Nature* 454: 505–508.

Pomeranz, K. 2009 "The Great Himalayan Watershed: Agrarian Crisis, Mega-Dams and the Environment," *New Left Review* 58: 5–39.

UN (United Nations) 2005 *The Millennium Development Goals Report 2005*, United Nations.

UNESCO 2003 *Water for People, Water for Life: The United Nations World Development Report*, UNESCO.

UNICEF 2004 *The State of the World's Children 2005*, UNICEF.

WHO 2000 *Towards an Assessment of the Socioeconomic Impact of Arsenic Poisoning in Bangladesh*, WHO.

World Water Council 2000 *Results of the Gender Mainstreaming Project: A Way Forward, World Water Vision*, World Water Council.

WSP (Water and Sanitation Program) 2003 *Willingness to Pay for Arsenic-Free, Safe Drinking Water in Bangladesh*, Water and Sanitation Program, The World Bank.

第3章
未来の地震をめぐるリスク
―― 日本における地震の「リスク化」プロセスの素描

木村周平
Kimura Shuhei

1 地震はリスクか？

　地震はリスクか、と問われれば、本書の読者の多くはそうだと答えるだろう。自然災害としての地震は、私たちの生活に損害を与え、時に命すら奪う。そうしたニュースを目にする機会は頻繁にある。だから、地震が引き起こす被害を減らすために前もって備えをとっておくことは、きわめて当然のことのように思える。

　しかし、リスクという言葉の意味をより厳密に捉えた場合、地震がつねに誰にとってもリスクであるとは言えなくなる。これは、世界には地震がほとんど起きない地域があり、そこに住んでいる人びとにとって地震は問題にならない、という意味ではない。そうではなく、地震に対して、誰しも「ある確率で将来に起きうる出来事で、それに対して意思決定をすべき対象」と思っているわけではない、ということである。このような意味で何かをリスクとして捉えるためには、序章で述べられたように、その発生の頻度や被害の程度について過去に基づく未来の出来事への見通しが立っていることが必要になる。これは私たちの意識の問題でもなく、地震という現象の側の問題でもなく、そのあいだにある問題把握の技術や手続きの問題である。たとえば「喫煙の発がん性リスク」であるとか「飲酒の交通事故リスク」などと比較した場合、発生数の少なさ、および被害のばらつ

きの大きさという点において、地震はこうした見通しを立てることが困難であり、その意味で本来、リスクとして捉えにくいものなのだ。

だから人類にとって長いあいだ、地震は突然起きる出来事であり、人間には手の出しようがない神の仕業のように捉えられることも多かった。それが「不安」や「恐怖」の対象を超えて、「リスク」として捉えられ、備えられるようになるには、なんらかのプロセスが介在している。これをここでは「リスク化」のプロセスと呼ぶ。

本章の課題は、この「リスク化」がどのように進行してきたかを理解することである。もちろん、社会のなかで働くさまざまなメカニズムをこの小論で網羅することは不可能である。それゆえ、本章ではいくつかの重要と思われる事柄に言及するにとどめ、そのうえでこの「リスク化」の進展を、「動員」と「主体化」という二重の動きから整理する。ここで言う「動員」とは、法制度やマニュアルなどを通じて、私たちがどう対応すべきかをあらかじめ決められること、そして「主体化」とは、情報の提供などを通じて、意思決定すべき者の位置に置かれることである。それによってあきらかにしたいのは、私たちがさも当然のこととして地震はリスクだと考えていることを、ある特定の仕方で、また私たちが日常的に意識していないところで、支えている仕組みの存在である。

次節ではまず、ここで示した動員と主体化という言葉の意味をよりあきらかにし、第3節以降で具体的な事例に入っていく。

2　動員、主体化、予防

2.1　リスクの「呼びかけ」

私たちはいかにして、地震に備える主体となるのか。

いや、じつはこの問いは間違っている。日本の防災制度の基礎となっている災害対策基本法の第7条第3項によれば、「地方公共団体の住民は、〔中略〕防災に寄与するように努めなければならない」と定められている。

つまり、すでに私たちは──ここで私たち、というのは大まかには日本で暮らす人のことを指すが──、法律によって、災害に備えるべき存在として規定されているのである。
　しかし、そんなことは知らなかった、聞いていない、という人もいるだろう。本章で見ていきたいのは、こうした法律の条文だけでなく、さまざまな日常的なデバイスを通じて、私たちが気づいたときにはリスク対応の主体になってしまっている、ということである。日常的なデバイス──たとえば、携帯電話を通じて。
　2011年春を東北から関東の太平洋側で過ごした人は、何度か、突然の携帯電話の不気味な警告音で眠りから覚まされた、という経験をしたはずである。驚いて携帯の画面を見ると、次のような文字が浮かんでいる──「○○県で地震発生。強い揺れに備えてください」。
　人は、ここで指示された地震の揺れが到達するまでのあいだに何をするべきかについて、即座の意思決定を迫られる。いやその前に、そもそもこの情報を信頼するかどうかについても意思決定をする必要があるかもしれない（実際、空振りも何度かあったし、揺れのほうが先に起きることもあった）。しかしそうこうしているうちに、本当に地震の揺れに襲われ、隣にある本棚の下敷きになってしまうかもしれない。それはこのメッセージを受け取った時点ではわからない。このメッセージが示すのは、地震が発生したという事実と、「備えてください」という命令だけだ。しかし、人はそれを受信することによって、否応なしに、眼前に迫った、起きるかもしれない、無数の好ましくない事態（家具の転倒や落下、建物の倒壊、それらによるケガ、火災など）に対して、意思決定し、かつその行為の責任を引き受ける主体となることを求められるのである。
　周知のように、これは、気象庁が2007年10月から開始した「一般向けの緊急地震速報（警報）」である[*1]。その仕組みは、P波とS波の速度の差を利用し、最初の地震波を瞬時に分析することで主要動による揺れの大

＊1　気象庁ウェブサイト（www.seisvol.kishou.go.jp/eq/EEW/kaisetsu/eew_naiyou.html　2014年1月12日閲覧）より。

きさや到達時間を事前に予測して対応する、というものである。発想自体は以前からあったが、実際に実用化されるには、データの転送や処理能力など、さまざまな技術の向上が必要であった。しかし開始されると、すぐにテレビなどでの放送もおこなわれるようになり、さらに携帯電話の新機種にも順次、受信機能が搭載されるようになった。その結果、知らないうちに私たちは、このメッセージを受け取り、反応すべき存在となっていたのである。

筆者がここで想起するのは、L. アルチュセールの「呼びかけ」のモデルである（アルチュセール 2005）[*2]。国家による呼びかけを通じて主体化することと、警報を通じて意思決定をする立場に置かれることは、類比的に捉えられるのではないだろうか。

しかも、この警報はほとんどイデオロギー性を欠いているようにみえる。地震から人命と財産を守ることはよいことだ、というのは誰にとってもごく当然のことである。その当然さが、この警報も含めてさまざまな地震対策の実装を正当化する。その結果、地震をリスクとして捉え、対策をとろうとする道具立ては私たちの生のなかで、ひそやかに、だが深く入り込んでいく。その道具立てを通じて、地震という共通の対象に向けて個々の市民や企業、団体が主体化され、国家や行政も含めて、多様な主体間で対応が組織化されていく。

2.2　リスクに「備える」

コレージュ・ド・フランスの講義において M. フーコーは、統治性をめぐる議論を展開している。そこで彼は、主権権力・統治権力に続いて現れ

---

*2　彼は国家の暴力装置とイデオロギー装置とを区別し、後者を、「呼びかけ」に応えることを通じて、人びとを大文字の主体へ服従する主体＝臣民（sujet）化するような装置として描いている。聖書の神になぞらえられる（しかしたとえば警官のような具体的な姿をもつ）大文字の主体は、諸個人に呼びかける。諸個人は呼びかけに応えることを通じて、イデオロギーを受け入れ、そして相互に再認しあう。これがアルチュセールの言う主体化のメカニズムである。

た現代的な権力システムとして「安全装置」を位置づけた。そして、それまでの統治性が個々の人民に働きかけようとしていたのに対し、この新たな統治性がむしろ集合としての「人口」に焦点を合わせ、それが置かれる空間としての「環境」に対し、統計学を中心とした諸技術を通じて働きかけ、調整することで「人口」を管理するものであることを指摘した。この議論は、現在に至るまで機能しているこの権力システムのあり方を、統治性――「諸制度・手続き・分析・考察・計算・戦術、これらからなる全体」（フーコー 2007: 132）――の構成の歴史から分析することで、後続の研究者に大きな影響を与えた。

言うまでもなく、この「安全装置」において重要な役割を担った統計学とリスクはきわめて密接なかかわりがある。このことはフーコーの統治性研究を英語圏で紹介する役割を担った『フーコー効果』（Burchell et al. 1991）の諸論文にすでに示されている。統計学の発展を通じて、集合のふるまいのなかに見いだされるパターンが、ある種の法則的な必然性をもつものと捉えられるようになる。それはある事象のリスクを判断することや、「社会的」なリスクへの対処技術としての保険の発達とも深くかかわる。そしてさらに統計技術が発展することで逆にハイリスクな人びとや事物を排除したり、意思決定主体に事故の責任を帰したりする、いわゆる新自由主義的な仕組みとも結びつくこととなる。こうした議論を受けて日本でも、とくに近年の情報技術の爆発的な発展に焦点を合わせ、G. ドゥルーズの管理社会論やG. アガンベンの議論をふまえた環境管理型統治論が提示されているが（e.g. 東・大澤 2003）[*3]、これらの研究はテクノロジーを通じて、生権力的な集合への管理と、直接的な個体の捕捉とが接合され、より徹底した管理が、間接的で人びとの気づかない形でおこなわれつつあると論じるものである。

これに対し、フーコーに影響を受けたP. ラビノウらのアメリカの人類

[*3] L. レッシグの研究を出発点とする「アーキテクチャ」の研究もこのなかに含めることができる（e.g. 濱野 2008）。また、夭折した伊藤計劃の小説『ハーモニー』（2008）は、この統治が行き届いた社会の見事な描写である。

学者たちは、現代的な統治の仕組みとして「予防（preparedness）」を挙げている。たとえばA. レイコフはアメリカにおいて、感染症対策などを通じて20世紀後半に現れてきた集合的なセキュリティのあり方を「ヴァイタル・システム型」と名づけ、それ以前の「主権国家型」「人口型」と区別しながら、その具体的なあり方について論じている（Lakoff 2008）[*4]。

　環境管理型統治論と予防論はいずれも、リスクを統治という問題と関係づけて論じるものだが、個人の扱いに関しては、多少の方向性の違いがみえる。つまり前者が社会内部に分散する無数のリスクを問題視し、それを除去するような装置一般について論じており、個人をリスク要因と位置づけるのに対し、後者ではむしろ、社会の外部（比喩的な意味で）[*5]から襲ってくる具体的で巨大な問題を想定し、そうした問題を空間的に可視化、あるいはシミュレーションし、総力を挙げて防御するというあり方に焦点を合わせている。そしてそこでは個人はむしろ積極的な対応者たるべく動員されるものとして描かれる。

　ここで方向性の違いが現れているのは、誰がリスクの対応主体となるのか、そして主体間の関係はどのように調整されるのか、ということが今まさに重要な論点になっているからではないだろうか。フーコーは決して国家をひとつの自律的な主体として描くことを好まなかったにせよ、統治とはまず、国家による人口の統治であった。本書第1章で松尾が論じたように、国家にとってのリスクを個々人にとってもリスクとして位置づけ、そうした態度を内面的に、あるいは行為のうえで身につけさせていくことが、本章で言う「動員」である。

　ここで目を向けたいのは、災害から被害を防ぎたいというのが押しつけ

[*4]　L. サミミアン＝ダラシュは、イスラエルのバイオセキュリティ（生物兵器や感染症など）に関する予防体制を分析し、そこで現れつつある複雑でダイナミックな複合体（assemblage）を「pre-event configuration」と呼び、それを構成する諸要素（科学的要素、セキュリティ要素、公衆衛生要素）が、脅威をどのように認識・診断し、また対応しているかを論じている（Samimian-Darash 2009）。

[*5]　社会のなかに潜んでいるテロリストのような、比喩的に社会の外部から到来するものとして捉えられるものも含む。

られたイデオロギーなのかどうかという問題ではない。そうではなく、個々人の意思やふるまいと、制度や技術とが「特定の仕方で」結びつくことの問題性と、いったん結びついた仕組みのもつ抗いがたさ（「慣性の力」(cf. ヒューズ 1996)）である。

以上をふまえたうえで、次節以降では、地震に関してどのような「リスク化」の仕組みが形成されているかを見ていこう。

3　地震のリスク化1　市民生活の統制

3.1　伊勢湾台風

事例の記述は1960年代から始める。その理由をひとつ挙げるなら、先にも引用した災害対策基本法が1961年に成立したということがある。ただし、もちろんこれが災害に対する最初の法律というわけではなく、それ以前からいくつかの法律が存在していた。しかし相互の関係が曖昧で、それらを統合する法律が必要だという声が1950年代から上がっていた。

この法律制定の動きを加速したのは、高度経済成長のただ中である1959年に発生し、東海地方を中心に、昭和期最大となる5000人を超す死者・行方不明者を発生するなど大きな被害を与えた伊勢湾台風である。法制度化を主導したのは、同年に岸信介内閣の科学技術庁長官として初入閣した中曾根康弘であったという[*6]。この台風発生直後、彼のもとで臨時台風科学対策委員会が設けられ、議論が進められた。その結果、防災対策を総合的かつ計画的に進めることを目的とし、防災計画の作成や災害発生時の対応や復興のあり方をまとめた災害対策基本法が1961年1月に公布されたのである。

ここで指摘しておきたいのは、市民の位置である。前節で述べたように

[*6]　開沼博（2011）によれば、中曾根は日本に原子力発電所を導入する際の原動力ともなった。

この法律では市民は「防災に寄与するように努めねばならない」とされた。これは本章で言う「動員」の動きのように見えるが、他方でこの法律に含まれていた「災害緊急事態」布告に関する条項は、関東大震災を念頭に置き、かなりの市民生活を統制するもので大きな議論を呼んだ。その結果、この法律の成立と切り離し、成立後も憲法学者なども交えた審議がなされた（津久井 2012: 38）。60 年安保という時代背景も考慮するべきだろうが、災害時とはいえ国家が市民生活を統制することにはかなり慎重であったと言える。

その代わりではないだろうが、この法制定に伴う過程の 1960 年には 9 月 1 日を防災の日とする閣議了解がなされてもいる。周知のように 9 月 1 日は関東大震災が発生した日である。伊勢湾「台風」の後であるにもかかわらず、防災が地震と結びつけられたことには、さまざまな意味を読み込めよう。加えて、災害対策基本法の第 48 条で防災訓練が規定されたことで、この日に学校や公的組織で防災訓練がおこなわれるようになる。興味深いことに、その内容は多くの場合、風水害対策ではなく、地震・火災への、そして事前の備えではなく直後の対応（学校の場合、揺れの発生とともに机の下に潜り、校庭に集まるなど）となったのである。このようにして、日本に住む子どもたちの身体に、ある特定の仕方で、地震の「備え」の仕方が身につけられていくことになった。

3.2　新潟地震と主体化

リスク化の仕組みの代表的なものに保険があることは述べたとおりだが、日本で地震保険が成立したのもこの時期である[*7]。

火災保険は一般に 1666 年のロンドン大火に端を発するとされ、日本にも明治初期に導入されている。それに対し、地震保険導入の主張もやはり明治初期からなされていたが、それを妨げたのは、(1)火災保険との関係

＊7　本項の記述は多くを損害保険料率算出機構「日本の地震保険」（www.giroj.or.jp/disclosure/q_ofjapan/　2014 年 1 月 12 日閲覧）に拠っている。

を明確にすることの困難さ、(2)保険化の困難さ（回数が少なく、1回ごとのばらつきも大きい）であったとされる。昭和初期には1927年の北丹後地震、1930年の北伊豆地震、そして1933年の昭和三陸地震津波を契機として、商工省が火災保険に地震保険を強制付帯する「地震保険制度要綱案」を提出したが、この案には保険業界が強く反発し、実現しなかった[*8]。さらに戦後、1948年の福井地震を契機に再度、火災保険に強制付帯する案が提出されたが、これも実現しなかった（ただし、この地震をきっかけに初めて建物の耐震基準が制定された）。市場にとって、地震を保険化することそのものがリスキーだったのである。

動きがあったのは1964年6月に発生し、死者26人を出した新潟地震（マグニチュード7.5）の後である。次項で見る「ブループリント」でも大きな役割を果たしたこの地震に対し、新潟選出の国会議員で当時大蔵大臣であった田中角栄が保険審議会に諮問することで一気に実現へ向かう。審議会は案を取りまとめ、1966年には地震保険法が国会を通過したのである[*9]。この制度では、上で挙げた2つの問題は、(1)火災保険への付帯とし、(2)国が日本地震再保険株式会社を設立し、再保険を引き受ける、ということで解決がはかられた。つまり、地震保険という仕組みが市場として成立しづらい状況にあるにもかかわらず、国が保証を請け負うことで制度として成立させたということである。

こうして成立した、個人の任意的なリスク対応手段としての地震保険であったが、幸か不幸か、20世紀中盤の日本列島は地震の静穏期にあった。それゆえこの制度はしばらくのあいだ――約30年後に阪神・淡路大震災が起きるまで――加入率は低く伸びないまま、また他の政策や研究成果などと結びつくこともないままであった。

[*8] 戦中の1944年から1945年にかけて、事実上の地震保険制度が実施されたこともあったが、敗戦でいったん終了したという。
[*9] これは原子力損害の賠償に関する法律の成立よりも5年ほど遅い。

第3章　未来の地震をめぐるリスク

3.3　東海地震と統制

　そしてこの時期のことで忘れてはならないのが、予知研究を中心とする、未来の事象としての地震を確定しようとするプロセスの進行である。

　日本で最初に予知研究体制ができたのは、1891年の濃尾地震の直後に明治政府が設立した「震災予防調査会」だが、この体制は1960年代に急速に整備が進んだ。1962年1月、坪井忠二らを中心とする地震予知計画研究グループが「地震予知——現状とその推進計画」（通称「ブループリント」）を作成し、地震予知に向けて政府の経済的支援を要請した。そこにあるのは、より厳密な調査データが蓄積されることで周期をめぐるメカニズムも明確になるはずだ、という予想であった。

　この計画が実現に近づいたのは、その2年後に起きた、上述の新潟地震である。これを契機に予知研究はやはり必要だという機運が高まると、ブループリントを元にした「地震予知研究計画」に国の予算がつき、この計画が翌1965年から開始されたのである。このさらに3年後の1968年にはマグニチュード7.9の十勝沖地震が起きている。そうした巨大地震に対する社会的な危機感を背景に、予知研究は必ずしも十分な進展がなかったにもかかわらず、第2次5か年計画では「研究」段階ではない「予知計画」へと〝昇格〟し（ここにも当時の中曾根運輸大臣の助言があったと複数の当事者があきらかにしている）、それによって毎年確実に巨額の予算が入ることになった（ゲラー 2011）。このなかでおこなわれたのは、全国に詳細な地震観測網を整備し、観測することと、地震発生前後での前兆現象、つまり地下水の水位やラドン濃度などの変化を探ることであった。

　つまりこの時点での予知研究は、先に見たような統計的な確率ではなく、むしろ地震発生に伴うメカニズムの一環としての前兆現象を発見することがめざされ、それに向けて官僚と学者の（決して一枚岩ではないが）結びつきによって、地震予知研究・実施体制が推進されていったのである。当時は国際的にいくつも前兆現象の捕捉事例や予知成功事例などの、予知の可能性に期待を持たせるニュースが報告されていた。

　このようななかで1976年5月、当時東大助手だった石橋克彦が第36

回地震予知連絡会で「駿河湾地震」、いわゆる東海地震説について報告した（石橋 1977）。この説は連絡会後の記者会見では触れられなかったが、共同通信社がいわゆる特ダネとしてセンセーショナルに取り上げた（川端 2003）。それまでもさまざまな予知説は提唱されていたが、「地震の空白域」という考え方を下敷きにした彼の説は注目を集め、東海地震は「明日にも起きるかもしれない」ものとして大々的に報道された。

　この説は未来の大地震に襲われる地域として名指された静岡県や東海地方の人びとに大きなショックを与え、この地域に地盤を持つ議員が熱心に対策をとるように主張しはじめる。とくに静岡県知事山本敬三郎は県の地震対策の整備に取り掛かると同時に、さまざまなルートを通じて国に東海地震対策のための法律を制定するよう陳情した（吉井 2007: 62-63）[10]。そしてこの動きを前進させたのはまたしても実際の地震であった。1978 年 1 月、震源が石橋説と近接する伊豆大島近海地震が起き、25 人の死者が出てしまうと[11]、その半年後、わずか 2 か月の国会審議によって「大規模地震対策特別措置法」が制定されたのである[12]。

　この法律はいわゆる東海地震（駿河湾地震）という特定の対象を念頭に置き、かつその予知が可能である（前兆現象を捕捉できる）ことを前提とし

---

[10] 県庁内のプロジェクトチームで法案を作成し、全国知事会ルートや地元自民党議員ルートを通して陳情するだけでなく、参議院議員時代に築いたコネクションで自民党トップ（＝田中角栄元首相）などへ直接働きかけるとともに、マスメディアを通じた世論形成を進めたという（吉井 2007）。静岡県が発行した伊豆大島近海地震の報告書には、山本が国に提出した要望書がおさめられている（静岡県 1978: 233-245）。それによると、山本は自治大臣、国土庁長官などに向けて繰り返し、「東海地震対策の充実強化」に向け、大規模地震対策特別措置法の成立、そのなかでとくに予知体制性の整備と自治体の施策への国庫補助などを訴えている。

[11] この地震では伊豆半島の田方郡に東京大学理学部が設置した井戸のラドン濃度が地震前に変化したとして、予知の成功例として大々的に報道されたという（島村 2004: 41）。

[12] 後年、地震学者の茂木清夫（1998）はこの成立過程に関して、科学者は慎重であったのに官僚（とはいえ科学者出身の気象庁職員）が押し切った、という書きぶりをしている。地震学者の島村英紀（2004: 88-89）は、茂木はむしろ積極的だったとしている。

表1　1960〜1970年代の主な地震と政治・研究の動き

年	災害	政治・政策	予知研究・実施
1959	伊勢湾台風		
1960		「防災の日」閣議了解	
1961		災害対策基本法成立	
1962			ブループリント
1964	新潟地震(M7.5)		
1965			地震予知研究計画
1966		地震保険法成立	
1968	十勝沖地震(M7.9)		
1969			地震予知計画
1976	「駿河湾地震説」		
1977			地震予知連内に東海地震判定会設置
1978	伊豆大島近海地震(M7.0)	大規模地震対策特別措置法	
1980		地震財政特例法	

たうえで「地震防災対策の強化を図り、もつて社会の秩序の維持と公共の福祉の確保に資することを目的」(第1条) とする、特異な法律である。そこでは東海地震の震源域の観測をおこない、判定会議が前兆の発生を認定すると、「社会の秩序の維持」のため、学校は休校になり、銀行は閉まり、物流や交通機関の利用は制限され、警察は巡回し、行政は対応に備えるなどの広範な非常事態的な体制が敷かれ、大幅に市民生活は制限されることになっていたのである。

このように、1960年代から1970年代にかけて、地震災害 (実際に起きたものだけでなく、近い将来に起きるとされたものも) が起きたことを契機に、政治家が動くことで、これから起きる地震に向けてさまざまな仕組みが作り上げられていった (表1)。しかしこの時期でも、市民の位置づけは大きく変化している。1961年の災害対策基本法成立の際には「災害緊急事態の布告」は大きな問題となったが、およそ20年後の「大規模地震対策特別措置法」をめぐっては、東海地震について類似のことを定めた法律がわずかな期間の審議のみで成立している。両者を比較した場合、大きな違いが生まれた理由を予知研究に求めることができるだろう。

以上をまとめると、将来の地震の姿を科学的により明確化することがめざされ、それに伴って（あるいはそれを利用して）、社会のなかでさまざまに制度化が進んだ。ただしそこでは本章で言う「動員」というよりは、むしろ統制のほうに力点が置かれていたのである。

4　地震のリスク化2　仕組みの組織化

4.1　地震情報の流通

　伊勢湾台風の後、日本では30年以上にわたって、死者500人を超す自然災害は姿を消す。地震に限定して言えば、1995年の阪神・淡路大震災が起きるまでのあいだに、1つの地震で100人を超す死者を出したものは1回[*13]だけである。さらに数字を挙げれば、1945年から1959年の15年間の災害による死者数の平均は年2298人であるのに対し、その後、1994年までの35年間においては284人となっている。つまり、1959年を境に、災害をめぐる状況に大きな差が生じているのである。もちろん死者数がすべてだと言うつもりはないが、被害の規模を知るひとつの目安ではある。そしてこの30年の静穏期をふまえて見ると、死者・行方不明者あわせて6437人という阪神・淡路大震災の被害の大きさが際立つ。

　本節は、前節で述べた「リスク化」のプロセスが、この震災以降どのように変化していったのかを見ていく。それは一言で言えば、将来の事態がより具体的に示されるようになるとともに、社会のなかの多様な存在の主体化と対応への動員が進んでいった、ということである。

　まず1995年1月17日の震災の後、6月に地震防災対策特別措置法が制定されると、そのもとでさまざまな地震政策や研究などの統合がおこなわれた。7月には総理府（現・内閣府）に「地震調査研究推進本部」が設立さ

---

*13　1983年の日本海中部地震（死者104人）。ただしそのうち100人は津波による死者。

れ（それに伴って科学技術庁にあった「地震予知推進本部」は廃止された）、そこで気象庁と国立大学、さらに防災科学技術研究所がそれぞれ運営していた地震観測網によるデータの共有化が進められた。それによって、地震に関するマグニチュードや震度などの情報がより早く、正確に出せるようになった。このことは上で見た緊急地震速報につながっていく。

推進本部はこれと並行して、1999年に「地震調査研究の推進について——地震に関する観測、測量、調査及び研究の推進についての総合的かつ基本的な施策」を発表し、それに沿って、30年というタイムスパンでの各地点での地震のリスクを示す全国地震動予測地図の作成と公表を進めた。そこから引用すれば、これは「主要活断層の活動間隔等の調査結果、地下構造に関する調査のデータ、地震発生可能性の長期確率評価と強震動予測手法を統合し、強い地震動の発生の確率的な予測情報を含む全国を概観した」地図であり、「地震発生の長期的な確率評価と強震動の評価とを組み合わせた「確率論的地震動予測地図」」と、特定の地震に対して、ある想定されたシナリオに対する詳細な強震動評価に基づく「震源断層を特定した地震動予測地図」」[14]の2つからなっている。

この地図は、前節で見た、東海地震に絞って「いつ」をあきらかにしようとする予知研究からの転換を示すと同時に、その予知研究プロジェクトを通じて構築された地震観測インフラを引き継ぎ、新たな意味を与えようとするものである。そして地図化を通じて、リスクは空間的に可視化・固定化され、社会におけるさまざまな主体が意思決定をおこなうためのツールとなっていく。上で見た地震防災対策特別措置法によって市町村レベルのハザードマップの作成や公開がより推進され、その結果、そうしたリスク情報がますます多くの人びとの目に触れることになった。さらに、地震保険は2001年に建物の耐震性能による割引がおこなわれるようになり、2005年には確率論的地震動予測地図に従って大幅に等級変更がなされることで、より明確に地震というリスクへの対応手段に——逆に言えば、

＊14　（www.jishin.go.jp/main/p_hyoka04.htm　2014年1月12日閲覧）

地震保険が個々人をリスク対応の主体とする装置としてより機能するように——なっていく。

4.2 「民間と市場」の動員への転換

こうした動きの背景には、阪神・淡路大震災による公助の限界に対する認識もある。この震災後の救助活動はじつにその9割を住民どうしがおこなったとされ（河田 1997）、公的組織の活動の不十分さが浮き彫りになった。その結果、住民や企業・団体などによる助けあいを指す「共助」に力を入れ、それに向けた活動を積極的に支援するようになり、本章で言う「動員」プロセスに向けての動きが進行していくことになる。

こうしたなかで重要なものをいくつか挙げるとすれば、2003年から中央防災会議のもとで組織された「民間と市場の力を活かした防災力向上に関する専門調査会」や、同じく2005年から2006年にかけて組織された「災害被害を軽減する国民運動の推進に関する専門調査会」がある。これらは、国や自治体のみならず、業界団体・企業、大学・研究機関、各種NPO、各地域の主体などの防災へのかかわりを促進しようとしたものである。後者に基づいて定められた基本方針では「行政による公助はもとより、個々人の自覚に根ざした自助、身近な地域コミュニティ等による共助が必要であり、社会のさまざまな主体が連携して減災のために行動すること〔中略〕が必要である」と書かれている。ここでは本来異なるものであるはずの「自助」「公助」「共助」が「国民運動」という名のもとで統合されていこうとしているのを見ることができる。

4.3 主体的な対応の進展

そして、主体として位置づけられた人びとや組織は、それぞれの仕方で地震というリスクへの対応を進めていく。

都道府県や各自治体は地域防災計画を策定することが今まで以上に促され、実際に策定や改定が進んでいる。さらに、阪神・淡路大震災での死者

のほとんどが建物倒壊による圧死であったことを受けて、公共施設に加え、私有財産である一般家屋の耐震化の取り組みが強化されている。たとえば静岡県は2002年より「TOUKAI-0（倒壊ゼロ）」と称して、耐震診断の無料化、耐震補強工事に対する補助を出すことで、木造住宅を5年で1万棟耐震化するというプロジェクトをおこなった。この1万棟が2008年にほぼ達成され、現在は2015年までにさらに1万棟を耐震化することを目標に継続されている。

　他方、東京都では、近い将来首都直下型地震が起きるという想定のもと、1997年には「都市復興マニュアル」を策定するとともに、マニュアルを基にした市区町村職員向け連絡会や職員研修を実施し、さらに2000年代に入ったころからは、それまであった防災まちづくりを発展させたかたちで「事前復興」という、被災前から被災後のことを考慮に入れた計画づくりが市区自治体レベルで進んでいる。

　地域のレベルでも、やはり国や行政からの支援を受け、以前から存在していた消防団・水防団以外に「自主防災組織」が結成され、盛んに地域での活動をおこなっている[*15]。自主防災組織のカバー率は1970年代から少しずつ上昇しているが、阪神・淡路大震災で上昇率は高まり、2010年には全国で73.5％、「東海地震」のころから地域での活動に力を入れていた東海地方ではじつに96.9％にまでなっている。

　さらに、企業においても地震というリスクへの対応の動きが出つつある。先に触れた「民間と市場の力を活かした防災力向上に関する専門調査会」では「企業評価・業務継続ワーキンググループ」が設置され、災害発生時や復旧期における企業活動への影響をできるだけ抑えるよう、事業継続計画（BCP）の策定が積極的に進められている。

　こうした社会レベルでの「防災」への取り組みの拡大という流れを受け、

[*15] 自主防災組織は災害対策基本法で初めて明記されたものだが、黒田洋司(1998)の研究を見るかぎり、阪神・淡路大震災までは直後の対応を円滑におこなうことが活動の中心に置かれていて、事前の備えに関する活動を充実させていくことはあまり想定されていなかったようである。

防災ビジネスも大きく発展し、民間企業による情報提供や、家具転倒防止の突っ張り棒や、非常用の防災グッズのセットなどの販売なども活発化した。さらにマスメディアも反応し、防災本や防災にかかわるテレビ番組も次々に制作されるようになった。こうして、地震を（本章の言う意味で）「リスク」として捉える立場が当たり前になっていったのである。

5 私たちが立っている場所

5.1 「リスク化」の慣性

　2011年に発生した東日本大震災直後、繰り返し語られたのが「想定外」という言葉である。いわく、地震や津波の規模も、それが与える被害（原子力発電所を含めて）も、専門家の予想をはるかに上回っていた、ということである。

　こうした事態はU.ベックが論じていた、計算できないという意味で通常の仕方で管理できないリスクを思い出させる。にもかかわらず、この東日本大震災は、地震をリスクとして捉え、それをより正確に把握し、そのうえで対応策をとる、という根本は決して揺るがせなかったのである。言ってみれば、それまで進行してきた「リスク化」のプロセスは、比喩的な意味で「慣性」をもち、新たな方向を生み出すというよりは、現状の仕組みを同じ方向へさらに推し進めることになったのである。印象的なエピソードとして、先の「地震予想地図」などの作成を通じリスクを計算し公表してきた地震学者たちによる「反省」が挙げられる。震災2か月後に開かれた日本地震学会の臨時委員会での「反省」の声はマスメディアでも大きく取り上げられた。これは一見すると今までの方向性の見直しの必要性を認めたものに見える。しかし実際にそこで上がっていたのは「力不足だった」、「研究者間の健全な批判精神や学会内外でのコミュニケーションが欠如していた」などという声であり、彼らがその「反省」を通じて導いた答えは、「より正確な予測を」ということ、つまり方向性の見直しではな

く、強化だったのである。

　この結果、南海トラフ地震（東海・東南海・南海の連動地震）に関して、複数のシナリオのもと、地震の規模を今までよりも大きなものと仮定し、死者が最大で 34 万人にのぼるという「最悪」の被害想定が算出され、公表されている。こうした想定が、より多くの主体に、より真剣に地震対応に取り組むようにと「動員」するメッセージとして機能することは想像にかたくない。この被害想定に即して、自治体や市民、企業、NPO／NGO などは、来たるべき地震への備えを強化しつつある。2012 年 3 月に報道された、静岡県沼津市での、住民による災害前の高台移転計画[*16]などは、実現するかどうかは別として、そうした備えの顕著な例と言えるだろう。

5.2　リスクに対応する主体としての私たち

　本章を締めくくるにあたり、もう一度、第 2 節で挙げた災害対策基本法の第 7 条 3 項を見ておこう。じつはこの条文は、省略していた部分も含めて記せば、次のようになる。

> 前二項に規定するもの[*17]のほか、地方公共団体の住民は、基本理念にのっとり、食品、飲料水その他の生活必需物資の備蓄その他の自ら災害に備えるための手段を講ずるとともに、防災訓練その他の自発的な防災活動への参加、過去の災害から得られた教訓の伝承その他の取組により防災に寄与するように努めなければならない。

　じつはこの条文がこのようになったのは、東日本大震災後のことである。

---

*16　内浦重須地区自治会が高台移転に合意したとのニュースがあり、初の被災前の移転かと注目されたが、2013 年 11 月に断念と報じられた。
*17　前 2 項の条文を引用すれば「地方公共団体の区域内の公共的団体、防災上重要な施設の管理者その他法令の規定による防災に関する責務を有する者」と「災害応急対策又は災害復旧に必要な物資若しくは資材又は役務の供給又は提供を業とする者」。

この条文は、1961年に制定された後に2度、修正が加えられている。1度目は阪神・淡路大震災の後、「自ら災害に備えるための手段を講ずるとともに、防災訓練その他の自発的な防災活動への参加」が付け加えられ、そして東日本大震災後、「基本理念にのつとり、食品、飲料水その他の生活必需物資の備蓄その他の」と「過去の災害から得られた教訓の伝承その他の取組により」の部分が追加されたのである。

　ここに象徴的に示されるように、本章で「リスク化」と呼んだプロセスは、地震災害が現れるたびに進行し、私たちがいかなる存在であるべきかがより明確に規定されてきている。繰り返すが、これは私たちが地震に対する危険性に対してより敏感になったからではない。ある意味ではまさに、N.クライン（2011）が経済体制における自由化の進展において指摘したように、「惨事便乗（ディザスター）」型での総動員が進んでいる。今や私たちは、あまりにも身近なデバイスである携帯電話やスマートフォンを通じて、1960年代以降拡張されてきた地震観測ネットワークに結びつけられ、そこから瞬時に地震情報（予知情報ではなく、すでに地震が発生しつつあるという情報）を受け取ることができる。この地震情報はエレベータや電車を止め、私たちにも即座の意思決定を迫る。そうしたことが私たちの日常生活の一部となっている。

　こうしたプロセスの進行は、理にかなった、自然なことのように見え、きわめて批判しづらい。いや、批判する必要すらないように見える。しかし、本章で示そうとしてきたように、このプロセスは、さまざまな問題を含みながらも「慣性」をもち、過去の流れのなかで規定された方向に進んでおり、それ以外のあり方を気づかない形で排除してしまっている。

　最後にひとつ例を挙げておきたい。東日本大震災の被災地では、破壊された防潮堤を作り直す際に、科学的見地に基づいて、高さが規定されている。具体的には、過去の津波の記録から、数十年から百数十年に1度の津波の高さを「L1」、過去の最大レベルを「L2」としたうえで、L1を防ぐ高さで防潮堤を設計する、という国の方針に基づき、県が実際の設計をおこなっている。そこで計画されている防潮堤はほとんどの場合、今までのものよりずっと高い。それに対して「海が見えなくなるのはかえって危

険」、「非常時にはいいかもしれないが日常生活において障害になる」と主張し、より低い防潮堤を作ることを求めている住民たちも少なくない。しかし、その声はほとんど国や県に届かず、被害軽減という目的と、科学的に算出された数値に従って、粛々と作業が進みつつあるのだ。そこでは、異なるリスク対応（あるいはリスクとしてすら認識していない？）への想像力が削がれ、さらに個々の市民の行動が規定されている。本章の主張は、こうした事態の進展を素直に受け入れるだけでなく、いったん立ち止まって、リスクをめぐって何が起きているかを考えてみる必要があるということである。

　本章では人類学の慣例に反して、ほとんどフィールドデータを用いなかった。しかし、こうしたリスクの布置を考えることはすなわち、今日の「人間」が置かれた状況を考えるために重要な意味をもつと、筆者は考える。

参照文献

東浩紀・大澤真幸　2003『自由を考える——9・11以降の現代思想』日本放送出版協会。

アルチュセール，L.　2005「イデオロギーと国家のイデオロギー諸装置——探究のためのノート」『再生産について——イデオロギーと国家のイデオロギー諸装置』（西川長夫・伊吹浩一・大中一彌・今野晃・山家歩訳）平凡社，pp. 319-378。

石橋克彦　1977「4-13 東海地方に予想される大地震の再検討——駿河湾地震の可能性」『地震予知連絡会報』17: 126-132。（http://cais.gsi.go.jp/YOCHIREN/report/kaihou17/04_13.pdf　2014年1月12日閲覧）

伊藤計劃　2008『ハーモニー』早川書房。

開沼博　2011『「フクシマ」論——原子力ムラはなぜ生まれたのか』青土社。

河田惠昭　1997「大規模地震災害による人的被害の予測」『自然災害科学』16(1): 3-13。

川端信正　2003「特ダネ「東海地震」」『災害情報』1: 25。

クライン，N.　2011『ショック・ドクトリン——惨事便乗型資本主義の正体を暴く（上・下）』（幾島幸子・村上由見子訳）岩波書店。

黒田洋司　1998「「自主防災組織」その経緯と展望」『地域安全学会論文報告集』8:

252-257。
ゲラー,R. 2011『日本人は知らない「地震予知」の正体』双葉社。
静岡県 1978『1978年伊豆大島近海の地震災害誌』静岡県。
島村英紀 2004『公認「地震予知」を疑う』柏書房。
津久井進 2012『大災害と法』岩波新書。
濱野智史 2008『アーキテクチャの生態系――情報環境はいかに設計されてきたか』NTT出版。
ヒューズ,T. P. 1996『電力の歴史』(市場泰男訳)平凡社。
フーコー,M. 2007『安全・領土・人口(ミシェル・フーコー講義集成7, コレージュ・ド・フランス講義 1977-1978年度)』(高桑和巳訳)筑摩書房。
茂木清夫 1998『地震予知を考える』岩波新書。
吉井博明 2007「災害への社会的対応の歴史」大矢根淳・浦野正樹・田中淳・吉井博明編『災害社会学入門』弘文堂,pp. 57-66。
Burchell, G., C. Gordon, and P. Miller (eds.) 1991 *The Foucault Effect: Studies in Governmentality*, Harvester Wheatsheaf.
Lakoff, A. 2008 "The Generic Biothreat, or, How We Became Unprepared," *Cultural Anthropology* 23(3): 399-428.
Samimian-Darash, L. 2009 "A Pre-event Configuration for Biological Threats: Preparedness and the Constitution of Biosecurity Events," *American Ethnologist* 36(3): 478-491.

コラム1
環境をめぐるリスク
―― 温暖化するシベリア・サハ共和国での洪水事例から

藤原潤子

　第3章で取り上げた地震と同様に、かつてはなす術なく甘受するのみであった「天災」が、人間が対処すべき問題としてのリスクへと、捉え直されつつある。このコラムで紹介するシベリアの洪水は、紛れもなく「天災」である一方で、人間の営為がもたらした（かもしれない）地球温暖化によって増幅されたリスクであり、また遊牧民の定住化という社会政策の副作用として問題化したリスクでもある。世界の隅々にまで至る「リスク社会」化の運動の多面性がよくわかる一事例として、読んでいただきたい。（編者）

　「環境問題」と呼ばれるものには、大気汚染、水質汚染、土壌汚染、騒音、ごみ問題その他さまざまなものがある。環境汚染は人類の文化の発祥とともに現れており、メソポタミア文明、インダス文明などの古代文明の滅亡ともかかわっていると言われる。

　古くから存在してきた環境汚染がリスクとして広く認識される契機となった著作としては、レイチェル・カーソンの『沈黙の春』（1962年）、ローマ・クラブの『成長の限界』（1972年）などが有名である。『沈黙の春』では、殺虫剤や農薬などの化学物質の生態系への影響が生々しく描かれた。『成長の限界』では、資源を浪費する現代社会に対し、地球の能力の限界と将来的破綻の可能性が示された。日本においても古くから環境汚染はあったが、「リスク」として広く認識されるようになったのは、1960年代の四大公害訴訟を通じてであろう[*1]。

　1980年代以降は「地球環境問題の時代」と言われるようになったが、なかでも現在、もっとも国際的な注目が集まっている問題が地球温暖化問題である。気候変動に関する政府間パネル（IPCC）のレポートによると、温暖化による気温の上昇によって生じるリスクは、旱魃、熱波、洪水、氷床の融解、海面上昇その他多岐にわたり、その結果、水不足、栄養

---

*1　環境問題の大まかな流れについては、飯島伸子（1993, 2000）を参照した。

不良、病気、怪我、死亡などのリスクが高まる。事前に適応策・緩和策を講じればリスクが縮小できるが、貧困なコミュニティほど適応能力が限定されているため、脆弱性が高い（IPCC 2009）。

　現在、私が所属する総合地球環境学研究所における研究プロジェクト「温暖化するシベリアの自然と人」では、ロシア連邦の中でももっとも寒い極北のサハ共和国をフィールドとして、地域社会への温暖化の影響に関する調査をおこなっている。

　極北の温暖化に関する人類学的研究は、気候変化をもっとも身近に感じている先住民族の在来知に注目しつつ、北米を中心におこなわれてきた。これらの研究では、極北の気候に適応して生きていくために彼らが伝統的にどのようにリスクを察知してきたのか、近年の温暖化でどのようなリスクが増しているのか、新たなリスクにどのように適応しているのかなどが記述されている（ACIA 2005; Berkes 2008; Krupnik & Jolly 2002 など）。膨大な面積を占めるロシアの極北地域の研究は未だ不十分な状況であり、シベリアに関する我々のプロジェクトも半ばであるが、現在そこから新しい視座が生まれつつある。

　プロジェクトメンバーのひとりの高倉によると、従来の人類学において、自然はいわば人間の社会を理解するにあたっての背景とみなされ、一定の恒常性を持つものとして構想されてきたが、温暖化を研究対象とした場合、自然が可変的なものとして捉えられる。隣接領域として災害の人類学があるが、こちらが非常事態の終結までを研究対象とするのに対し、温暖化の人類学では動きつづける自然と適応しつづける文化、それに際して生まれる新たな更新や再組織化を捉えようとする点が異なっている（高倉 2012）。このコラムでは 2010 年におこなったフィールド調査および政令資料をもとに、サハ共和国が抱える洪水リスクの増加と、それに対応して新たな生活をつくりだそうとする住民の営みを紹介したい。

サハにおける洪水

　東シベリアに位置するロシア連邦サハ共和国は、非常に水資源が豊かな地域である。日本の約 8 倍の面積の中に、長さ 10 キロ以上の川が 70 万以上もある。それゆえに洪水被害に見舞われやすい。「洪水」と聞いて日本人が通常思い浮かべるのは、台風や大雨などで増水した川から水が押し寄せ、比較的短時間のあいだに引いていくというものであろう。しかしサハ共和国における洪水は、これとはかなり異なる。水とともに巨大な氷が大量に流れてきて建物を押しつぶしたり、数か月から数年にもわたって水がとどまったりするのである。

　サハでもっとも問題となっている洪水は、春の雪解け期の洪水である。これは寒冷地であるがゆえに冬になると川に厚い氷が張ること、サハの川が基本的に南から北に向かって流れており、上流と下流とのあいだに温度差があることによって起こる。サハ最大のレナ川を例に見てみよう。

洪水によって分断された村。村周辺の放牧地が水没している
（サハ共和国アルガフタフ村役場提供）

　レナ川はバイカル湖付近から北極海に注いでおり、全長4400キロで世界で10番目に長く、水源と河口の緯度の差は20度近くもある。気温がマイナス40〜50度になる冬には、トラックが通行できるほど厚い氷が張るが、この氷が春になって融けるときに問題が起こる。春には暖かい南側（上流）から融け、水の流れに乗って巨大な氷が大量に流れはじめるが、この氷がまだ凍ったままの下流部分で堰き止められたり、川が急カーブする場所で詰まってしまったりする。こうして詰まった氷により一時的にダムが形成され、水があふれ出て洪水となるのである。近年の温暖化のスピードは、レナ川下流域よりも上中流域において速く（つまり上流の氷の融解期が早まっている）、これにより洪水がさらに大規模化する可能性が指摘されている[2]。

　サハでは以上のようなタイプの洪水がもっとも多いが、これに加えて、長雨による洪水や永久凍土の融解が原因とみられる洪水も生じている。

洪水のリスクと被害をめぐる認識

　2010年にサハ共和国政府が発表した決議書によると、サハにおけるほとんどすべての居住地（村および町）が洪水リ

---

*2　雪解け期の洪水のメカニズム、およびレナ川の上中流と下流における温暖化スピードの違いによる洪水の大規模化については、酒井徹（2011）を参照した。

スクを抱える。2010年現在、洪水のリスクがとくに大きい居住地は92あり、その人口は13万6400人である（Postanovlenie 2010）。サハの総人口は95万1400人であり[*3]、サハの人口の約14％が高リスクにさらされている計算になる。

洪水に関するこのサハ共和国の決議書とマスメディア情報、およびサハ共和国の政府関係機関でのインタビューを総合すると、共和国レベルで対策を講ずるべきリスクとして洪水が認識されはじめたのは1990年代末である。1998年に想定外の大被害が出たこと、これ以降に洪水が頻繁化したことにより、対策の必要性が訴えられるようになった。1998年以前に関しては、20世紀は全般に水量が少なく、洪水はあるにしても10年から数十年に1度程度にすぎなかった。

洪水地域でおこなったフィールド調査によると、洪水を災害として問題化するかどうかは、洪水の頻繁化に加えて、居住形態ともかかわっていると思われる。サハ共和国には、サハ人、ロシア人をはじめとして多数の民族が住んでいるが、うち先住民族はソビエト政権によって定住化が進められる以前、すなわち20世紀前半までは、現在よりも遊動性の高い生活をしていた。そのため、災害によって移動を迫られる事態になっても、定住生活者ほどには大きな出来事として捉えなかったようなのである。

たとえばトナカイ遊牧を伝統的生業とするエヴェン人の村ベリョーゾフカの住民によると、1980年代ごろまでは洪水は異常なことではなく、ふつうのこととして受け止められていたという。当時、村では定住化政策が始まって数十年が経っていたものの、家がまったく足りない状態で、多くの人が村の中にトナカイとともに遊動する際に使うテントを立てて暮らしていた。そんな彼らにとって、水がくればテントを別の場所に立てればよいだけのことであり、水が村に押し寄せても誰も騒ぐことなく、黙ってテントを別の場所に立て直したらしい。しかし現在ではロシア人と同じく固定された丸太作りの家が主流になっており、家ごと迅速に移動するのは不可能である。毎年のように洪水にみまわれて家が泥だらけになったり、家具がすっかりダメになってしまったりすることにうんざりするようになり、移住計画が持ち上がった。定住化という近代化政策によって洪水が災害化し、より大きなリスクとして認識されるようになったのである。

移住政策

洪水が頻繁に起こり、適応が困難と判断されると移住問題が浮上する。サハ共和国洪水被害撲滅・復興執行部は、毎年の被害額をできるだけ減らしていくという方向で施策をおこなっており、高リスクの居住区に対して移住を提案する。リスクの見積もりについては、1回だけの

[*3] 2009年1月1日現在。

被害では今後も繰り返されるという証明にはならないため、移住という話にはならない。3回以上にわたって村の60％以上が被害を受けた場合に危険と判断される。

これまでに出ている移住案では、町への移住を希望する者に対しては、住居の取得の補助をおこなってはいるが、移住は基本的に村ごと移設というかたちをとっている。このようなかたちでの移住が望まれる背景としては、サハの村の多くが血縁あるいは姻戚関係にある人びとから成っていることを指摘することができる。村には一定の相互扶助関係ができており、人びとはそれを解体してしまうことに不安を感じるのであろう。また、移住対象となっている村が北方少数民族の村である場合、分散してしまえば文化の消失という別のリスクにさらされるという問題もある。

2010年夏現在、移設が決定している村は、レナ川沿いの村をはじめとして10ある。これらは1998年と2001年に大きな洪水被害があったことを受けて、2002年1月15日に移設が決定した[*4]。2010年現在、すでに移設がほとんど完了している村もある。またこれ以外にも、移設案が出ている村や移住案が出たことのある村はいくつもある。

リスクと利便性をめぐる攻防

仮に住民集会での賛成を経て、共和国レベルで移住が正式に決定され、数キロ程度離れた場所に新村が建設されたとしても、住民は喜んで動くわけではないようである。なぜなら当地において漁撈が重要な生業であり、洪水リスクがあるとはいえ、川への距離という利便性の面においては、新村よりも旧村のほうがどうしても有利だからである。リスクか利便性かというジレンマは、東日本大震災の津波地域でも問題になっているが、サハではどのように解決されているのだろうか。春の解氷期の洪水に悩まされる村の場合を例として（このケースが大多数を占める）、住民側と政府側の思惑に留意しつつ紹介したい。

まず住民側の視点である。住民にとって、家を泥だらけにする洪水は大問題である。しかしその被害は春に限られており、それ以外の時期には旧村で何の問題もない。そのため、住民たちは新村が作られた後も旧村を完全に放棄するのでなく、旧村を夏の家として使いつづけようとしている。季節によって居住地を変えるという方法により、夏にはこれまで通り川辺で漁撈をおこない、秋以降は新村に移り、そこで春の洪水リスクをやりすごすことが可能になった。サハでは冬にも「氷下漁」と呼ばれる漁がおこなわれ、

---

*4　サハ共和国議会オフィシャルサイト（http://il-tumen.sakha.ru/?id=9986&y=2006&m=6　2010年11月1日閲覧）

この際も水辺に近いほうがよいのだが、冬はボートでなくスノーモービルが移動手段となるので、水辺からの距離は夏ほどは重要ではない。

他方、共和国政府にとって重要なのは、洪水が起こるたびに支出を迫られる救出費・復興費・見舞金・補償金を減らしていくことである。共和国政府が被害補償の対象としているのは、主たる居住家屋のみである。そのため、新村にひとびとを移して、そこを主たる居住家屋として登録させてしまえば、仮に旧村で洪水被害が出つづけようとも補償の必要はない。こうして移住によって毎年の被害補償支出を大幅に減らすことができる。村人が夏のあいだ、旧村を使いつづけるかどうかは、政府にとってはどうでもよいことであり、禁じる必要もない。住民の生業にとって川辺が便利だということは政府も重々承知しているため、新村完成を間近にしてなお移住を渋る住民に対し、政府側は「夏は旧村に住みたければ住めばいいから、とにかく新村に移ってくれ」という形で説得をおこなっている。リスクと利便性のジレンマ、住民の都合と政府の都合とのせめぎあいのなかで、夏は旧村、冬は新村という居住形態が生まれつつあるのである。

季節によるこのような居住地の変更は、じつはサハの先住民たちにとっては伝統的な居住形態である。たとえばサハ人の場合、ソ連時代初期に定住化政策がおこなわれる以前は夏の家と冬の家を持ち、季節に応じて漁撈や牧畜をおこなっていた（IaIKA 2007: 476）。またその他の先住民族も、現在よりはるかに遊動性の高い生活をしていた。サハにおける洪水問題と移住政策は、かつての定住化政策からの逆戻りという側面も持っていると言えるだろう。

参照文献
飯島伸子　1993『環境社会学』有斐閣。
─────　2000『環境問題の社会史』有斐閣。
カーソン, R.　1974（1962）『沈黙の春──生と死の妙薬』（青樹簗一訳）新潮文庫。
酒井徹　2011「地球温暖化によるレナ川流域の洪水被害の拡大──宇宙からの監視」人間文化研究機構総合地球環境学研究所シベリアプロジェクト『温暖化するシベリアの自然と人──水環境をはじめとする陸域生態系変化への社会の適応』人間文化研究機構総合地球環境学研究所, pp. 16-20。
髙倉浩樹　2012「シベリアの温暖化と文化人類学」髙倉浩樹編『極寒のシベリアに生きる──トナカイと氷と先住民』新泉社, pp. 238-247。
メドウズ, D. H. ほか　1972『成長の限界──ローマ・クラブ「人類の危機」レポート』（大来佐武郎監訳）ダイヤモンド社。
IPCC（気候変動に関する政府間パネル）編　2009『IPCC 地球温暖化第四次レポート──気候変動2007』（文部科学省・経済産業省・気象庁・環境省訳）中央法規出版。
ACIA 2005 C. Symon et al. (eds.) *Arctic Climate Impact Assessment*, Cambridge University Press.
Berkes, F. 2008 *Sacred Ecology*, 2nd ed., Routledge.

IaIKA 2007 Iakutiia: Istoriko-kul'turnyi atlas, Feoriia.
Krupnik, I. and D. Jolly (eds.) 2002 *The Earth is Faster Now: Indigenous Observations of Arctic Environmental Change*, Arctic Research Consortium of the US.
Postanovlenie 2010 Pravitel'stvo Respublika Sakha (Iakutiia). Postanovlenie ot 27 maia 2010 goda No. 253. Ob utverzhdenii Kontseptsii naselennykh punktov i ob"ektov ekonomiki Respubliki Sakha (Iakutiia) ot navodnenii i drugikh vidov negativnogo vozdeistviia vod. (http://www.sakha.gov.ru/docs/253.pdf 2010 年 06 月 30 日閲覧)

コラム 2
リスクと政治

日下 渉

　物事をリスクとして捉えようとするまなざしは、リスクとはまったく関係ない文脈で論じられてきたさまざまな事象をリスクの問題系に取り込む、強烈な求心力を備えている。このコラムでは、政治学という歴史ある学問領域が、リスクの文脈において読み替え可能であり、また時代を経てリスクの問題系に漸近してきていることが示される。世界の「リスク社会」化の潮流のなかで、そうした運動が、そこかしこで生じているのだ。（編者）

リスクへの集合的対処

　私たちの生は、偶発的なリスクにさらされている。たとえば生まれつき与えられた社会経済的・身体的・文化的属性が、生に深刻な困難をもたらすかもしれない。病気、事故、災害、失業、貧困など、予期せぬリスクも常につきまとう。私たちはさまざまなリスクをできるだけ避けて、善き生を実現したいと望む。だが同時に、善き生を追求するためには、時にあえてリスクを引き受ける自己決定もする。

　こうした困難な選択を繰り返していく際に、もし1人だけでみずからの生に起こりうるあらゆるリスクに対処しなくてはならないのであれば、あえてリスクを呼び込むような自己決定はおこないにくい。その結果、多くの希望を諦めざるをえないだろう。また深刻な困難に陥った際に、そこから抜け出すことも難しいだろう。

　だが、もし複数の人びとが財産、安全、自由、権利といった資源を互いに保障しあうことができれば、1人ひとりがさまざまなリスクに対処するために必要な負担を減らし、より自由で幅広い善き生の追求が可能になる。他者のリスクの一部をみずからのものと認識し、それに対処するコストを集合的に引き受ける、そんなリスクの共有化がより安心な自己決定を保障し、私たちの生をより豊かにしうるのである。

　そのため、人間は試行錯誤を繰り返しつつ、個々人のリスクに対して集合的に対処するさまざまな思想と社会的枠組みを発展させてきた。いわば政治とは、人びとが互いに協働することでリスクに対する生の被傷性を減らし、善く生きるた

めの自己決定の幅を広げていこうとする実践である、と解釈することも可能である。本コラムでは、リスクへの集合的対処という視座から主要な政治理論を再検討し、今日私たちが直面している課題を考察したい。

社会契約による自然権の保障

前近代の共同体に生きた人びとは、慣習に沿った生き方を強いられ、善き生を自由に追求していく余地を制限された。だが同時に、共同体によって生のリスクからある程度守られ、少なくとも最低限の生存維持は保証された。しかし産業の発達に伴って伝統的な共同体は崩壊し、近代的個人の概念が成立していく。こうして共同体による集合的なリスク回避を重視する社会から、個人による自由な利益追求が正当化される社会への変化が生じた。

共同体から解放された個人は、より多くの自由を獲得した一方で、伝統的共同体に代わるリスクへの集合的対処を必要とした。17世紀のヨーロッパでは、自由で平等な諸個人の契約というフィクションに基づき設立された国家が、個人の生命・財産・自由といった「自然権」を保障すべきだとする社会契約論が展開された。

たとえばT. ホッブズ（2009）は、「万人の万人に対する闘争」がはびこる自然状態のもとでは、個人の生命は深刻なリスクにさらされるため、諸個人は契約によって暴力を国家に一元化するとした。ただし、ホッブズは自然状態への回帰をおそれ、人民は絶対的な主権を持つ国家に服従しつづけるとしたことで、国民主権を否定している。他方J. ロック（2010）は、自然状態にも一定の秩序があるとしたが、やはりそのままでは人びとの自然権は不安定であるので、諸個人が同意と契約に基づいて国家を設立するとした。ロックは、とりわけ財産権を保護する国家の役割を重視すると同時に、国家を人民の支配下にあるものと主張することで国民主権を基礎づけた。

このように社会契約論は、ブルジョワ市民の自然権が侵害されるリスクを集合的に回避していくための方途として、国家権力を正当化した。

自由主義による資源配分

しかし19世紀になるとヨーロッパでは、資本主義の発展から生じた大量の労働者が、貧困のなかで生命、財産、自由を相当程度奪われ、みずからもリスクからの保護を得ようと参政権を要求する。するとブルジョワ市民は、労働者の政治参加が「多数者の専制」をもたらし、自由が失われると恐れ、政治的緊張が高まった。ブルジョワ市民と労働者のリスク回避の要求のあいだに、深刻な対立が生じたのである。

このとき、J. S. ミル（1997）は、知識人やブルジョワ市民の指導力を担保しながら労働者に選挙権と教養を与えることで、多数者の専制を打開しようとした。他方、マルクスは資本主義から生じた階級対立が、資本主義そのものを崩壊させるまでに先鋭化すると期待した。だが結

果的にヨーロッパでは、マルクスの予想は実現しなかった。ケインズ主義と社会民主主義のもとで福祉国家化がはかられ、労働者は普通選挙制と労働党によって政治的に包摂され、また再配分・福祉政策によって社会経済的にも包摂されたからである。こうして国家による国民のリスク管理の対象は、限られた自然権の保護から、より広範な社会経済的領域にまで拡張された。

　他方19世紀のアメリカでは、A.トクヴィル（2005）によれば、中間層が多数派であり、地方自治、陪審制、諸結社が民主主義の学校としての役割を果たした。そのため、階層対立は政治を脅かさなかった。だが20世紀になると不平等が深刻化し、国家による再配分が実施されるようになる。

　J.ロールズ（2010）は、この再配分を自由主義の立場から基礎づけた。彼によれば、善き生の追求は、一定の秩序がなくては深刻な衝突や混乱をもたらしかねないし、貧困や病気によって断念せざるをえない危険もつきまとう。それゆえ人びとは、自身の能力や資質について何も知らない「原初状態」では、善き生を追求する社会的な枠組み（正義）を作ることでリスクの縮小をはかる。そして個人の基本的自由（参政権、言論・集会・思想・良心の自由など）を保障しつつ、公正な機会均等のもとでもっとも不遇な状況に陥った人びとの利益を最大化して社会経済的な不平等を調整する契約に合意する、というのである。

　ロールズが不平等を是正すべきとする対象は、いかなる善き生の実現にも必要とされる「社会的基本財」（権利、自由と機会、所得と富、自尊心など）である。だが、A.セン（1999）によれば、人びとがさまざまな資源を用いて具体的にみずからの福利を実現する能力は、健康状態、年齢、ジェンダー、居住地域、障害の有無など、さまざまな条件によって不平等である。社会的基本財の配分を平等化しても、実際に人びとのリスクが均等に削減されるとは限らないというのである。それゆえセンは、資源の配分ではなく、人びとが望む基本的な価値ある生き方（衣食住、移動、社会生活など）を実際に選択し、一定の福利を享受する自由、すなわち「潜在能力」の平等化をめざすことが重要であると主張した。

共同体の共通善

　ところで社会契約であれ、資源や潜在能力の平等化であれ、個人のリスクに集合的に対処する試みには、困難に陥った際に互いに信頼して助けあう「我々」というアイデンティティが必要である。ロールズらの自由主義は、正義原理の共有が「我々」の連帯と信頼を育むとした。だが、M.J.サンデル（2009）らの共同体主義は、人びとが収入の一部を再配分に提供するといった相互扶助に合意するためには、歴史や文化の共有に根差した「我々」という共同体のアイデンティティが不可欠であると主張する。自由主義は人間を社会から遊離して個々に善き生を追求する存在と捉える過ちをおかしており、むしろ人間とは共同体が長年にわ

たって培ってきた共通善のなかで自己形成する存在だというのである。

　自由主義と共同体主義は、個人のリスクを減少させるための方途についても意見が異なる。自由主義は善き生を追求する個人の自己決定を重視しつつ、不遇な状況に陥るリスクを再配分や福祉によって保障しようとする。だが共同体主義は、そもそも人びとが誤った自己決定をして、共通善の観点からすれば誤った価値のない生を送ってしまうリスクを危険視する。そして国家が共通善を積極的に促進することで、人びとが誤った自己決定をしたり、他者に危害を与えてしまったりするリスクを軽減すべきだと主張する。

　しかし、こうした共同体主義の政治は、特定の共通善を個人に強要することで、自己決定に基づく善き生の追求を脅かす。たしかに私たちは生まれ育った共同体から自由ではないが、そこで重視されてきた価値や道徳に対して常に従順ではなく、時に強く反発したり、嫌々妥協したりしながら自己形成する。共同体主義は共通善に対する個人の反発を国家が規制するような社会を擁護しかねず、それは必ずしも私たちにとって住みやすいところではないだろう。

　また、共同体主義の政治は、国民国家における多数派を「我々」として設定し、その「共通善」を擁護する。そのため、そこから排除された少数派を抑圧してしまう危険性も否定できない。どの国民国家の内部にも、異なる文化を擁護する先住民や移民など、さまざまな少数派が存在するからである。

少数派文化の保護

　もっとも、C. テイラー（1996）のように少数派の権利を重視する共同体主義者もいる。彼によれば、ロールズが主張するように、国家が個人の権利を平等に保障し、資源を平等に配分したとしても、少数派は文化的アイデンティティを失い、善く生きられなくなってしまうリスクにさらされている。たしかに国家の中立性は多数派に有利であり、少数派がみずからの言語や文化を次世代に継承していくことは容易ではない。そのため、国家は個人の自由な自己決定をある程度制限してでも、少数派の言語や生活様式の存続と繁栄といった共通善を積極的に擁護していく必要があるというのである。

　しかし、こうした共同体主義の政治のもとでは、少数派の人ほど、自文化の存続という共通善の名のもとに自由な選択や決定を制約され、より限られた善の構想のなかで生きざるをえないという逆説も生じうる。それゆえ W. キムリッカ（2005）は、自由と平等という自由主義の価値と合致する形で、少数派の文化を擁護する多文化主義を主張している。彼は少数派による権利主張を、集団内における個人の自由と権利を制約する「内的制約」と、社会全体に対して少数派への保護を主張する「外的保護」に区別する。そして少数派への権利付与は、前者のように個人の自己決定を抑圧するのであれば擁護できず、後者のように集団間の平等な関係を促進するものであるべきだと主張する。

リベラル・ナショナリズムも、自由主義の価値と少数派の権利を両立させようとする。しかし、その重点はあくまで国民という境界線の維持にある。D.ミラー（2007）によれば、少数派が「私的文化」を保持することを認める一方で、民主政のすべての成員に共通の言語や政治制度、歴史意識の共有といった「公共文化」への忠誠を要請することが必要である。たしかに、国民という連帯意識とともに他者への信頼も失われてしまえば、民主的討議も再配分も成り立たなくなり、リスクに対する集合的対処は破綻するだろう。そのため、少数派を抑圧しない公共文化を練り上げ、国民アイデンティティを再興し、国民の連帯や信頼を醸成する必要があるというのである。

他方、国民国家の限界を指摘して、グローバルな「我々」を主張するコスモポリタン・デモクラシーがある。D.ヘルド（2011）によれば、グローバル化に伴い、国際金融、気候変動、テロといった問題は、国境線を越えて人びとの生に多大な影響を与えており、私たちはグローバルにリスクを共有する運命共同体を形成している。国民国家はもはやグローバルなリスクから人びとの生を保護できず、国際連合といった既存の国際組織も一部の大国の意向を重視して大多数の人びとをその決定過程から排除してきた。それゆえ、人びとが自律性と自己決定力を高め、平等性と相互承認に基づいて公的討議に参加し、民主的公法を制定し実施していく制度を、ナショナル、ローカル、グローバルといった多層的レベルで構築していく必要があるというのである。

新自由主義による社会の断片化

だが今日、コスモポリタンな正義が実現するどころか、経済成長の停滞、財政赤字の深刻化、グローバルな経済競争の激化などを背景に、多くの国民国家では福祉国家の破綻があきらかになり、リスクへの集合的対処は断片化しつつある。福祉や再配分に用いることのできる資源の量は、経済成長の程度によって大きく規定される。そのためリスクへの集合的対処は、高度経済成長期には容易であったが、低経済成長が常態化するなかで窮地に陥っている。

福祉の縮小を主導してきたのは、国家の経済介入を否定し、市場における自由競争を絶対視する新自由主義である。かつて1970年代には、R.ノージック（1985）が個人の自由の最大化を主張し、国家による再配分は個人の財産権に対する侵害だと批判する自由至上主義を唱えた。しかし今日、新自由主義の政治が実践されると、自由は一部の富裕層が享受する贅沢品になり、多くの人びとが善く生きる自由を失う状況が生じている。新自由主義によれば、私たちは国家に頼ることなく、自己責任に基づいてさまざまなリスクから生の保障を確保していく必要があるという。しかし、自己努力のみで生のリスクに対処するには、深刻な限界がある。しかも、市場競争で生き延びつづけることに莫大な労力を費やせば、みずからの善き生を追求していく自由も失ってしまう。すなわち、新自由主義は、

自由を標榜しつつ、私たちの自由な自己決定に基づく善き生の追求を制約する逆説を生み出している。

しかも新自由主義は、リスクの共有に不可欠な連帯の基盤を侵食する。人びとが再配分政策を支持し、所得の一部を国家に差し出すのは、リスクを共有し相互扶助を望みあう「我々」という集団を想像するからである。しかし新自由主義は、市場における成功者を賞賛する一方で、不可避的に直面した貧困、差別、病、障害ゆえに、あるいは市場と異なる世界で善き生を追い求めたがゆえに、市場で敗れた者たちを相互扶助の対象ではなく、他者の生み出した富に依存して社会に害悪を与える存在と断罪する。そして齋藤純一（2008）が指摘するように、市場での「負け組」は、彼らに苦境を強いる社会や「勝ち組」に対する不満を堆積させている。また「勝ち組」も、常に競争を余儀なくされ、敗れれば落ちていくリスクにさらされているため、福祉に依存するセクターを既得権益者とみなして不満を抱く。こうして社会にルサンチマンが累積し、連帯の基盤が破壊されているのである。

新たな連帯の基盤を求めて

私たちは、さまざまな資源を互いに保障しあい、リスクを共有することでこそ、より安心して自己決定をおこない、みずからの望む善き生をより自由に追求していくことができる。だが、新自由主義のもと、リスクの共有化に必要な連帯の基盤は、深刻に断片化されてきた。この現状に対して、共同体主義が主張するように特定の共通善に基づく連帯を訴えるのでは、個人の自由な自己決定を制約してしまう。また「我々」の連帯を創出する試みには、常に他者を排除する危険が伴う。それでは、個人の自由を保障しつつ、また排除や抑圧を生み出さずに、いかに連帯の基盤を新たに創出し、リスクを共有化していけるのだろうか。

前述のリベラル・ナショナリズムは、社会の断片化に抗するために、少数派の意見や利益も含めた公共文化を創出することで国民の連帯を再興しようとする。だが公共文化は、多数派の文化を色濃く反映しており、少数派に中立ではない。また、国民という境界線を防衛しつつ、少数派の人びとや文化を排除しない公共文化を創出することも容易ではないだろう。

他方、J.ハーバーマス（2004）の憲法パトリオティズムは、諸個人の合理的討議に連帯の基盤を見いだす。これは、幾世代もの市民たちが討議の対象としてきた憲法原理への自発的忠誠や愛着に社会統合の基盤を求めるものである。しかし実際には、どの国民国家にも国語を自由に操れない少数派が存在するし、教育や財産を持つ者ほど大きな発言力を持つため、憲法をめぐる自由で平等な討議は困難であろう。こうした場合、討議において周縁化されたり、そこから実質的に排除されてきた人びとが、憲法に深い愛着を抱き、連帯意識を深めることは難しいだろう。

今日私たちは、グローバル化のもとで

異なる他者との接触が日常化し、また新自由主義のもとで生の保障が著しく不安定化した社会を生きている。こうした社会では、文化の同質性ではなく多様性を前提に、また理性的討議だけではなく情緒的な共感・共苦も組み込むかたちで、境界線を越えた生の被傷性に基づく連帯を模索していくことも必要だと考えられる。昨今の日本を含めて、生の保障が不安定化した社会では、みずからの生の苦しみの原因を特定の他者に投影し、正しき「我々」の救済と、外国人や既得権益層とされる人びとの排除を叫ぶルサンチマンの政治が横行している。しかし異なる他者も、私たちと同様に、善き生の希求とそれに伴うリスク、そして生の被傷性を共有している。階層、国籍、ジェンダー、道徳、病など、生のあらゆる領域において揺るぎなき優位性を確立しつづけられる者などいない。こうした生の被傷性への自発的な共感は、W. E. コノリー（1998）やC. ムフ（2008）の主張する「闘技」、すなわち敵対する者どうしが互いの生に配慮と敬意を示しながら抗争する対立関係を紡ぎ出していくためにも、不可欠な条件であろう。

生の苦しみとリスクへの恐怖を他者に転嫁するのではなく、誰しもが抱えている生の被傷性に対する自発的な共感・共苦を軸に、既存の境界線を越えた生存のための相互依存を織りなしていく。今日の時代状況において、新たな連帯とリスクの共有化を実現していくためには、こうした地道な実践も求められているのではないだろうか。

参照文献
キムリッカ, W. 2005「多文化主義」『現代政治理論（新版）』（千葉眞・岡崎晴輝訳）日本経済評論社, pp. 475-540。
コノリー, W. E. 1998『アイデンティティ／差異――他者性の政治』（杉田敦ほか訳）岩波書店。
齋藤純一 2008『政治と複数性――民主的な公共性にむけて』岩波書店。
サンデル, M. J. 2009『リベラリズムと正義の限界』（菊池理夫訳）勁草書房。
セン, A. 1999『不平等の再検討――潜在能力と自由』（池本幸生ほか訳）岩波書店。
テイラー, C. 1996「承認をめぐる政治」A. ガットマン編『マルチカルチュラリズム』（佐々木毅ほか訳）岩波書店, pp. 37-110。
トクヴィル, A. 2005『アメリカのデモクラシー第1巻（上・下）』（松本礼二訳）岩波書店。
ノージック, R. 1985『アナーキー・国家・ユートピア――国家の正当性とその限界（上）』（嶋津格訳）木鐸社。
ハーバーマス, J. 2004『他者の受容――多文化社会の政治理論に関する研究』（高野昌行訳）法政大学出版局。
ヘルド, D. 2011『コスモポリタニズム――民主政の再構築』（中谷義和訳）法律文化社。
ホッブズ, T. 2009『リヴァイアサン（1・2）』（永井道雄・上田邦義訳）中央公論新社。

ミラー，D. 2007『ナショナリティについて』（富沢克ほか訳）風行社。
ミル，J. S. 1997『代議制統治論』（水田洋訳）岩波文庫。
ムフ，C. 2008『政治的なものについて――闘技的民主主義と多元主義的グローバル秩序の構築』（酒井隆史監訳，篠原雅武訳）明石書店。
ロック，J. 2010『完訳統治二論』（加藤節訳）岩波書店。
ロールズ，J. 2010『正義論（改訂版）』（川本隆史ほか訳）紀伊國屋書店。

リスク・コンシャスな主体
BECOMING A RISK-CONCIOUS SUBJECT

II

introduction
リスク・コンシャスな主体
──イントロダクション

市野澤潤平
Ichinosawa Jumpei

　第Ⅰ部では、輪郭が漠として判然としない不確実性を、厳密な測定と数量化の技術を駆使して、具体的な対処が可能な対象、すなわち狭義の「リスク」として（再）構築していく不可視の仕組みが、あきらかにされた。対して、第Ⅱ部が試みるのは、制度・技術が見いだした／作り上げたリスクが人びとの生活世界に侵入する──裏を返して言えば、人びとがリスク・コンシャスな主体として立ち上がる、その動態とメカニズムを、ミクロな視点から描写することである。

危険のリスク化

　リスクについて考える際に筆者が念頭に置くのは、「リスク」と「危険」の区別である。N.ルーマンは、「リスク」を個人や組織による決定の結果として生じる（かもしれない）未来の不利益の可能性と定義し、「危険」という概念のあいだに明確な区別を設定する。ルーマンによれば、「リスク」とは常に決定のリスクであって（Luhmann 2005: 22）、未来に影響するようななんらかの意思決定があるとき、その決定に参加できる者にとっての認識である。つまりそれは、未来に対して能動的に対応した結果に付随するものとなる。対して、その意思決定に参加できない者、すなわち、決定の被影響者の認識が、「危険」とされる。ゆえに危険とは、みずからの決定によらずに「外部的に引き起こされるとみなされる、すなわち環境に帰せ

られる」ものである（Luhmann 2005: 22）。

　従来の人類学においては一般に、「リスク」とは望ましくない事象を語るための幅広い語彙となり、危険や災厄といった概念との明確な線引きが難しくなっていた。そこにルーマンによるリスクと危険の区別を導入することは、序章で概観したような、責任やコントロールといった意味の地平を含み込む概念としての「リスク」の輪郭を、画然とする効果をもたらす。一般に処方的リスク研究の文脈では、リスクはたとえば「生命の安全や健康、資産や環境に、危険や障害など望ましくない事象を発生させる確率、ないし期待損失」（日本リスク研究学会 2000: 13）などという形で、「科学的に」測定しうる量[*1]として定義される。しかしその一方で、「事象が望ましいか望ましくないかは一義的に定義できるものではな」い（日本リスク研究学会 2000: 13）ことに加え、個々人における「確率」への理解と意味づけが相当に曖昧で不安定なため（cf. Kahneman et al. 1982）、何がどの程度のリスクであるかの認定は、事態にかかわる人びととそれぞれの主観によって揺れ動く。ゆえに序章で定位した意味における「リスク」の間主観的な測定は、常に根源的な障碍を抱えているのであり、確率・統計の技術を活用しての「客観的な」数量化はあくまでも、リスクのある一面に限った計測結果にすぎない。

　危険とリスクとを弁別した上で、生活世界におけるリスクを描き出そうとするとき、危険／リスクの区別は決して固定的でないことに、我々は気がつく。危険は降りかかってくるものではあるが、その危険を察知した我々は、どうにかして対応しようとするだろう。つまりその時点で、当該の危険に対する意思決定者となる（何もしないというのも、ひとつの決定である）。決定することとリスクを生むことは表裏一体だから、危険を危険として認識した我々はすでにそのとき、不可避的にリスクへと身を投じているのである。ただし、危険／リスクという弁別はあくまでひとつの理念型であって、人びとの意識の継時的な流れの特定時点において、危険とリス

---

*1　ただし、リスク管理が求められる多くの分野において、このような素朴な捉え方は、数理統計学的な厳密さと妥当性を欠いているとの批判を免れ得ない。

クとがデジタル的に切り替わるわけでは、もちろんない。つまりリスクとは端的に言えば、人びとによる環境認識のひとつの形であるが、それは決して固定的で静態的なものではなく、濃淡のばらつきやゆらぎを持ちつつ、状況把握と対応行動の絡みあいのうちに進行する運動なのだ。

　「危険のリスク化」という認識的運動は、認識主体および時間的なスパンの異なる次元において、普遍的に観察される。筆者はさしあたり、3つの次元を区別して考えている（市野澤 2010）。つまり、上に言及した個別主観的な認識にかかわる次元に加えて、社会的な次元と歴史的な次元である。社会的な次元とは、立ち位置の異なる人びとによって、ある事象が危険／リスクのそれぞれとしてあるような状況において、利害をめぐる人びととの交渉のなかで、ある人びとにとっての危険がリスクとなる動きである。たとえば、原子力発電所のような問題を想定するのが、理解しやすいだろう。原発による広域にわたる放射能漏れのリスクは、とくに現地から離れた場所に住む人たちにとっては、青天の霹靂としての危険以外の何ものでもない。しかしその危険は、彼らが抗議活動や政治的な交渉というかたちで原発にかかわる意思決定に参与していくなかで、リスクへと転換されることが可能となる。さらに歴史的な次元とは、天災のような、そもそも予測も対処もしようがないと思われていた危険が、時代の変化のなかで、対応可能なリスクとみなされるようになる過程である。本書第3章で取り上げられた地震は、まさにその好例だろう。かつては、どうにもならない怖いものの代表であった地震も、早期警報システム構築への努力がなされ、耐震建築や都市計画という選択肢が生じてくるなかで、意思決定いかんで異なる結果をもたらすリスクの源泉として、捉え直されつつある。

進展する「リスク社会」化

　人間の認知は、基本的には保守的で頑健である。たとえば我々の顔は、厳密に見れば日々変化している。ある個人の、起き抜けのむくみのある顔、疲れと寝不足で目が落ちくぼんだ顔、生気潑剌とした顔、ものもらいができた顔は、それぞれまったく異なっているが、我々はそれらを同じ顔とし

て認識しつづける。世界認識も同様である。いろいろな変化があっても我々が見る世界の相貌は、特別な「何か」が起きないかぎり、同一のままである。

　ところが現在の「リスク社会」を生きる我々にとって、世界は次第に「リスク化」していくように捉えられる。たとえば、公害や薬害、年金や貧困などに比べて身近でも喫緊でもない漠然とした「問題」が、予測を超えた重大な結果を引き起こすかもしれないものとして、注目を集めるようになった。いわゆる「地球温暖化」がその好例だ。しかしながら、我々の日常生活のなかで関知できる範囲におけるその事象は、かつてに比べて夏の暑さが厳しくなった／冬の寒さが和らいだような気がする、という程度の関心事にすぎないはずだ[*2]。それがいつのまにか、「地球温暖化」という「リスク」として人びとに受け入れられるようになったのは、なぜだろうか。

　世界の平均気温が過去数十年にわたり継続して上昇傾向を示しているという観測結果が提示される。現在から引きつづいてのさらなる気温の高まり、およびその帰結としての海水面上昇などの諸問題が、予想される。加えて、炭酸ガスの排出という人間の活動が、その事態を引き起こす原因として、指弾される。自動車に乗る、部屋を冷暖房するといったミクロな局面から、大量生産・大量消費の生活スタイルを維持するといった抽象的・集合的な事象に至るまで、さまざまな次元における我々自身の決断が招く（であろう／かもしれない）、望ましくない事態の到来。一部の科学者や政府機関、環境保護団体といった専門的な情報発信者たち（およびその〈下請け〉たるマスメディア）が、そのような未来予想図を繰り返し提示することによって、気温の上昇という、かつては時候の挨拶程度にしか意識されていなかった事象への人びとの見る目が変わる。「地球温暖化」という「リ

[*2] たとえば、筆者が育った千葉県のベッドタウンでは、真冬に池の水が凍る日が少なくなった、といったささいな認識から、そのような理解が導かれる。ただし、農業など寒暖の差が業績に大きく影響してくる生業を営む人たちにとっては、事態はより深刻な「問題」として捉えられるだろう。

スク」は、そのような一連の流れにおいて、構築されてきたのである。

　同様にして、たとえば原子力発電所、環境ホルモン、生物多様性の減少といった、かつては存在していなかったさまざまなリスクが次から次へと、我々の生活世界に侵入してきている。それらのリスクの多くは、確率的にあまりにも未知数であり、因果関係的にあまりに複雑である。一般の個人による状況把握・判断が可能な範囲をはるかに超えたところにあるがゆえに、そうしたリスクは、我々の生活の遠景に常にぼんやりと存在することになる。また一方では、福島真人（2010）が指摘するように、企業や公共機関など多くの組織において、リスク要因の徹底的な洗い出しとそのために必要となるリスク分析ツールの活用が、日常業務の欠くべからざる一部分を形成するようになってきている。こうした諸事情から、現代社会を生きる個人にとって、リスクは目の前にも遠景にも遍在し、いわば生活世界のテクスチャーをなしている。我々が生きる世界は、今や新たなリスクを続々と生み出す母胎となり、いわば「リスクの巣」のようなものに変貌してしまった。ある事象が人びとにとってのリスクとなっていく動き、すなわち「事象のリスク化」（第3章で描かれた地震はその一例）が無数に生起し重畳した集合的な効果が、「世界のリスク化」に帰結したのである。

　現代社会の隅々まで浸透する「リスク化」の動きは、我々の生活世界を揺さぶり、社会や経済の仕組みを作り変える。身近なところでは、保険や年金、製造物責任法（通称・PL〔＝Product Liability〕法）、医療や介護の制度などを、考えてもらえばよいだろう。U. ベックの比喩を借りれば、種々の文脈に応じて定義づけられる形で増殖していくリスクは、「停滞した社会に脅威をもたらして政治的に活性化させ、内部から政治化していく魔法の杖」（Beck 1999: 138）なのだ。3.11以降、かつては「絶対安全」と強弁されていた原子力発電所の存在意義が、日本国民による徹底的な懐疑の的となったのは、その良い例でもある。内実が曖昧な「放射線による被曝リスク」への人びとの怯えは、原発の安全性のみならず、そのコスト構造や「地球温暖化防止効果」といった側面をも問題として引きずり出し、放射線リスクとはまた別個のリスクとして、政治上の争点とするに至った。社会の「リスク化」がもたらす帰結が、さらなる「リスク化」の源泉とな

ったのだ。

リスクの〈装置〉

　「事象／世界のリスク化」の背景には、マスメディア（による報道）や人びとの噂話や職業現場のしつらえといった、政治制度やテクノロジーにとどまらない、より広い文脈における雑多な要素がかかわっている。本書の序章で言及したように、そうした要素の総体を、本書ではM.フーコーにならって〈装置〉と呼ぶことにしたい。〈装置〉の中心的な機能は、第Ⅰ部で強調されたように、測定・数値化、図像・映像化、因果モデル化を通じたリスクの可視化である。たとえば3.11以後に生じた、津波と原発事故をめぐる怒濤のような報道・言説は、多くの日本国民に対して、海岸部に立地した原発を稼働しつづけることのリスクを、きわめて巨大で深刻なものとして、提示してみせた。

　ただし、テレビのニュース番組やワイドショーを彩った、放射線量の測定数値や被災地の汚染度合いを図示するフリップボードそれ自体は、視聴者が被る危険の大小の直接の指標ではない。生活環境に広く薄くばらまかれた放射性物質による人体への長期的な影響について、現在の放射線医学は、未だ決定的な解析力をもっていない。地域人口を集合的に見たときにはなんらかの波及効果があるのは確実だとしても、それが特定個人においてどの程度／どのように具現化するのかについては、言い当てることができないのである。被災エリアの生態系に及ぼす影響、一次産品の消費を通して人間に跳ね返ってくる影響などについては、なおさら不確定だ。ゆえに報道される情報は、日本国民が被る放射線リスクを厳密な意味で（数理統計学的に妥当な形で）可視化してはいないのだが、そのメディア上での氾濫は、結果的に少なからぬ人びとを「放射線恐怖症」とでも形容すべき状態に追い込んだ。テレビに登場する文化人たちの語り口や、いかにも信用がおけない（ように見えてしまう）政府や東京電力の担当者の会見模様、一部の人びとによる福島県産品の買い控え行動など、必ずしも放射線リスクそのものの表象ではない雑多な情報を飲み込んだ結果として、人びとのリ

スクへの認識と態度が形成されたのである。

　リスクの〈装置〉は、「不透明・不確実な状況を可視化し、公的に受け入れられるかたちで判断したり説明したりすることを可能にする」（中川 2009: 591）[*3]ことを通じて、エイズ予防のための国家的な疫学研究体制や、旅客機の乗客に対する暴力的なまでに念入りな所持品検査といった、リスク管理にかかわるさまざまな制度的・実践的な実在を可能にする土台となっている。手を替え品を替えて人びとをリスク・コンシャスに仕向けていく、きわめて雑多な要素・条件――リスクの〈装置〉は、そのすべての総体として、立ち上がっている。それは、フーコーの言葉を借りれば、「語られたことも語られないことも」含んだ「ことさら不均質なある全体であって、もろもろの言説や、制度や、建築上の整備や、法規に関する決定や、法や、行政的措置や、科学的言表や、哲学的・道徳的・博愛的命題を含んだもの」が織り成す「編制体」である（コラスほか 2000: 410-411）。リスクの〈装置〉は、多要素的で構造的に複雑であるのみならず、先に述べたような、社会の「リスク化」が新たな「リスク化」を導くという再帰的な運動もが含まれるという意味で、多次元的でもある。

リスク・コンシャスな主体

　リスクの〈装置〉が駆動するとき、人びとはたんに危険の所在に鋭敏になるのみではない。特定の挙動と指向性をもった「主体」として世界との新たなかかわりのうちに生きるべく、水路づけられる。リスクを発見し、つくりだし、可視化する〈装置〉が生み出す「リスク・コンシャスな主体」とは、目の前に提示された危険をみずからが責任を負うべき問題、すなわちリスクとして引き受けて、その回避や縮減に向けて行動する（と想定される）「主体」である。したがって、裏を返して言えば、リスクの「装

[*3]　ただし中川は、フランス語の「ディスポジティフ」という語を、本書で言う〈装置〉のような日本語に置き換えずに、カタカナ表記において使用している。

置とは何よりもまず、さまざまな主体化を生産する一機械である」(アガンベン 2006: 91)。

　リスクは物理的な実在として存在するものではなく*4、あくまでも、(危険／事物の) リスク化という認識的な運動 (のいち状態) としてのみ、我々にとって意味を持つ。原発がまき散らす放射線のような一見して感知できない危険が、我々にとって重苦しく、回避することのできないリスクとして立ち現れるのは、リスクの〈装置〉が、我々の認識をそのように誘導するからだ。そして、前述したように、リスクの感知がなんらかの意思決定を不可避的に伴うものであるとするなら、我々は、新たなリスクを認識するとき、同時に、新たな行為対象やアクターと対峙する新たな主体として、立ち上がっていることになる。たとえばかつては原発に無関心であった個人が、原発による放射線リスクをみずからの健康にかかわる問題として意識する。さらには、新たな困難への対峙を余儀なくされた人びとが、なんらかの形で協働を試みたり、連帯を意識したりするとき、そこに政治的・機能的なまとまりや単位として、ひとつの仮想的な主体が構築される。原発と東京電力、原発推進派／反対派それぞれの政治家・官僚組織・市民組織、「危険かもしれない」食品 (とその生産・販売者)、みずからが住まう土地の地理と気候などに対して、新たな関係を取り結ぶことそれ自体が、意思決定と責任の母胎としての主体がまとめ上げられていく契機となり動力となるのだ。

　こうしたリスク・コンシャスな主体形成の動きは、第Ⅰ部で描き出されたリスク管理の専門家システムによる嚮導(きょうどう)に加えて、人びとの思考と行動を成り立たせる環境そのものによって、強力に方向づけられている。雨水が地表に自由な流路を見つけているようで、その背後には溝の形や高低差といった地形要素による定律があるように、リスクの〈装置〉は、人びとが自由な思考と行動を保証されることによって、結果的にリスク・コン

---

*4 　ゆえに筆者は序章において、リスクを「現在における認識」であると表現した。同様な意味で、リスクとは世界理解のための「フレーム」であると言ってもよいだろう。

シャスとなっていくような、ある種の環境を構築する。マスメディアを通じて流通する情報はその一面にすぎない。たとえば、市野澤による第4章では、観光ダイビングという活動が、娯楽である一方で、参加者に身体へのリスクを意識させる教育過程としても機能していることが、描かれる。ダイビング産業にとっては、ダイビング事故のリスクは徹底して恐れ排除すべき対象であると同時に、リスク管理を「売り物」としていくための源泉でもある。ダイビング・インストラクターたちは、ツアーにおける楽しみの演出をする一方で、人身事故が起きるリスクを顧客獲得のための資源として利用し抱え込む形で、リスクと共生している。

第5章で渡邊日日が描くのは、航空機のパイロットや整備士たちの業務が、彼らをして事故のリスクを強烈に意識させるべく、設計されている事態である。就業環境によってリスク・コンシャスな主体として「立ち上がらされて」いる彼らは、リスクの発見と排除に日々尽力するのだが、その努力によってリスクによる重圧から逃れることは、ついぞできない。法社会学者の吉井千周による第6章に登場する市民たちは、原子力発電所のリスクを隠蔽している諸制度によって押しつけられる（潜在的）不利益を払いのけるための対抗戦略として、自発的にリスク・コンシャスな共同性を育んでいる。彼らは、リスクを狭義の「リスク」として特定し描出する手段を奪われているなかで、「迷惑」という日常語を縦横に活用して、みずからの主張に実効性を与えていく。これらの事例が示しているのは、「リスク化」過程の複雑さであり、リスク・コンシャスであることの多面性である。

残余の領域

第II部の各論考は、程度の差こそあれ共通して、リスクをリスクと意識するよう追い込まれていく人びとの姿を綿密に描き出す作業のうちに、リスク管理の不可能性を浮かび上がらせる。第5章で描かれた航空業界は、リスクを塗り消すべく努力していく営為そのものがさらなるリスクを出現させてしまうという、皮肉な円環にとらわれている。リスク管理という思

考および実践は、人間は限定合理的な存在であるがゆえに完璧なリスクの排除には到達し得ない、という問題を内包している。加えて第5章が露わにするのは、それ以上に深刻な問題、すなわちリスク管理が不可避的にリスクを増殖させるという、構造的な矛盾である。第7章で新ヶ江章友が紹介する事例は、そのような矛盾に放り込まれた主体にとって、リスクの測定・計算・管理を貪欲に追求する「合理的」な存在でありつづけよというのは、おそらく過重な注文なのだと、暗示する。

　人間は、未来の損害の程度と確度を見積もる「リスク計算」のみに基づいて、リスク・コンシャスになるのではない。ただ湧き上がってくる恐怖や、根拠のない臆想、習慣や惰性、周囲の仲間や家族への同調など、必ずしも「理性的」とは言いがたい錯綜した思考経路をたどって、我々はリスクと対面する。第7章が取り上げる男性同性愛者たちは、政府が主導する啓蒙活動によって、HIV感染のリスクに関する知識を十分に植えつけられているはずだ。しかし彼らは、疫学的なエイズ予防の〈装置〉に責め立てられながらも、HIV感染という脅威を前にして、〈装置〉が望むようなリスク回避行動をとらない。なぜなら彼が生きているのは、HIVに感染するかしないかというのみの、単一色の世界ではないからだ。性交渉、愛憎の交錯、人生の（一時の）パートナー選び、HIV感染の確率、HIVキャリアとして生きることの意味、といった事柄のすべてをまとめて同一尺度で測定・評価することは、不可能なのである。したがって、彼らにおけるHIV感染リスクへの構えを描き出すためには、「リスク計算」以外の側面への徹底した考究が、追加要請されるだろう。

　リスク管理への志向と実践は、集合的な事象（または多数回の試行）を前提とする確率論的な世界観の産物であるがゆえに、リスクが個々の主体にとっての（時に一度きりの）問題として現象するという地平を、捉え尽くすことができない（cf. コラム3）。リスクの〈装置〉が人びとを絡め取っていく動きが不可避的にその外部に生み出す残余——人類学的な考察が着目していくべき領域は、まさにそこにあるように思われる。

参照文献

アガンベン, G. 2006「装置 (ディスポジティフ) とは何か?」(高桑和巳訳)『現代思想』34(7): 84-96。

市野澤潤平 2010「危険からリスクへ――インド洋津波後の観光地プーケットにおける在住日本人と風評災害」『国立民族学博物館研究報告』34(3): 521-574。

コラス, D. ほか 2000「ミシェル・フーコーのゲーム」(増田一夫訳)『ミシェル・フーコー思考集成Ⅵ 1976-1977 セクシュアリテ／真理』(蓮實重彦・渡辺守章監, 小林康夫ほか編) 筑摩書房, pp. 409-452。

中川理 2009「不確実性のゆくえ――フランスにおける連帯経済の事例を通して」『文化人類学』73(4): 586-609。

日本リスク研究学会編 2000『リスク学事典』TBSブリタニカ。

福島真人 2010『学習の生態学――リスク・実験・高信頼性』東京大学出版会。

Beck, U. 1999 "Risk Society Revisited: Theory, Politics, Critiques and Research Programmes," *World Risk Society*, Polity Press, pp. 133-152.

Kahneman, D., P. Slovic and A. Tversky (eds.) 1982 *Judgment under Uncertainty: Heuristics and Biases*, Cambridge University Press.

Luhmann, N. 2005 *Risk: A Sociological Theory*, trans. R. Barrett, Aldine.

第4章
危険だけれども絶対安心
——ダイビング産業における事故リスクの資源化

市野澤潤平
Ichinosawa Jumpei

1　ダイビング産業とリスクの資源化

　スクーバ・ダイビングによる海中探訪は、陸棲の存在である人間にとっては異世界の旅であり、各地に多くの愛好者がいる。色とりどりの熱帯魚や大型の海棲生物を野生の状態で見られることも魅力で、自然とのふれあいによる癒しを求めて海に出る都会人も、数多い。しかしその一方で、水中で呼吸する生得的な術を持たない人間が、海中に長時間滞在することは、基本的に「無理がある」行為でもある。スクーバ器材の故障その他の理由で、数分間呼吸が途絶しただけで、人間は死に至る。水中生活には適応していない人間という生物にとって、観光ダイビング[*1]中の身体被害を伴うトラブルは、その他にも多種多様に生じ得る。結果として、ダイビング客が受難する事故は跡を絶たず、日本国内においても毎年死亡事故が報告されている。
　スキーや海水浴は、ガイドがいなくても楽しめる。対して、ガイドの同伴なしにスクーバ・ダイビングをすることは、少なくとも初心者には想定

---

*1　娯楽目的でおこなうスクーバ・ダイビング（recreational scuba diving）にはさまざまなスタイルがあるが、本章では、それらを「観光ダイビング」と総称する。

しがたい。水中という致死的な環境に人間を誘うダイビング・ツアーにおいては、高度なリスク管理が不可欠だからだ。

　世界に散らばるダイバーの数は数百万人に達するとみられるが、そのうちの多くは、年に数回（もしかすると数年に1回）程度の頻度でしか、ダイビングを楽しまない。そしてほとんどの場合、潜水中に自身の安全を確保するのに十分な経験と能力を持たない。ゆえに、彼らがダイビングを楽しむには、専門のダイブショップが開催するツアーに参加するかたちをとらざるを得ない。観光ダイビング・ツアーの催行目的は娯楽（の提供を通じた利潤獲得）だが、ツアー引率者にとってのもっとも重要な責務は、客であるダイバーたちの安全を確保することだ。ダイバーの水中への引率は、「ダイビング指導団体」によって認定を受けた「プロダイバー」たちの独占業務となっている（詳細は後述）。彼らは、ダイビング客が抱える事故リスクを肩代わりし軽減するべく特別に訓練されており、ダイビングの楽しみを演出すると同時に、リスク管理の専門家として収入を得る。

　リスクは根源的には「望ましくないもの」だが、観光ダイビングにおける事故リスクは、「望ましくないもの」であるがゆえに、ダイビング産業にとっては、商売を成り立たせるための「売り物」となり得る。本章は、こうした事態をリスクの「資源化」と捉えて、ダイビング・ビジネスを、リスクの資源化に立脚した営みとして素描する。

　資源化という概念を理解する上では、森山工（2007）による「資源である」ことと「資源になる」ことという、資源利用の区分けが、参考になる。森山によれば、何かが「資源である」とき、それは必ずしも、利用者によって意識的に利用されているとは限らない。たとえば、我々は酸素に頼って生きているが、その利用を取り分けて企図してはいない。森山は、「これに対して、ある主体がある対象物に対してことさらに距離を取ってそれを対象化し、それをなんらかの目的と意図のもとに活用するという現象」（森山 2007: 66）を区別する。たとえば、スポーツ選手が体力増強の一環として純酸素を吸入する場面では、「酸素が、新たな意味なり価値なりを付加され、新たな使用の文脈に差し挟まれて、高次の「資源」として賦活」（森山 2007: 67）される。そのときに生じているのは、人間にとっての生存

基盤としてつねにすでに「資源である」酸素が、体力増強という新たな意味づけのもとに対象化され、活用の生面が開かれる、すなわち「資源になる」動きである。

　リスクに着目する既存の議論の多くが、リスクとは忌避すべきものだという前提を、所与としてきた（リスクの定義上、それは間違いではない）。しかしながら、ある人びとにとってのリスクは、別の人びとにとっての利益創出の機会となり得る。リスクに向きあう主体が、利害関係を異にする複数のアクターが織りなす関係の網の目のなかにいるかぎり、特定のリスクへの複数の見方が併存するのは、当然であろう。本章が着目するのは、ダイバーが事故に遭うかもしれないそのリスクが、たんに「望ましくないもの」として捨て置かれるのではなく、事業経営に有用な資源としての意味を付与され、ダイビング・ビジネスにおける商機を生み出すメカニズムである。

2　ダイビング産業の構造──タイのプーケットを事例として

　もともとは軍事や水中工事などに利用されていたスクーバ潜水[*2]の技術は、1950年代から、娯楽の対象として注目を集めるようになった。1950年代から1960年代にかけて、スクーバ潜水を安全に、かつ手頃な価格で一般に広めることをめざして、欧米を中心に複数のダイビング指導団体が設立された。指導団体は、娯楽目的でのスクーバ潜水のノウハウを積み上げ、ダイバーの養成に努めるとともに、観光ダイビングの基本的なビジネスモデルを構築した。1980年代以降に急激に進展したダイビングの普及に指導団体が果たした功績はきわめて大きく、その存在がなければ我々は

---

*2　スクーバ（SCUBA）は、Self-Contained Underwater Breathing Apparatus（自給気式潜水器）のアクロニムである。「スクーバ・ダイビング」とは、タンクに詰めた圧搾空気などの呼吸媒体を携行する方式の潜水器具を使用し、水面からの支援なしに独立して水中で活動する潜水スタイルの総称である。

ダイビングを楽しめないと言っても、過言ではない。現在では、多国籍企業と呼べる規模に成長した指導団体もあり、ダイビング関連業界へ大きな影響を及ぼしている。地域を問わず、ダイブショップはほぼ例外なくいずれかの指導団体の傘下にあり、ビジネス・ノウハウの供給を受けている。

筆者は、2006年以降、タイの著名なビーチリゾートであるプーケット島において、とくに日本人を対象としたダイビング観光への、参与的な調査を継続している。タイでは、世界最大の指導団体として知られる、アメリカに本部を置くPADI（Professional Association of Diving Instructors）が、権勢をふるっている。タイに限らず世界中で、ダイビング業界はPADIを筆頭とする国際的な指導団体によって統轄されているため、その産業構造は、どこの国においても似通ったものとなる[*3]。本章は、ダイビング産業のうちでも、とくにプロダイバーたちの活動に着目して、記述を展開する。プロダイバーとは、ダイビング指導団体によって認定を受け、観光ダイビングにおける顧客の水中引率または技術講習に携わる人間である。PADIが認定するプロ資格は複数あるが、本章では、後述するCカード講習とガイド業務をおこなうことができる「インストラクター[*4]」を念頭に置き、議論を進めていく。

タイ南部に位置するビーチリゾートのプーケット島は、年間500万人を超える観光客を集め、北部の古都チェンマイと並ぶ一大観光拠点となっている。いわゆる「アジアン・リゾート」を楽しもうとする日本人にとっても、インドネシアのバリと並ぶ知名度の高い観光地である。観光客たちは、現地の業者が催行する観光ツアーを適宜選択して、プーケット島のみならず、その周囲の海域や離島にまで、足を延ばして楽しむ。観光ダイビングも、選択肢のひとつとして人気を保っており、プーケットを訪れるダイビング客は、延べ人数で年間20万人を上回る[*5]。

プーケットに来訪するダイビング観光客の大部分を占めるのが、欧米人

[*3] したがって本章の内容は、プーケットでの調査経験に依拠しているが、必ずしもプーケットのダイビング業界に限定した考察ではない。
[*4] PADIによる正式名称はOpen Water Scuba Instructorである。

と日本人である。先に述べたように、スクーバ・ダイビングは大きな潜在的危険を伴う特殊な活動であるため、母語でのサービスを受けられることが、参加客にとっての安心感につながる。とくに日本人客は、一般に英語が苦手とされているので、そのケアをする日本人スタッフが、強く求められる。結果として、プーケットに数年以上にわたって滞在し、主に日本人客を相手にガイド業務をおこなう日本人プロダイバーが、一定数存在している。

　通常の観光ツアーとは異なり、ダイビング・ツアーに客が参加するためには原則として、指導団体が発行する「Cカード」[*6]が必要となる。最低3日の時間をかけて、ダイビング器材の使用法、水中での行動スキル、最低限の危機管理、環境への配慮などを、学科および実地の講習を通じて学ぶ。その上で一定の知識と技術を身につけた証明として、各団体はCカードを発行する。プーケットのダイブショップは、国際的に認められた団体のCカードを持たない観光客を、通常のダイビング・ツアーに参加させることはない。日本から来たダイビング未経験の観光客に対して、このCカード講習を実施することは、プーケットで働く日本人インストラクターの、事実上独占的な業務である。

　プーケット在住の日本人インストラクターたちは、Cカード講習に加えて、すでにCカードを取得済みのダイビング観光客たちを対象にした「ガイド」業務も併せて引き受けている。ダイビング客は、体調を崩したり、慣れない船上滞在において船酔いになったり、揺れに足を取られて転んだりといった、さまざまなトラブルを引き起こす。インストラクターたちは、ダイビング客が期待しているツアーの楽しさや快適さを毀損しないよう、そうしたトラブルへ迅速かつ適切な対応をとる。可能であるなら、船酔いの場合なら事前に薬を飲ませるなどの手段によって、トラブルを未

[*5] 　ダイビング観光客を対象とした公式の統計は存在しないため、タイ政府観光庁プーケット事務所による非公式の推計に基づく（2007年現在）。

[*6] 　Certification Card の略。日本では「ライセンス」と呼ばれることもあるが、各指導団体が独自・任意に発行した証明書であり、法的な効力はない。

然に防ぐことが望ましい。体調を崩したり、怪我をしたりといったトラブルが生じてしまえば、客にとってツアーは楽しいものではなくなってしまう。それはインストラクターたちにとっては、ツアーの品質管理の失敗を意味する。Cカード保持者は自力で安全にダイビングを楽しむ知識と技能がある、という指導団体の建前とは裏腹に、安全確保は各ダイバーによる自己責任の問題だ、とダイビング事業者が突き放すことは難しい。後述するように、リスク管理こそがインストラクターの第一の専門性だとするマーケティング・コミュニケーション戦略に、ダイビング業界全体が便乗しているからだ。

3　リスク教育

3.1　危険な娯楽

　海中での非日常的な体験を味わい、種々の海棲生物に出会うことの楽しみが、人びとを観光ダイビングに誘う。PADIおよびその傘下のダイブショップが提供しているダイビング・サービスの実現する価値は、娯楽機会の提供である。PADIは、ダイビングが初心者や体力が強くない女性、老人、子どもにとっても安心して参加できる活動であることを明言して、ダイバー市場の拡大に努めている。当然ながら、一部の特殊な人びとのみに参加者を限定しない大衆的な娯楽は、危険な活動であってはならない。たとえばジェットコースターが、スピードとスリルを提供しつつも、乗客が転落死する危険が介在してはならないのと同様に、ダイビングという娯楽活動も、十分に安全であるべきはずだ。
　ジェットコースターの場合、乗客の安全を確保するのは、事業者の責務である。危険回避のための努力は、乗客には求められない。乗客は、車両が上下逆さまになった瞬間に、両手を上げて笑っていても構わない。ジェットコースターの運営者が、安全確保をみずからの責任において引き受けられるのは、機器の点検と、乗客の身体を固定する安全バーなどによって、

人身事故をゼロに押さえられる（はずだ）からだ。現実には、非常に低い頻度であるとはいえ、ジェットコースター乗客への人身損害は発生し得るが、それは常になんらかの重大な欠陥または過失に起因すると、一般には考えられている。欠陥／過失がなければ事故は生じないのだから、もしもジェットコースターの運営会社が、転落死の可能性があると認めつつ客を乗せるとしたら、それは欠陥／過失を放置するのと同義であり、営業姿勢として社会的に許されない。ゆえに、ジェットコースターは「絶対安全」な乗り物としてしか、客の前に姿を現さない。そこでの人身事故は常に、「起こりえないことが起こった」ものとして、対応される。

　対してダイビングという娯楽は、運営者の重大な過失や機器の欠陥などがなくとも、参加者が死亡する（または身体に重篤な損傷を負う）可能性をはらんでいる。ダイビング・ツアーという商品には、「消費者が安心してそのレクリエーションがおこなえるような技術と知識を確実に身につけさせなければただちに致死的要因が顕著に現れてくるという特性」がある（中田 2001: 31）。のみならず、高度な技術と経験を備えたダイバーにあっても、偶然の配剤や自然の猛威の犠牲となって、命を落とす可能性が、拭いきれない。タイにおけるダイビング事故統計が利用できないので、日本でのデータを挙げると、スクーバ・ダイビングによる死者・行方不明者は、2007年から2011年のあいだに総計83人（年平均16.6人）である[*7]。加えて、これよりも多数の、死亡に至らない重大な人身事故が発生していると、推測できる。

　人身事故のいずれがインストラクターの過失に起因するもので、いずれが不可抗力であったのかは、多数の考慮要因が絡んでくるので、同定が容易でない。しかし、無過失なのに客を死亡させる可能性が無視できない上に、過失／無過失にかかわらず、一定数の人身事故の発生が統計的にみて確実であるなら、ダイビング業者にとって、顧客であるダイバーの安全確保に全面的な責任を負うのは、きわめてリスクが高い。ゆえにダイビング

[*7]　海上保安庁救難課「平成23年　ダイビング事故の状況」（www.kaiho.mlit.go.jp/marine/figure/2011diving.pdf　2013年12月27日閲覧）

産業は、潜水にかかわる安全確保をダイバー客本人に委ねるという方策によって、業務上の過失責任の軽減をはかろうとする（ただし、そうしたところで、ツアー開催業者／引率者としての責任が完全に免除されることはない）。かくして、安全はあくまでもダイバーの自己責任によって保障される、という理念が、指導団体によって構築される[8]。そしてダイバーは、自身が各種ルールを遵守することで安全に潜水を実行し、仮に死亡を含む深刻な事故に遭ったとしても、その責任はみずから引き受けるよう、要請される。

3.2　Cカード講習

　無知無策のまま海に潜れば、人間はすぐに死に至る。安全確保は自己責任によるという理念を掲げて、必要な知識と技能を持たない人間をどんどん潜らせれば、死亡者が続出するだろう。そこで指導団体は、たんなる娯楽サービス業ではなく、教育機関としての側面をも併せ持つことになる[9]。通常、ダイビング・ツアーに参加するためには、指導団体によるダイビングに関する知識と技能の講習を受けた上で、Cカードを取得していなければならない（後述する「体験ダイビング」などの例外もある）。ダイビング・ツアーに参加する資格のある人びと（すなわち市場）をCカード講習によって生み出す活動[10]は、各指導団体に課せられた責務であるとともに、重要な収入源でもある。

　ダイバーではない一般人であっても、ダイビングにはリスクが伴うことは、承知していよう。しかしそのリスク認識は通常、「溺れ死ぬかもしれ

---

[8]　黎明期のレクリエーショナル・スクーバ・ダイビングは、特別の訓練を積んだ限られた者による活動だった。したがって、安全確保は参加者の自己責任という前提が共有されるのは、高所登山などの場合と同様に、当時においては当然の帰結であった。

[9]　ダイビング指導団体の教育機関としての側面については、稿を改めて詳しく論じる予定である。

[10]　PADIは、入門レベルからプロレベルに至る段階的な複数の資格を設定しているが、本章では、入門レベルの資格に考察を限定する。

ない、（実際にはほぼありえないが）サメに齧られるかもしれない」といった程度に漠然としている。対して、ダイビングに伴う危険の内実を十分に承知している指導団体は、C カード取得のための教育と訓練に関して、事故防止を主眼とした詳細な教科書（およびプロダイバー向けの専門書や業務マニュアル）を作成している。ダイビングは遊びであり楽しむための活動だが、プーケットで主に使用されている PADI の教科書においては、どのように遊び、楽しむのかに関しては、ごく控え目に言及されているにすぎない。たとえば海が美しいこと、水中浮遊が楽しいことは、意図して学習しなくともおのずとわかるのだ（と PADI はみなしているのだろう）。C カード講習の内容はおしなべて、危険を避ける≒安全を確保する、という観点から構成されている。講習に参加したダイビング初心者たちは、独特な器材の使用法や水中での身のこなし方に加えて、ダイビングに伴う危険とはいかなるものかを、微に入り細に入り教え込まれることになる。

　プーケットでは通常 3 日間で実施されている講習の中身を確認してみよう。まず、250 ページを超える教科書の内容を理解し記憶する学科講習がある。これは学校の授業スタイルの座学であるが、3 日間のうちで学科の説明に充てることができるのは、半日程度である[*11]。引きつづいてプール実習がおこなわれる。これもやはり約半日をかけて、教科書で説明されている器材の使用法や、さまざまな水中での「スキル」を実地に練習する。つづく 2 日間は、プールで練習した内容を海中で繰り返す、海洋実習となる（学科試験を 1 日ではパスできずに、海洋実習後の夜に、学科の勉強が食い込んでくるケースも多々ある）。時間配分としてはプールと海洋での実地練習が長いが、そこでの目的は、教科書に書かれた内容を（身体レベルで）実践することである。したがって、C カード講習で習うべき知識は、ほ

[*11] 学科講習は通常、教科書と並行する内容の DVD の視聴、とくに重要／難解な点を取り上げてのインストラクターによる説明、理解度を問う筆記試験から成り立っている。大部の教科書の隅々までをインストラクターが解説するにはとても時間が足りない。そこで、生徒による講習時間外での自習も含めて、短時間で効率的に要点を記憶できるように工夫されている。

とんどが教科書に記述されていることになる。

　講習で使用する教科書は、さながら危険の博覧会である。高波や潮流、毒や攻撃性を持つ生物、スクーバ器材の故障、タンクに充填された空気の異常、空気切れによる窒息、スクイーズ（体内の空洞内の圧力と外部からの水圧に差が発生すると、内耳などに違和感や痛みが生じる）、鼓膜の損傷、肺の過膨張障害（肺の中の空気が急激な減圧により膨張して肺を傷つける）、減圧症（体内に溶け込んでいた窒素が細かな気泡となって毛細血管を詰まらせることにより生じる障害）、低体温症、水中での目眩、窒素酔い（高分圧の窒素の摂取によって引き起こされる一種の中毒症状）、浮上の際に船のスクリューに巻き込まれる可能性——といったぐあいで、教科書に登場する危険を挙げていけばきりがない。講習では、これら数多くの危険に対して、いかにして防止または対処するかを、学んでいく。Cカードの取得とはすなわち、ダイビングはどのような危険を伴っており、その危険に（自己責任において）いかに対処すればよいかを、知ることなのである。

3.3　リスクを学ぶ

　PADIでは、ダイビング未経験者を対象に、「体験ダイビング」[*12]を実施している。「体験ダイビング」は、本格的にダイビングを学ぶ前の「お試し」と位置づけられており、参加者にはダイビングにかかわる知識や技能の習得は求められない。プーケットの日系ショップの場合であれば、参加者はインストラクターに首根っこを摑まれた状態で、海中を引き回されて戻ってくる。その体験は、どうやって自分が潜水してまた浮かび上がってきたのかもわからない、無我夢中といったところだろう。「体験ダイビング」の参加者は、水中での各種危険に対してまったく無防備であり、インストラクターの助力を失えば即座に致死的状況に陥りかねない、脆弱な存在である。しかし彼らは、水中での危険についての知識の欠落ゆえに、み

[*12]　PADIによる正式な呼称は「Discover Scuba Diving」である。

ずからの脆弱性を具体的なリスクとして捉えることがない。水が怖い、溺れたらどうしよう、といった漠然とした不安を抱くにとどまるのだ。

　対して、Cカード講習は、ダイバーの危険認知図を一変させる。受講前に抱いていたぼんやりとした不安が、詳細かつ具体的な理解を伴うリスク認知へと、転換するのである。水中における人間の生理についての知識を得ることは、自身が被るかもしれない傷害とその発生メカニズムを理解することだ。器材の使用法を知ることは、器材トラブルについて学ぶことだ。海という環境を知ることは、海を危険の源泉として見直すことだ。水中での各種スキルを覚えることは、事故を未然に防ぎ、不測の事態への対処法を体得することだ。講習におけるそうした各種危険の説明は、ダイバー自身による予防／対処法の教授とセットになっていることに、注意しておきたい。受講者たちは、自分の行動が生み出す多種多様の危険の態様について学習するのみならず、それらの危険をみずからの対処によって避けるべきリスクだとみなすようになる[*13]。講習を通じてダイビングを詳しく知ることは、たんに危険を意識するのみならず、みずから引き受けるべき新たなリスクを作り上げることと、同義なのである。

　ジェットコースターの乗客とは異なり、ダイバーたちは、指導団体による講習を通じて、ダイビング活動に潜在するリスクを徹底的に意識させられる。ダイビングにおける安全は、原則として、ダイバーが自身の責任において、確保すべきものなのだ。事故が起きるか起きないかは、運任せではなくみずからの行動にかかっている──ダイバーにおけるそうした認識を強める小道具の一例が、Cカード取得の後、ツアーに参加するたびにショップ側から提示される「免責同意書（以下、「同意書」）」と「安全潜水標準実施要項了解声明書（以下、「声明書」）」だ[*14]。同意書は、「ダイビ

[*13] 我々の生活世界において、こうした仕組みによる（認知的な）リスク創造の契機は、たとえば自動車免許の取得講習など、きわめてありふれたものとなっている。

[*14] 以下、同意書と声明書の文面の引用は、プーケットの日系ダイブショップで実際に使用されている書類に依拠する。

ングが重い傷害や死亡に至る危険を伴うことを承知していること」を自身が確認し、「いかなる傷害その他の損害についても、予測可能な損害であるか否かにかかわらず、その責任のすべてを私が個人的に負うことに同意」するという内容。また声明書は、自身が「安全なダイビングをするための習慣を理解」しており、そこに書かれた諸注意を守らない場合は「私自身を危険な状況においてしまう可能性がある事を認識」していることを宣誓する。ダイバーたちは、ダイビング・ツアーに参加するごとに、危険にあふれた活動に参加しようとしており、もしものときの責任主体は自分であると懇切丁寧に書かれた、2つの書類への署名[*15]が求められるのである。

4 リスク管理の代行サービス

4.1 観光ダイビングの矛盾

　PADIの公式見解によれば、Cカードを取得した者は、十分なリスク管理能力を持ち、インストラクターなどの「監督者なしでダイビングすることができるように」なるとされる[*16]。しかしその一方で、一般のダイバーが、プロ資格をもつガイドを伴わずに潜水することは、多くのダイブショップが推奨しない。プーケットを訪れたCカード取得済みの観光客が、ガイドなしで自分（たち）だけでダイビングを楽しもうとしても、おそら

---

*15　ダイビング・サービスの販売側が、「致死的要因とそれがもたらす結果について、商品購入者と較べて圧倒的に情報や経験において優位にある〔中略〕立場で、一方的に免責文書への署名を要求」（中田 2002: 28）することについては、消費者保護や事業者モラルの観点から、厳しい批判がある。また日本におけるダイビング事故に関する過去の判例においては、参加者が同意書へ署名していたとしても、インストラクターおよび事業者への完全な免責は、認められていない。

*16　PADI Japan 公式ウェブサイトより（www.padi.co.jp　2013年12月27日閲覧）。

くはどこのダイブショップも引き受けないだろう（そして器材や空気タンクの提供、船の斡旋などをしない）。プロのガイドをつけるのでなければ安全が確保できない、という理由からだ。通常は、観光客自身が、やはり安全上の理由から、ガイドなしでのダイビングは望まない。つまり、PADIの建前とは裏腹に、（ガイドなしでの）ダイビングは危険だという認識が、広く共有されているのだ。

　PADIを中心とするダイビング産業は、プロ資格の取得にまでは至らない一般のダイバーに対して、ダイビングに関する完全に矛盾するいくつかのメッセージを発している。すなわち、(1)ダイビングは致命的な危険をはらむ活動であるが、（潜在的な危険を認識し適切なリスク管理をすれば）安全である。(2)Cカード取得者は監督者なしに潜水活動をおこなえる自立したダイバーだが、ダイブショップを通さず（ガイドをつけず）に勝手に潜ってはならない。(3)ダイバーはみずからの安全管理に責任を持たなければならないが、安全を確保するためにはガイドをつけるべきである。最後の(3)は、ダイバーはみずからの安全管理ができるだけの知識と技能を（講習を受けて）身につけているが、ガイドに頼ることなしには安全にダイビングすることはできない、と言い換えられる。

　こうした矛盾の組み合わせのなかに、教育機関でもあり娯楽サービスの提供機関でもあるPADIによる、利益獲得戦略を見いだすことができる——すなわち、教育の「故意的失敗」とでもいうべき事態である。

4.2　教育の「故意的失敗」

　教育機関としてのPADIが養成をめざすのは、リスクを認識した上で事故回避への自助努力を欠かさず、加えて望ましくない帰結をみずからの責任において引き受ける覚悟を併せ持つ、自立した行為者としてのダイバーである。PADIの講習は、「達成ベース」であるとされる。すなわち、さまざまな知識やスキルについて、習得したとみなせる一定の基準を設け、それを生徒が達成したことを確認しながら、講習を進めていく。この「達成ベース」の考え方に従えば、知識や技能の習得が不十分なままにとどま

る生徒にCカードが発行されることは、あり得ない。講習の修了とは、すべての知識とスキルの習得を（ある一定水準において）「達成」したということだからだ。

　しかし実際には、Cカードを所持していることと、ダイビングにおけるリスク管理を自己責任において万全にできることとは、まったく同義でない。それどころか、講習で教わる基礎中の基礎である、スクーバ器材のセッティングの仕方さえ覚束ないダイバーも、少なくない。Cカード講習における各種の「達成」が意味するところは、その場で少なくとも一度、最低限の基準をクリアする動きができた、というにすぎないからだ（プーケットにおいて一般的な3日間の講習日程では、現実問題としてそれ以上は求めようがない）。その動きを以後も安定して繰り返せるようになるには、講習を終えてからあまり間を置かずにダイビングに出つづけることが不可欠だが（インストラクターは受講生に対して、必ずそう強調する）[*17]、多くのダイバーは、時間と資金の制約から、そうはできない。しかも、ダイバーが経験を積んで基本的な知識と技術を着実に身につけたとしても、突発事態への対処能力の涵養には必ずしもつながらない。各ショップは、そうしたダイビング客の現実を重々承知しているからこそ、ダイビング・ツアーにはガイドがつくことを前提として、その人件費を含んだ価格設定をしている。ダイビング・ツアーの販売代金のなかには、ガイドが安全管理を代行する費用が、自動的に含まれるのだ。

　3日間で駆け足にすませる講習が、額面通りの自立したダイバーを育てるのに不十分なのは、業界における暗黙の了解である。PADIは、その事実を認識しているはずだが、傘下のショップとインストラクターに対して、講習期間を伸長させるなどの働きかけはしない。PADIは、Cカード講習の期間をより長く設定する権限を持ちながら、3日という日程が事実上の標準となっている現実を、（おそらく主に営業上の理由[*18]によって）変えよう

---

　*17　インストラクターがそうする背景には、営業上の理由も存在する。Cカード取得後、できるだけ間を空けさせずに、繰り返しダイビング・ツアーへ参加させることは、業界の売り上げ増に直結する。

とはしない。自立できないダイバーが続出することを予期しながら現状を黙認している点で、Cカード講習の「失敗」に対するPADIの態度は、未必の故意であるとみなせる。

　ただし、ここで言う「失敗」とはあくまでも、PADIの教育機関としての建前どおりにはなっていない、という意味にすぎない。営利企業の観点からすれば、教育の「失敗」が続出する現状は、より大きな売り上げを得るためには望ましい状態である（つまり建前を取り払ってしまえば、「失敗」はむしろ「成功」である）。PADIによる講習の「故意的失敗」によって、未受講者よりははるかにましだが、自信をもってみずからの安全管理ができるとは評価しがたいダイバー（Cカード取得者）が、大量に生産される。いわば「未完成品」であるそれらのダイバーが潜りに行く際には、リスク管理者としてのガイドをつけないという選択は、事実上存在しない。かつて植えつけられた、ダイビングはさまざまな危険を伴うという了解が、脳裏に残っているからだ。リスク管理の必要性を十分に承知していながら自力でリスク管理ができないダイバーは、相応に謝礼を支払って、プロダイバーに代行を要請する。それはとりもなおさず、ダイビング産業にとっての売り上げ機会である。PADIによるダイバー育成は、インストラクターの助力があれば無事に潜って帰ってこられる程度にスキルを身につけさせるという意味で、多大な成果を上げていると言えるかもしれない。

　ジェットコースターにおける転落死などの危険は、客に意識させないよう秘匿されている（安全確保のプロセスに客を関与させないのは、そのためもあろう）。対してダイビングの場合は、危険についての教育が体系的におこなわれ、参加者はみずからが直面するリスクの存在を強烈に意識する。だからこそ、自身に代わるリスク管理者（によるサービス）に、相応の代金を支払う。

　こうした構造は、ダイビング産業による、冒頭で言及した意味でのリス

---

*18　営業的な観点からすると、たとえばプーケットにおいて、観光客を相手に3日を超える長期間の講習を設定することは、現実的ではない。おそらく申し込み数が激減するだろう。

クの資源化であると理解できる。ダイバーにとってのリスクは、ダイビング産業にとっての利益創造機会である。ダイバーにリスクを深刻なものとして意識させればさせるほど、リスクに立ち向かう術を伝授する各種講習や、ダイバー自身に成り代わってリスク管理をすることの、商品価値が高まる。さらに、安全確保はダイバーの自己責任によるべきという建前が堅持されるかぎり、リスク管理の代行サービスへの課金は正当化しやすい。事故リスクの資源化によって、ダイビング事業者は、楽しみの提供にとどまらない付加価値を、消費者に訴求できることになる。先に述べたように、ダイビング産業にとって、ダイバーにリスクの存在を開示するのは、第一義的には、引率者における業務上の過失責任を軽減するための、戦略的な対応である。加えて一歩進んで、リスク教育を商機に直結させているところに、PADIによるビジネスモデルの巧妙さがある。

5 「安心」の販売

5.1 リスク・ビジネスとしての観光ダイビング

　リスクを資源化するビジネスは通常、人びとにとって望むと望まざるとにかかわらず降りかかってくる危険に着目する。交通事故や癌や地震は、避けようと努めれば確実に避けられるわけではない。そうした危険への不安を解消するべく、金銭での補償を提供するのが保険である。対してダイビング産業は、問題となる出来事（≒事故）の発生確率を下げる方策を提供する。同様のリスク・ビジネスは無数にあるが、ダイビングの場合、いささか特殊な条件を抱えていることに、注意したい。

　消費者にとって、ダイビング事故のリスクを回避するのは、きわめて容易である。つまり、ダイビングをしなければよい。タバコをやめれば肺癌にならずにすむとは限らないが、ダイビングをすることとダイビング事故との因果関係は、あまりに明白だ。またたんなる（タバコと違って依存性もない）娯楽にすぎないダイビングは、消費者にとっては、他の選択によっ

て容易に代替してしまえる対象である。転落死のリスクをとらなければならないジェットコースターには誰も乗ろうとしないのと同様に、ダイビングも、その危険性が周知されてしまえば、参加者がいなくなるのではないか[*19]。それではとうてい、大衆的な娯楽としては成立し得ないし、老若男女を問わず幅広い層にダイビングを普及したい PADI の戦略は、立ち行かなくなる。

　このジレンマを打開するために、PADI およびダイビング産業（さらに広くツーリズム産業）は、二段構えの戦略をとる。まず、ダイビング未経験者を対象とした広告宣伝においては、危険についての具体的な注意喚起は避けて、ダイビングの楽しさを徹底的に訴求する。しかし、娯楽としてのダイビングに興味を持った（潜在的）消費者に対しては、ダイビングがはらむリスクについて、隠し通すわけにはいかない。そこで、リスクについての情報開示の仕方に、工夫を凝らすのである。

　簡単明瞭な楽しさを誘引にして取り込んだ消費者に対して、致死的なリスクについての情報を十分に開示しつつ、そのリスクを恐れさせない——この一見して困難な課題を取りさばくのが、娯楽産業の一員である教育機関として PADI が背負った、使命だと言えよう。ダイバーを教育してリスク・コンシャスにする。結果として、リスク管理の代行という、ダイビング産業にとってのビジネス・チャンスが生じる。ここまではよい。しかし、リスク・コンシャスなダイバーが、ダイビングそのものを敬遠してしまう事態を、いかに回避するのか。

5.2　「安全」と「安心」

　PADI によるダイバー養成の過程は、リスク教育であると同時に、教授者たるインストラクターへ受講生が寄せる信頼を醸成する、手立てともな

[*19] リスクをとることそのものに喜びや楽しみを見いだす人びとの存在に、近年着目が集まっている（cf. Lyng 2005）。ただし、完全に大衆化したダイビング人口におけるそうした人びとの割合は、ごく一部にとどまるだろう。

っている。通常、初めてスクーバ器材をつけて水中に入った初心者ダイバーは、バランスをとり静止することさえ、ろくにできない。陸上に比べて、動きも視界も大幅に制限され、圧倒的な無力感を味わうことになる。また少なからぬ受講生が、水中で恐怖感や違和感に苦しむ。安全のために必須と説明されたスキルがうまく習得できずに、焦ることもある。講習を修了する前段階、講習中のダイバーは、PADI の公式的な見解からしても、自身の安全を自身で確保することができない存在である——ゆえにインストラクターがリスク管理をする。受講生たちは、インストラクターに文字通り「命を預ける」ことになるのだ。

　実技講習の開始にあたって、インストラクターは、自分が皆の安全を確保するので何が起こっても心配はいらない、と受講生たちに宣言する。初めて水中に入る受講生たちは、緊張や恐怖のあまり、さまざまなトラブルを発生させるのが常であるが、インストラクターはそのすべてに鮮やかに対応する。誰かが浮力を調整できずに急浮上してしまう、ちょっとしたパニックに陥る、といった事態は、インストラクターにとっては想定内であり、問題は容易に解決される。講習前にインストラクターが発した宣言は、水中における実践を通して証明されるのだ。その際、受講生たちは、インストラクターがトラブルに対応していることこそ感知するが、どのように対処しているのかの細部を、具体的に理解することはできない。音が聞こえず、視界が制限される水中における認知が未発達な上、トラブル解決の一般的な手順も知らないため、インストラクターの意図や動きを推測することも能わないからだ。安全確保に関するインストラクターの専門能力は、完全にブラックボックスの中に隠されたままなのである。かくして、受講生たちにとって、インストラクターは、どうやっているのかよくわからないが、とにかく安全を確保してくれる存在として、盲目的に信頼できる対象となる[20]。

---

[20]　必ずしも常に成功するわけではないが、インストラクターは、受講生からの全幅の信頼を得ようと努力する。そうすることで、講習を進めることが容易となるからだ。

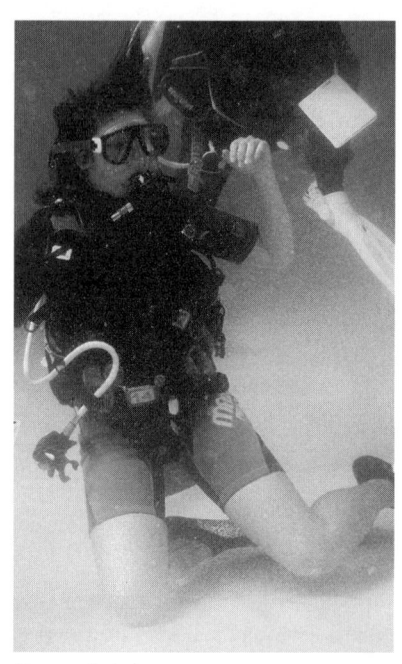

慣れない海中では
認知も行動も不自由

このようにして、Cカード講習は、ダイバーをリスク・コンシャスにするとともに、そのリスク管理を（代行して）受け持つ専門家への信頼を、専門性の内容をブラックボックスに保ったまま、醸成する。A. ギデンズ（1993）によれば、近代を通して発達してきた、抽象的な専門家システム、すなわち医療や科学や法律などの分野別に細分化された、高度な専門的知識とテクノロジーによって構築されたシステムへの信頼が、近年になって揺らいできているという。しかしながら、本章で描いてきた、初心者ダイバーの理解力を超えた「専門家」としてのインストラクターの姿は、ギデンズの言う「抽象的な専門家システム」とは異なる。水中における安全確保の専門家としてのインストラクターへの信頼は、講習生とインストラクターとが時間と空間を共有しての相互作用を通じて、醸成されていく。インストラクターが信頼に足ることの証左となる専門的な技能は、受講生にとってはブラックボックスであるが、それはその技能が（たとえば生物医学や原子力発電所のように）巨大で複雑すぎるからではなく、受講生の水中認知力が貧弱だからである。水中でインストラクターが何をしているか、受講生は見て把握することができないが、自分のすぐ近くで「何かをしている」（そして問題を確実に解決している）という事実は、直感できる。その直感は、言語化につながる具体性こそ欠くかもしれないが、抽象的でも匿名的でもない、生の経験だ。

　リスクは（言語的な）知識として教え、安全は経験の積み重ねによって実感させる——この対比こそが、PADIにおけるリスク教育を特徴づけ

ている。Cカード講習では、教科書による詳細な記述説明に基づき、リスク理解を知識として伝授する一方で、専門家としてのインストラクターへの信頼を、実技講習を通じた経験として醸成する。経験に立脚して醸成された信頼は、事故の発生確率や防止可能性への客観的理解とは異なる次元において、成立する。受講者がそこから得るのは、事実認識（または状況判断）としての「安全」というよりむしろ、心理状態としての「安心」である[21]。ダイバーが水中で感じた恐怖や不安がインストラクターの関与によって軽減された経験は、安全を高める知識の習得にはつながらないが、インストラクターへの信頼を通じた安心の形成に大きく寄与する。一方で、ダイビングのリスクに関する知識を積み上げることは、インストラクターへの信頼を損ねるよりもむしろ、多くのリスクに対処できる万能さへの評価を導くだろう。リスク・コンシャスであることと、安心している状態とは、インストラクターの介在によって両立し得るのである。

　ダイバーへの入門レベルのリスク教育においては、どのようなリスクがあるかの質的な説明は入念になされるが、事故の発生頻度についての数量的な情報は、提供されない。過去に重大事故が何回生じたのかについて、（具体的に問われないかぎり）インストラクターやショップ経営者は語ろうとしないし、指導団体による統計資料の公開もなされていない[22]（プーケットにおいても、日本人観光客がダイビング中に死亡した事故が過去に発生しているが、情報は半ば隠蔽されている）。したがって、インストラクターやダイブショップが「ダイビングは安全だ」と語るとき、そこには数量的な証左は見いだせない[23]。彼らが安全だという根拠は、事故の発生確率の低さでは

---

[21] リスク・コミュニケーションにおける安全と安心の対比については、中谷内一也（2006, 2008）などが平易に説明している。

[22] ただし、各団体へ直接問いあわせれば、情報を入手できる可能性はある。また、日本では海上保安庁などが独自にダイビング事故の情報を収集・公開している。

[23] 現実に、彼らの経験の範囲内において、死亡に至るような重大事故はきわめて稀であるはずだから、そのことをもって不誠実だと決めつけるべきではない。

なく、リスク管理者としてのインストラクターの専門性であり、能力の高さである。したがって、ダイバーたちがインストラクターを信頼するかぎりにおいて、客観的な「安全」の程度を問わず、「安心」は維持されつづけることになる。ダイビング産業は、「安全」と「安心」を切り分けて、「安全」については詳細を棚上げしつつ「安心」を売る[*24]というかたちで、リスクを資源化しているのである。

　ダイビング産業が、一方でリスクを強調しつつ、他方で安心を供給できるという事実は、リスク認知論的な観点からも、補足的に理解できる。P.スロヴィックによれば、一般人がリスクを問題視する認知過程には、「未知性」と「恐ろしさ」の2つの因子が大きく作用しているという（Slovic 1987)。「未知性」因子は、被害の発生過程の可視性、被害を生むメカニズムの既知性、観察者にとって事態になじみがあるか、といった要素によって構成される。また「恐ろしさ」因子は、自発的にとるリスクであるか、被害が重大か、制御が困難か、といった要素を含む。前述したとおり、ダイビング産業は、被害の発生条件やメカニズムを詳しく説明することで、「未知性」を薄める。ダイビングに伴うリスクは、3日という短期の講習で網羅されるのであり（少なくとも講習ではそのように暗示される）、ダイバーの理解の範囲を超えるような複雑な事態は、想定されない。また、実習においてリスク回避に有用とされるスキルを繰り返すことは、間接的に、リスクへの「慣れ」の感覚につながるだろう。ダイバーにとって、みずからの死亡を含む人身事故はきわめて重大な帰結であるが、事故被害の制御可能性については、仮に自身によっては難しくとも、インストラクターが代替して管理できることを、講習中に実感する。ダイビングに参加するのはみずからの意思による（しかも楽しみを目的としている）という意味でも、「恐ろしさ」は縮減されるだろう。

---

*24　こうした実情は、消費者保護という観点において問題をはらむが、その点についての考察は稿を改めたい。

6　リスクの資源化と「リスク社会」

　本章では、ダイビング産業においてリスクがいかに資源化されているのかを、概観してきた。リスクの所在を知らしめ、リスク・コンシャスにさせた（潜在的）消費者に対して、当該リスクの軽減手段を販売するというのが、その基本的な図式[*25]であった。一方でリスクの存在を強調して脅しつつ、他方でリスク回避策を提示し、その販売を利益につなげる——こうしたマーケティング的な文脈におけるリスクの資源化は、事故や病気を補償する保険を筆頭に、現代世界のいたるところで見いだすことができる（ガードナー 2009）。ダイビング産業によるリスクの資源化においては、事故リスクの徹底的な細分化と可視化がなされていた。ダイビングを楽しむための準備が、いつのまにか、深刻なリスクを目の前に突きつけられる過程にすり替わる。リスクの〈装置〉はこのように、必ずしも当初はリスクが問題とされない文脈においても、巧妙に人びとの生活世界に侵入してくる。社会保障や、医療や、防災といった、リスク回避を看板に掲げたビジネスのみが、リスクの〈装置〉の担い手とは限らないことに、我々は意識を向ける必要がある。一見リスクとは縁遠いような雑多な事象が、迂遠な回路をたどってリスクの〈装置〉に組み込まれていく運動が、世界の「リスク社会」化を加速させている。

　哲学者の大森荘蔵は、近代以前の世界観から近代的世界観への転換を、世界像の描画精度の向上として説明する。大森（1994: 17）は、「世界を時間空間的におおよそに描写して細部に留意しない（また、細部観察のための顕微鏡のような道具を欠いている）世界像」を略画と呼び、「それが漸次細密化していくことを、密画化と呼」ぶ。本章が着目したリスクの資源化は、リスクをたんに可視化するのみならず、密画化することによって、いっそうの進展を見る。本章では紙幅の都合で詳述できなかったが、たとえばス

[*25]　リスクの資源化には、その他の形式もあり得る。紙幅の都合から、本章では、射程を限って考察した。

クーバ器材にかかわるリスクの描出は、より工夫された新たな器材の販売機会につながる。また、ダイビング事故によって生じる身体症状を詳細描写することで、それぞれの症状に特化した医療機会への需要が生じるだろう（事実、プーケットでは、減圧症のための特別な治療を安価に受けられる保険が販売されていた）。リスクが細分化されれば、各部分をそれぞれ異なるかたちで、資源化していける。世にあるさまざまなリスクが密画化される過程が、リスクの資源化の機会を生み出し、またリスクの資源化への意欲が、略画的リスクを密画化していく。そうした相互強化的な歴史の潮流のなかに、我々は投げ込まれている。

　一種の経験則のようなかたちで漠然と存在した略画的なリスク像は、分析と描出の技術の進歩によって密画化されていくが（cf. 大森 1994: 71）、リスク対応の実際においては、密画的なリスク像が略画へと向かうという、逆の可能性も存在する。本章で描き出したダイバーたちは、講習によってリスクの密画を与えられたのにもかかわらず、その描写の細部から目を背けて、リスク管理をインストラクター（ガイド）という第三者に丸投げする。たまに取れた休暇でダイビングを楽しもうという一般のダイバーにとって、自身のダイビング技術に加えて、器材、海況、水圧、水中環境、危険な生物、人体の生理など、教科書に列挙されていたリスク要因は、考慮するのに多すぎるのかもしれない。あまりに細密なリスク描写は、意思決定主体におけるリスク認識に過重な負担を与えて、リスク対応への意欲を阻害することがあるのだ。ここにもまた、営利目的によるリスクの資源化に、人びとが絡め取られる契機が顔を覗かせることになる。

　SF 作家の A. C. クラークは、観察者にとってあまりにも高度に発達した科学技術は魔法と見分けがつかない、と指摘した（Clarke 1973）。同様に、一般の人びとにとっては、あまりにも細密に描写されたリスクへの対応手段は、魔法のように見えるかもしれない。1990 年代、最先端の金融工学に基づく運用を謳ったアメリカのヘッジファンド LTCM（Long-Term Capital Management）は、投資家たちにとって、複雑怪奇なデリバティブ取引のリスクを粉砕する魔法使いのように映った。数多くの投資家が、LTCM がいかにしてリスクをヘッジするのか、その技術の詳細を理解し

ないままに厚く信頼して、多額の投資をおこなった。しかしLTCMは、1997年から1998年にかけての国際金融市場の混乱を乗り切れず、あえなく破綻に追い込まれた（ダンバー 2001; ローウェンスタイン 2001）。LTCMが駆使した金融工学は、魔法ではなく、市場の現実を単純化した数理モデルにすぎなかったのだ。この事例が本章で描いたダイバーたちと似ているのは、投資家たちが、具体的なリスク回避策の積み重ねによる安全への理解よりも、「魔法使い」への信頼に基づく安心に誘われて、多額の投資をおこなったという点である（投資家たちがLTCMを信頼したのは、ノーベル賞級の経済学者が設立と運営に関与していたからだともいう）。金融市場にしろ、ダイビングにしろ、専門家によって高度に密画化されたリスクの提示は、非専門家における「魔法」への渇望を生むのだ。

　「売り物」としてのリスクの資源化は、理性と感情、合理性と非合理性が絡みあうなかで無上の成功を収めるが、その成功は、別の巨大なリスクの源泉でもある。ダイビング産業による信頼の演出に便乗するダイバーたちが、リスク管理をインストラクターに託して安心する足下にも、もしかすると大きな落とし穴が潜んでいるのかもしれない。

参照文献
大森荘蔵　1994『知の構築とその呪縛』ちくま学芸文庫。
ガードナー，D.　2009『リスクにあなたは騙される——「恐怖」を操る論理』（田淵健太訳）早川書房。
ギデンズ，A.　1993『近代とはいかなる時代か？——モダニティの帰結』（松尾精文・小幡正敏訳）而立書房。
ダンバー，N.　2001『LTCM伝説——怪物ヘッジファンドの栄光と挫折』（グローバル・サイバー・インベストメント訳）東洋経済新報社。
中田誠　2001『ダイビングの事故・法的責任と問題』杏林書院。
─── 　2002『ダイビング事故とリスクマネジメント』大修館書店。
中谷内一也　2006『リスクのモノサシ——安全・安心生活はありうるか』日本放送出版協会。
─── 　2008『安全。でも，安心できない……——信頼をめぐる心理学』ちく

ま新書。

森山工　2007「文化資源 使用法——植民地マダガスカルにおける「文化」の「資源化」」山下晋司責任編集『資源化する文化（資源人類学 02）』弘文堂，pp. 61-91。

ローウェンスタイン，R.　2001『天才たちの誤算——ドキュメント LTCM 破綻』（東江一紀・瑞穂のりこ訳）日本経済新聞社。

Clarke, A. C. 1973 *Profiles of the Future: An Inquiry into the Limits of the Possible*, (2nd ed.), Macmillan.

Lyng, S. (ed.) 2005 *Edgework: The Sociology of Risk-Taking*, Routledge.

Slovic, P. 1987 "Perception of Risk," *Science* 236 (4799): 280-285.

第5章
航空事故をめぐるリスクの増殖
―― コミュニケーションというリスクに関する理論的寓話

渡邊日日
Watanabe Hibi

1 コミュニケーションとリスクの問題系

　他者とともに何か共通の目的を達成しようと行動したが、失敗した場合、コミュニケーションを十分にその人ととっていなかったからだ、と振りかえる機会は多い。行為の目的を明確に設定して目的達成に至るさまざまな工程の理解を共有し、他者との協調行動を円滑に進めることの重要性は、なすべき課題が専門性を有し、高度に複雑なものになっているとき、生死にかかわることもある。このことを理解するには、医者が看護師に投薬の指示を正確に伝えなかった場合の結果を想像しさえすればよい。

　誤解はさまざまな状況において生じるが、誤解のなかには今挙げた医者の例のように、放置しておくことが許されない状況がある。目的を達成するにはエラーはできるかぎり防がなくてはならない。そこで、過去に生じたエラーを分析し、その結果をデータとして蓄積し、未来に起こりうるエラーを予測することでエラーを防止しようとする一連の動きが出てくる。そうして、十全たるコミュニケーション、つまりメッセージが誤解の余地なく受けとられ、正しい行為がそれに続くようなコミュニケーションが要請される[*1]。

　「こうすれば自分の主張が相手に、完全に通じる」という言語工学的と言ってもよい発想は、それ自体、決して誤った理想ではない。だが、コミ

ュニケーションとはそう容易いものではない。「コミュニケーション」という術語自体、その意味するところは曖昧である。本章は、意図的に、コミュニケーション概念を多義的に用い、リスク管理 (risk management) におけるコミュニケーションの諸問題を議論する。考察の対象は、とある知識が循環する言説空間をも含む。つまり、具体的な会話のやりとりというコミュニケーションのみではなく、そうしたコミュニケーションの上に成りたち、それを支えるような、メタ・コミュニケーションをも含めて、コミュニケーションの複雑性について考えてみたい。取りあげる事例は、誤解の発生やリスクの見過ごしがきわめて深刻な結果をもたらす飛行機事故である。本章は、具体的事例の微細な記述に基づく民族誌的考察というよりは、いくつかの重層したエピソード群が暗示する方向性を考えるという、理論的寓話とでも言うべき性格を持っている。

2 コミュニケーションの失敗とそれへの対策

2.1 テネリフェの悲劇

1977年3月27日午後5時6分、モロッコの西に位置するテネリフェ島(スペイン領カナリア諸島) のロス・ロデオス空港で、パンアメリカン航空 (PA) とオランダ航空 (KLM) の2機のボーイング747が滑走路で衝突、乗員乗客計583名が死亡した。この事故は今に至るまで民間航空史上、最悪の事故であり、後に多くの研究の対象となった[*2]。

テネリフェの悲劇の原因は、複合的であった。視界がほとんど利かない濃い霧、そのため予定されていた迂回路に機体を入れられなかったPA機、

[*1] 本章では紙幅の都合上、人間主体間の言語コミュニケーションに話を限定し、人間―機器の認知的関係や、パブリック・コメントや住民説明会といった「リスク・コミュニケーション」の領域については議論しない。なお前者については、さしあたり、F. H. ホーキンズ (1992) の随所を見よ。

労組問題を回避すべく、中継地での補給時間を短くしようと燃料を詰め込みすぎ、それゆえ視界にPA機を捉えても浮上に時間がかかったKLM機、複数の機体が同時に無線を使うと生じるノイズのため（いわゆる「ヘテロダイン現象」）管制塔の声などが聞きとれなかったという当時の技術的限界、などが指摘されたが、これらの要因に劣らず重視されたのは、PA機、KLM機のクルーおよび管制官らのヒューマン・エラー、とくにミス・コミュニケーションであった。

　事故調査で大きな関心が向けられたのは、KLM機が5時5分44秒に管制塔に向けてATCクリアランス（管制許可）を待つことを伝え、管制塔が同53秒にある無線標識への飛行を許可した後に発せられた、KLM機の管制塔への次のメッセージである。

　　　あー、了解です。こちら、パパ・ビーコンへの飛行、許可されました。高度90〔00フィート〕で右旋回し、針路040度に向かいます〔中略〕。本機、ただいま**離陸**します。

訳文で離陸しますを強調したのは、音声がやや不明瞭であったことを示すからだけではない。at take-off という表現が具体的に何を意味するのかが後に問題になったからである。管制官は、まだ滑走路にPA機がいるのを知っているゆえ、離陸の許可をKLM機に出すべきではなかった。しかし管制官はKLM機に「OK」と述べ、さらに「離陸を待て。後で連絡する」と言いたすまでに1.89秒も時間をかけてしまった。他方、KLM機の機長は、管制官の「OK」の前に「行くぞ」と述べ、機体を走らせはじめてしまったのである。

　「離陸します（We're now at take-off）」という文は、たしかに、曖昧である。

---

*2　G. M. Bruggink（2000）、S. Cushing（1994）、K. E. Weick（2001: ch. 5）など。本章での記述は、他に、事故報告書やコックピットボイスレコーダー（CVR）の転写などを含むサイト「テネリフェ・プロジェクト」（www.project-tenerife.com/　2013年12月27日閲覧）や岡野正治（1990）、杉江弘（2006）を参照した。

離陸にあたって準備が整っていてこれから離陸のプロセスに入る段階にある、という意味にもとれるし、すでに離陸のプロセスに入っていて、これから出力を上げて滑走路から浮上しようとしている、という意味にもとれる。

　いま見た事例からは、論点は言語、とくに英語の問題かと思われてしまうかもしれない。たしかに単純に英語力に起因した事故もある[*3]。だが、英語を解したとしても、意思疎通の失敗は生じうる。1972年12月29日午後11時42分、イースタン航空401便（ニューヨークJFK国際空港発マイアミ国際空港行き）が、マイアミ空港付近のエバーグレーズ国立公園に墜落、103名が死亡するという事故が起こった。機長らによる飛行高度の誤認識が主な原因であったのだが、その誤認識を正す機会があった。次は墜落直前のやりとりの様子である[*4]。

　　23: 41: 40【管制塔】イースタン機、あー、401便、そちらの調子はどうでしょうか。(Eastern, ah 401 how are things comin' along out there?)
　　23: 41: 44【事故機無線通信】大丈夫です。本機は旋回して、進入ルートに戻ります。

高度が異常に落ちていることに気づいた管制官は、機長らに問いかけたのだが、その質問文は適切には伝わらなかった。「最後の防波堤であったはずの管制官の問いかけが、もっと正確な用語で行われたならばどうだったろうか。「401便、そちらの高度は900フィートを示していますがどうなっているんでしょうか？」と」（村上・斎藤 1997: 68）。つまり、how are things comin' along out there? という文は、英語話者にも曖昧になりうるの

[*3] たとえば、1993年11月、中国北方航空機が霧のため墜落したのがそうである。自動音声で「Pull up, pull up（上昇せよ、上昇せよ）」と警告が出たが、機長は「プルアップってどういう意味だ？」と副操縦士に訊ねていたという（マクファーソン　2002: 15）。
[*4] 航空安全基金（Aviation Safety Network）のCVR転写より（aviation-safety.net/investigation/cvr/transcripts/cvr_ea401.php　2014年1月24日閲覧）。

である。

　以上のような事故の経験から、ヒューマン・エラーをいかに回避すべきか、という問題のうち、言語コミュニケーションについては、英語力を高め、できるだけ正確な意思疎通をはかる、という方向性が打ちだされた[*5]。事故原因は機長の個人的過失にではなく、協調行動の失敗に求められ、その結果、機長をはじめとするコックピット・クルー、および管制官間のできるだけ的確なコミュニケーションが要求された。意識していない領域の事柄を意識するようにする、言い換えれば、何気なくおこなっているコミュニケーションの実践過程に誤解の危険があることを前提とし、それをリスクとして防止するため、発話行為の自己モニタリングが要請されていくのである。

2.2　コミュニケーションの意識化

　コミュニケーションの最中に、己の発話をモニタリングするという営みは、易しいことでは決してない。そこで、過去の事例（事故や、事故に至らなくてもヒヤリ・ハットのレベルのものも含め）の徹底的な分析がおこなわれ、モニタリングにあたって要となるべきところが示されることになる。たとえば、NASA（アメリカ航空宇宙局）が関与して誕生した航空安全報告制度（Aviation Safety Reporting System）は、毎月、航空事故を防ぐべく、さまざまな要因の解析と提案を、*Callback* というオンラインの誌上でおこなっているが、表1はその一例である。

　この表では、コミュニケーションで生じうるエラーが3つ、予期要因、言語要因、呼出符号上の要因に分けられ、コックピット・クルーや管制官に注意を促している。予期要因とは、聴音の際、聞き手が自分の聞きたいように相手の発話を聞きとってしまうことを指す。テネリフェの悲劇を例

　[*5]　事故の教訓として、take-off は、離陸許可を要求するときとリードバック（復唱）するときのみに用い、離陸発進のとき以外は departure を用いることなどが提案された。

表1　航空運営におけるコミュニケーション要因

予期要因	言語要因	呼出符号上の要因
聴音において、聞き手が聞きたいように聞いてしまう。	言語（英語）の運用能力に発する要因。	主に4文字からなる、呼出符号は、間違いやすい（発音・聴音それぞれで）。

出典：ASRS（2009）

にとれば、予定されていた第3迂回路の「3」の数字を、PA機は走行上ありえないものとし、別の数字で解釈して、予定されていない迂回路に進入しようとした。言語要因とは、主に英語能力に関するもので、同誌では、南米のある空港の管制官が英語を得意とせず、航空機が最終着陸態勢の最中にありながら、スペイン語話者のキャビン・アテンダントをコックピットに呼び寄せて対処した、という例が報告されている。呼出符号上の要因とは、主に4文字からなる呼出符号は、発音・聴音それぞれにおいて誤りやすい、ということを指している。たとえば、急いでAC1234と発音したとき、聞き手がAC2314と解釈してしまうことはありえない話ではない。こうして*Callback*誌は、クルーどうしないしはコックピット・クルーと管制官などでの会話の以上のようなエラー誘発要因を指摘し、この3つの側面において話し手・聞き手双方の注意を向けるべく啓発活動をおこなっていくのである。

　急いで発話され、聞き取られるという現場での言語実践を、実践の過程の最中にモニタリングするといっても、現場での実践はルーティン化されたり、あるいは逆に、緊急に処理しなければならないなんらかの案件を抱えていたりしており、当事者（クルー、管制官、さらには整備士など）にとって、モニタリング自体の意味や意義が理解しがたいということもあろう。そこでたとえば全日空（ANA）は、より詳細なトレーニングを志向している。表2は、ヒューマン・エラー、とりわけ複数の当事者の協調行動で生じうるエラーを防ぐにあたって、ANAグループ総合安全推進室が出している実践的手引きの一節である。

　この表でめざされているのは、コミュニケーションを、操作不可能な自然で偶発的な出来事という暗黙の状況認識にとどまらせるのではなく、分

表2　表面的とらえ方と「学」としてのとらえ方

	ヒューマンファクター学の場合	数学の場合
課題例	コックピットでコミュニケーションがうまくいかないことがある。	サイコロを振ったらいろいろな目が出る。
表面的とらえ方	それはヒューマンファクターの問題である（から難しい）。	それは数（数学）の問題である（とは言わない）。
「学」としてのとらえ方	コミュニケーション論としてとらえれば、より良いコミュニケーション方法の訓練も可能となる。	出る目の数を確率変数としてとらえれば、現象が理解でき予測も可能。
「学」としてとらえた場合の手法の深化	用語論 コミュニケーション法（説得術、アクティブリスニング、etc.） CRM訓練	確率分布関数 コンピュータシミュレーション、統計検定、etc.

出典：ANAグループ総合安全推進室（2005：4）

析の対象、意識可能で操作可能なものへと変容させることである。コックピットで意思疎通がうまくいかない場合、多くの場合、ないしはふつうの場合（表2では「表面的とらえ方」と形容されている）、それはヒューマン・ファクターの問題で、「だから難しいね」（ANAグループ総合安全推進室 2005: 4-5）と捉え、どこかに、「だからどうしようもない」「しようがない」という雰囲気を醸しがちである。それは、サイコロを振ったら何が出るかわからない、という常識と似たものである。だが、サイコロの場合、1が出る確率は何％かと確率論的に認識すること、ひいては予測することが可能であろう。つまり「学」の対象として捉えうるわけだが、同じことを、コミュニケーションの実践においてもめざすのである。

　こうした何気なくおこなわれているコミュニケーションに、「学としての踏み込み」（ANAグループ総合安全推進室 2005: 5）をはかる方向は、コミュニケーションの意識化、操作対象化とも言えるだろう。コミュニケーションの実践でリスクの数値化は困難にしても、椅子の壊れやすさに関して「材料力学等を応用していすの脚の強度計算をおこない、適当な安全係数を想定」（ANAグループ総合安全推進室 2005: 6）するのと同様に、誤解が生じうる言語実践の可能性を洗いだし、誤解を未然に防ごうという営みが加速していくのである。

3 事故対策にみられるリスクと不確実性との関係

3.1 CRM の試み

　ふだん意識されていない事柄に関して意識するようになることは、財政学の分野で F. H. ナイトがおこなった古典的な区分——予測可能な「客観的蓋然性」としての「リスク」と、予測不可能な「主観的蓋然性」としての「不確実性」(Knight 1921: 232-233)——で言えば、コミュニケーションの不確実性をコミュニケーションのリスクへ転換し、それによってコミュニケーションを操作可能なものとするということである。相互理解の多様性を、多様になりうる可能性を想定し、その範囲を絞りこむことで減らし、そうすることで、単一のメッセージの発信・解釈を保証するコミュニケーションの形態を考えよう、ということである。不確実性のリスクへの転換は、言語コミュニケーションに限られたことではなく、より広い活動領域においてめざされている。CRM と呼ばれる、航空・消防・海洋・医療などの関係者のあいだで、職能訓練かつ実践的指針として施されている手法がそれである[*6]。

　CRM とは、Cockpit[*7] Resource Management の略で、全体的協調行動のための資源管理とも訳せる考え方である。1979 年、NASA のワークショップに起源を持つ CRM は、たとえば飛行機事故の場合、パイロットの個人的ミスに事故の主要因を帰す、「パイロット・エラー」という発想ではなく、「チーム、チームのコミュニケーションのエラー」という認識に基づいている。定義を見れば、「(コックピットにおいて) 利用可能なすべてのリソースを、最適な方法で最も有効に活用することにより、クルーのトータルパフォーマンスを高め、より安全で効率的な運航を実現することを目的とする考え方」(村上・斎藤 1997: 72-73)、「CRM に含まれるのは、

　[*6]　重松和典 (2009)、深見真希ほか (2005) などを参照。
　[*7]　近年、チームの範囲を広めて Crew という言い方が好まれている。

人間と機器のインターフェース、適時で適切な情報の入手のみならず、リーダーシップの発揮、効率的なチームの形成とその維持、問題解決、意思決定、状況への気づき（situation awareness）の維持といった、個人間の活動でもある」（Kanki et al. 2010: 5）といったぐあいである。

　先ほど紹介した ANA の実践的手引きは、CRM の精神と指針を7つの標語にまとめている（ANA グループ総合安全推進室 2005：第4章、強調は原文）。

(1)謙虚な気持ちで **セルフモニター**
(2)互いの気配り **チームモニター**
(3)いつもと違うとき、リスク大のとき、高めよ **アウェアネス**
(4)十分な情報で **グッドコミュニケーション**
(5)安全を先取り **危険予知**
(6)基本の理解で **ノーバイオレーション**〔違反しないようにする〕
(7)みんなのため、自分のために **改善提案**

　状況をモニタリングし、リスクに気づくという不確実性のリスク化が、ここではさらに、次のように説明されている。

> 過去の経験からリスクが高いことが分かっているとき（例えば離着陸時）に意識的に"アウェアネス"を高めるとか、起こる可能性の高いリスクを予知してのモニター〔中略〕を行うといったことが有効です。（ANA グループ総合安全推進室 2005: 51）

　すでにリスクがあるとわかっている場合は、意識を高度に状況に対して張りめぐらし、状況をモニタリングするという構えは、後述のように、リスクがあるかもしれないとアンテナを張っておけという構えも要請していくだろう。さらにこの手引きでは、具体策がわかりやすいかたちで提案されている。

コミュニケーションを効率的にかつ的確に行うためには、**用語や方式の標準化がきわめて重要**です。人は初心の時は教えられた方式でキチンとやるものですが、慣れてくると勝手に省略したり自己流になったりすることがよくあります。相手のパターンが自分とは違うことを常に忘れないでください。（ANA グループ総合安全推進室 2005: 52）

　不確実性という灰色の領域を可能なかぎりリスクという黒の点でマッピングし、さらにありうる黒の点をあぶり出し、塗りつぶし、そうした黒点を回避する、訓練上および現場での活動は、たしかにリスクの低減に資するように思われる。コミュニケーションで言えば、英語力をアップし、発話の仕方を「標準化」して誤解がないようにし、誤解を招く可能性に常に気を配っておくという活動の態度は、ガイドラインとしては了解できるだろう。だが、上記のような CRM の精神と指針は現場で運用可能なのだろうか。

3.2　CRM の限界

　CRM についてはすでに批判がある。元機長で心理学者の B. ベスコはこう語っている。

> 〔CRM に対して否定的評価の声が上がるのも〕学問としての心理学のせいなのです。CRM の研究は大学の学部生を対象にして、人工的につくった少人数グループで行なわれてきました。しかしわれわれが実際に扱うのは、立派なプロで現実世界に生きている人たちです。〔中略〕今では、CRM は数百万ドル産業になっていますよ。管理職サイドにもアピールできますからね。管理職サイドとしては問題が起こったときに、パイロット側に精神的な欠陥があったことにして、自分たちは責任逃れするのです。（フェイス 1998: 307）

　ベスコが指摘するのは、CRM の発想が子どもじみており、「現実世界に

生きている」「立派なプロ」が実践の現場でおこなっているさまざまな活動はさらに複雑である、ということである。さらに興味深いことに、事故防止の単位を個人にではなくチームに据えようとする CRM の実行が、CRM をアリバイ的に捉えることで逆に責任を個人に帰しやすくするという、「管理職サイド」の思惑についても示唆されている。

　実践の現場では、容易に想像がつくように、膨大な作業量が待ちかまえている。たとえば、元機長の杉江は、「今でも私はロサンゼルス空港へ飛んでいるが、日常会話のような管制官と航空機とのやりとりにはいつも疑問を感じていた。流暢とはいえない英語力の外国航空機にはそれほどでもないが、アメリカ人どうしとなると、正式の管制用語とは違う早口の会話調になってしまうのだ」（杉江 2006: 147）と述べており、また、シカゴの空港のある管制官は、「オヘア〔シカゴ・オヘア国際空港〕周辺の膨大な交通量を能率的にさばくには、標準用語からの逸脱もときには必要なのです。公式な規準を厳格に守っていたのでは、とても、このボリュームをこなすことはできません」（岡野 1990: 87）ともらしている。コミュニケーションの正確さをめざして作られたはずの「正式な管制用語」が、英語話者のそのネイティブさによって、また、作業量の多さゆえ、違反されているというこうした事態は、クルーの英語能力の向上という最近の目標設定も、さらに、忙しいさなか短時間に正確な意思伝達をおこなうためにこそ考案されたはずの用語法も、裏切ってしまうのである。これは、目標を設定し、その目標に至る術をつくりだしたとたんに、その目標が遠ざかる事態と評してもよい。

　となると、航空管制のコミュニケーションにおける不確実性をリスクに転換する営みは、現場の現実という論理の前で弱まってしまうことになるのだろうか。常に状況に気づいている状態に身を置くという構えは、どこか、絶えずスクランブル体制を強いられている戦闘機乗りに近い。こうした戦闘機乗りという行為者のイメージは現実的でない、とすぐさまみなされるだろう。たとえば、A. ギデンズのリスク論では、「再帰的モニタリング」を実行する行為者にしても、「保護の繭（protective cocoon）」、すなわち「環境世界を住みやすく維持してくれる信頼の覆い」が担保されている。

不断にモニタリングをし、気づきの構えに身を置きつづけることは、「存在論的安心」を持ちうる態度ではない。「保護の繭が心理的に持つ重要性は、リスク論的な考え方が前提とする危険含みの結果を、意識しなくてすむようにしてくれる点にある」(Giddens 1991: 129) からである。もちろん、コックピット・クルーが操縦中に「意識しなくてす」んでしまうのは、多くの人にとって困った事態であろうが、CRM 的発想からしても、常に気づきのスクランブルをかけていることは非現実的とみなされている。

> 人間にとって常に"アウェアネス"を高めておくことはなかなか困難なことです。従って現実的な対応としては、特に必要なときに意識的に"アウェアネス"を高める工夫が必要となるわけです。(ANA グループ総合安全推進室 2005: 51)

だが、すぐさま、「特に必要なとき」とはどういうときであり、それはどういうふうに認識されるのか、という問いが出てきてしまう。不確実性のリスク化という営みは、どこまで進めることができるのだろうか。

3.3 リスクの自己増殖的スパイラル

著名な組織事故研究のなかで J. リーズンは、「エラー」を、「望ましい結果を達成するために計画された行為の失敗。ただし、何らかの未知の事象による干渉がないこと」(リーズン 1999: 103-104) と定義している。この定義の特徴は、「未知の事象」をエラー概念の内容から除外している点にある。不確実性をリスクに転換し、想定の範囲を定め、その範囲内において生じうる事故が「エラー」とされている。

だが、「リスクとは、リスクをつくりだすことにほかならない」(Ianistkii 1996: 13)。不確実性の灰色の領域を、限りなく勃発可能性を想定しながらリスクの黒点で埋めていくという営みは、リスクの探究がさらなるリスクを生みだす（発見する）という自己増殖的スパイラルに陥らざるをえない。こうなると、不確実性とリスクを等価な概念として二分するナイトの発想

に基づくのではなく*8、不確実性の領域を可能なかぎりリスクの領域で埋めていく（予測可能な領域へ転換していく）、というように、不確実性とリスクとの論理的順序を捉えたほうが実態に合った認識と言えるだろう。飛行機事故という過酷事故の可能性が否定できない場合はなおさらである。実際、NTSB（アメリカ国家運輸安全委員会）元航空安全局長の C. ミラーは、次のように述べている。

> あの人たち〔FAA（連邦航空局）〕は何らかの分析技術を用いて、この床が破損する確率は 1000 万分の 1 だとか何だとか言って、たいへん確率が低いとするわけです。こうした手法で危険を査定するのに没頭していて、基本的な問いかけをしないのですね。つまり、その 1000 万分の 1 が起こったらどうするのか、ということです。（フェイス 1998: 75）

　事故を調査し、しかるべき提言をおこなわなければならない NTSB のスタンスからすれば、X が生じる確率はきわめて低いから、X のリスクは無視してよい（X はむしろ不確実性のほうだ）、という発想は採れない。X はまさにリスクであり、それを回避するべく有効な方策を模索し、提言し、その提言を実行するよう FAA に迫らなければならないのが NTSB である。「科学的予測やリスク判定は、方法論上の価値判断を背負い、大きな不確実性を抱えている」のであり、それゆえ「本当のリスクに関する評価はつねにきわめて**大雑把**で**不正確**」にならざるをえず、「リスクの判定は一般に、2 桁から 6 桁の幅で変動する」（シュレーダー=フレチェット 2007: 68, 101　強調は原文）以上、NTSB 的スタンスはさらに増幅し、灰色を黒点で塗りつぶしていく営みは、操縦という現場でのコミュニケーションにおいてだけでなく、こうしたメタ・コミュニケーション（現場のコミュニケーションの分析に基づく別の次元でのコミュニケーション）でも加速し、増殖するのである。

---

*8　なお、ナイトの二分法については、Holton（2004）がその批判の系譜を簡潔に追っている。

3.4 アニミズム的思考に至るリスク化の営み

　黒点の塗りつぶしは、数多くの事故報告書や *Callback* 誌のような気づきの指南書に基づいてなされ、曖昧な不確実性はありうるかもしれないリスクへと、絶えず転換の強度や速度が加えられるが、そこに逆の落とし穴が潜んでいることもある。過去の事故の経験から、それはリスクだ、と認識され、クルーらに注意が勧告され、リスク回避の方策が採られたとしても、逆にこうしたリスク把握自体が事故を引き起こす要因のひとつとなることだってありうる。リスク化によるリスク出現、あるいは「過学習（over-learning）」とでもいうべき事態である。

　1972年6月18日、トライデント旅客機がテムズ川沿いに墜落した。飛行機が標準的な速度を保っていないとき、失速回復システムが作動し、クルーに危険を警報で知らせたのだが、そのときパイロットらは、警報がシステムの誤作動で鳴った、と状況を把握した。これは一種、イソップ物語の狼少年の状況であり、「数年前の失速回復システムの開発段階で、幾度となく誤警報が発生していたし、さらに運航中にこのシステムが誤作動したという報告がたびたびなされていた」（リーズン 1999: 83-84）。パイロットらは、報告を読み、誤作動があるという情報を学習し、既知の事柄としたわけだが、かえってこの学習が──誤学習（mislearning）ではない──現実（失速回復システムが本当に作動していて、失速によって墜落の危険があること）を見えにくくさせたのだった。

　こうなると、クルー間のコミュニケーションという現場にしても、事故調査と改善提案という分析（メタ・コミュニケーション）にしても、いったいどうやってリスクに気づけばよいのか、と、半ば叫びたくなる気持ちで問いたくなってこよう。ふだんあまり意識していないことに意識を向けるための「学」的方策は、ここで驚くべきことに、アニミズム的思考を召還する。アニミズムと言っても非論理的ということではない。気づきや意識を最適化、最大化しながらも、それでは覆えない非知の領域に訴えかけるしかないのである。以下は、航空関係者に向けられた文章の一節であるが、本章のこれまでの考察からすれば、しごく当然とも言える話ではある。

ANA のアウェアネスを高めよという助言には、すでに記したように、「リスクがあるかもしれないからアンテナを張っておけ」という含意もあった。「あるかもしれないリスク」とは、考えてみれば、きわめて妙であり（リスクは予測可能なものだから）、その妙な感じを説明する言葉はアニミズム的なものにならざるをえないのである。

> 「何となくきになる」「胸さわぎがする」あるいは「虫が知らせる」といった表現をきく。……気になるときは、用心した方がいい。いわゆる"第六感"あるいは"勘ばたらき"に類するものがこれまでも事故防止には意外に役立っているかもしれないのだから。ただ、「非科学的といわれそうだ」という理由から、誰も、公には口にしたがらない。（岡野 1990: 125）

4 寓話としての航空事故対策

　コミュニケーションをめぐる航空事故対策を例に本章がこれまで示してきたのは、次のことである。リスクという考え方は、ひとたびスイッチが押されてしまうと解除できず、爆発時間も明示していない時限爆弾であって、人びとはそれを前にして、それ自体リスキーな行為にほかならない解体作業を、可能なかぎり試しつづけ、「試しつづけているから爆発しないのだ」と"錯覚"し、今度はその"錯覚"がさらなる解体への探究作業を繰り返させていく。

　同様のことを P. キルウォースは、英国軍の調査から論じている。北アイルランドの英国軍歩兵は、IRA 暫定派（PIRA）という「敵」に対峙し、パトロールしなければならない。彼ら彼女らにとって、リスクの源はPIRA であるが、じつは PIRA は組織的な軍隊ではない。しかし PIRA を組織的な敵と表象することで、英国軍歩兵は「自分たちがしっかり〔組織的に〕パトロールすれば、襲われない」という認識を持つようになり、リスクの発生源は英国軍の内部へと転移する。司令部が種々の数値を挙げて、リスクが低いと歩兵たちに言っても、パトロールの現場に赴く歩兵たちに

とっては、リスクが低いこと自体は何も具体的な実践の指針にはなりえない。結果、「リスクが事実上低くなるのは、リスクが存在するかのように兵士がふるまうかぎりにおいてである」（Killworth 2000: 151）ということになる。歩兵たちは、常に気づきのアンテナを張りめぐらせ、おそらく時には「胸騒ぎ」や「虫」にまで頼りながら、北アイルランドの街角を練り歩くのである。

　本章の議論は、パイロットとか管制官といった「特殊」な職業に就いている人びと、歩兵という極限状況にいる人びとについてだけの話なのだろうか。そうではない。本章は寓話に響くところがある。

　急速に中産階級が没落していくアメリカを舞台に経済学者 J. S. ハッカーは、『リスクの大転換』で、「リスク社会」を生きぬく処方箋を、「賢くなれ、そして怒りながら、やり返せ（get wise, get mad, and get even）」（Hacker 2008: 167）とまとめている。さらに「リスクを認識することは、リスクに対処する最初の一歩である。そして、リスクに対処するときは、今である」（Hacker 2008: 168）とも論じているが、この文言が英国軍歩兵のパトロールにあたっての処方箋と酷似していることは、あらためて確認するまでもないだろう。

　ハッカーが紹介している事例（Hacker 2008: 94-95）をもとに、話をもっとよくある話に書きかえてみよう。結婚して30年になるブラウン夫妻（夫のグレイはトラック運転手、妻のシルヴィアはレストラン・オーナー）には、3人の子どもがいて（うち2人はまだ大学生）、子どもの学資（1年あたり3万ドル以上）のため、家を抵当に第2のローンを組んだ。だが、グレイは怪我のため離職することになり、さらに運の悪いことに、妻の経営するレストランも廃業に至ったが、これは夫婦の想定することではなかった。月2300ドルの年金と社会保障費の収入はあるけれども、そのうち65％はローン返済に充てられ、2万5000ドルのクレジットカード・ローンもある。家の純資産はなく、健康保険の支払いも困難な状態が続いている。「これが、私たちの生活に襲いかかってきたことよ」とシルヴィアは冷静に言う。ブラウン一家がこういう事態に陥ったのは、サブプライム・ローン問題の推移を思い起こせば、容易にわかる経緯ではある。こうしてみると、「日

常」生活を営む我々も、飛行機の機長やイギリスの歩兵となんら変わらない存在であり、航空事故対策の話は我々に寓話のように聞こえてくる。

　そう、たしかにある程度までは寓話である。ローンを組んだり、クレジットカードを使ったりするとき、グレイもシルヴィアも、収入源を失うという可能性を微塵も考えなかったのだろうか。夫妻はリスク認識が甘かったのだろうか。「もしあれがこうなったら……」と、不確実性の領域をリスクの黒点で塗りつぶしていき、このリスクはこれこれこういう被害をもたらすことがありうると考えつづけ、時には「虫の知らせ」にも耳を傾けて将来の生活を見すえることは、たしかにリスク対処の処方箋ではある。

　だが、黒点塗りに終わりがない以上、こうした処方箋はどこか非現実的、こう言ってよければ病的ですらある。ハッカーの助言に従って、賢くあろうとし、リスクを知ってリスクに対処するにしても、我々は悲しいかな、どこまでも賢くなれるわけではない。そもそも、不確実性のキャンバスを見て、どこかに潜在的なリスクが潜んでいるはずだと、不確実性のリスク化を極限まで推しすすめようとすることは、いずれすべてを黒点で塗りつぶせるだろうという希望の表れというよりは――交通事故に遭う可能性があるといって、不確実性のキャンバスを最初から取っ払ってしまうこと、すなわち家に閉じこもることが、現実的な処方箋でないのと同じように――非現実的な限界状況に近いだろう（家に閉じこもっていたら、軍用ヘリが家に墜落してきたら気づきにくいし、逃げにくい、という別のリスクが発生することもある）。実際には我々は、ある地点でリスクの探究を諦念することで、日常的な生を送っているし、そうせざるをえない。言い方を変えれば、航空事故対策は、ここで、日常的生活にとっての寓話ではなくなる。

　他方、航空事故対策の場合、クルー間のコミュニケーションにおける誤解のリスク、およびその誤解の発生要因をプロファイルし、対策を考え、それを現場に還元するというメタ・コミュニケーションのリスク（過学習なども含めて）双方において、潜在的リスクの探究活動が終わることはない。終わることがないということは、リスクは（逆に、否、当然にも）どんどん自己増殖していく、ということであるし、またさらに、「リスク社会」論も膨張していくということでもある。リスク化の営みにブレーキはかけ

第5章　航空事故をめぐるリスクの増殖　173

られない。本章は、過酷事故の可能性を常に内包しているという高度近代社会の特徴の一端をあきらかにしてきた。と同時に、「リスク社会」論自体もまた自然に膨張していくありさまを、リスクの人類学の視座から少し落ち着いて観察しなおし、不確実性のリスク化の不断の営みに対し、しばしの思慮の時間を取りもどす試みであった。

参照文献

ANAグループ総合安全推進室　2005『ヒューマンファクターズへの実践的アプローチ　改訂版』全日空空輸株式会社グループ総合安全推進室。
岡野正治編　1990『事故のモンタージュ（Ⅰ）』全日本空輸総合安全推進委員会。
重松和典　2009「最新の航空安全技法に学ぶリスクマネジメント――ヒューマンエラーをどう克服するか」『TRC EYE』（東京海上日動リスクコンサルティング株式会社）234: 1-6。
シュレーダー=フレチェット，K. S.　2007『環境リスクと合理的意思決定――市民参加の哲学』（松田毅監訳）昭和堂。
杉江弘　2006『機長が語るヒューマン・エラーの真実』ソフトバンククリエイティブ。
フェイス，N.　1998『ブラック・ボックス――航空機事故はなぜ起きるのか』（小路浩史訳）原書房。
深見真希・久本憲夫・田尾雅夫　2005「ブリッジリソースマネジメント――国際条約遵守の人的資源管理」『京都大学大学院経済学研究科 Working Paper』J-47。
ホーキンズ，F. H.　1992『ヒューマン・ファクター――航空の分野を中心として』（黒田勲監修，石川好美監訳）成山堂書店。
マクファーソン，M.　2002『墜落！の瞬間――ボイスレコーダーが語る真実』（山本光伸訳）ヴィレッジブックス。
村上耕一・斎藤貞雄　1997『機長のマネジメント――コックピットの安全哲学［クルー・リソース・マネジメント］』産能大学出版部。
リーズン，J.　1999『組織事故――起こるべくして起こる事故からの脱出』（塩見弘監訳、高野研一・佐相邦英訳）日科技連出版社。
ASRS 2009 "Communication Factors in ASRS Reporting," *Callback* 354.
Bruggink, G. M. 2000 "Remembering Tenerife," *Air Line Pilot* 69(7): 18-23.

Cushing, S. 1994 *Fatal Words: Communication Clashes and Aircraft Crashes*, University of Chicago Press.

Giddens, A. 1991 *Modernity and Self-Identity: Self and Society in the Late Modern Age*, Stanford University Press.

Hacker, J. S. 2008 *The Great Risk Shift: The New Economic Insecurity and the Decline of the American Dream*, rev. and exp. ed., Oxford University Press.

Holton, G. A. 2004 "Defining Risk," *Financial Analysts Journal* 60(6): 19–25.

[Ianitskii, O. N.] Яницкий, О. Н. 1996 *Экологическое движение в России*, Москва.

Kanki, B. G., R. L. Helmreich, and J. Anca (eds.) 2010 *Crew Resource Management*, 2nd ed., Academic Press.

Killworth, P. 2000 "A Risky Cease-Fire: British Infantry Soldiers and Northern Ireland," in P. Caplan (ed.) *Risk Revisited*, Pluto Press, pp. 133–155.

Knight, F. H. 1921 *Risk, Uncertainty and Profit*, Houghton Mifflin.

Weick, K. E. 2001 *Making Sense of the Organization*, Blackwell.

第6章 リスクと向かいあうことから遠ざけられる人びと
―― 非リスク化の〈装置〉と「迷惑施設」の展開

吉井千周
Yoshii Senshu

1 「リスクを予測する」ことから遮断された人びと

　2012年1月、福島県在住の吉田麻里香さんが、インターネットのFacebookページ上で「私がふくしまに暮らすということ」という詩[*1]を公開した。この詩は、被災者のみならず、多くの人びとの共感を呼び、英語、フランス語、ドイツ語、エスペラント語など、多くの言葉に翻訳され、また歌曲として曲がつけられ、世界中に広がっている。

　　ふくしまで暮らす、ということ。
　　わたしが、ふくしまで暮らすということ。
　　わたしにとって、ふくしまで暮らすということ。

　　たとえば、朝起きて窓を開けて深呼吸する習慣がなくなったこと。

[*1] 吉田さんによる「私がふくしまに暮らすということ」のオリジナルは、2014年1月現在Facebookのページでしか読むことができないが、インターネット上で広く拡散している。本書への転載については、吉田さんから許可をいただいた。また、英語に翻訳された吉田さんの詩に曲をつけたものとして、木村まりさんの作曲による独唱（ソプラノ小川響子、ピアノ伴奏末廣由美）を、以下のURLで視聴することができる（www.youtube.com/watch?v=LHJQGGTahJI　2014年1月1日閲覧）。

たとえば、洗濯物を外に干せないということ。
たとえば、庭の畑で採れた野菜を捨てるということ。
たとえば、私が何も言わなくても線量計とマスクを身につけて外出する娘の姿に胸がチクっと痛むということ。
たとえば、この真っ白な雪に触れられないということ。
たとえば、「がんばろう福島」のスローガンに時々微かな苛立ちを感じるということ。
たとえば、いつのまにか呼吸が浅くなっているということ。
たとえば、福島に住んでることを誰かに話すとき、「でもうちはまだ線量が低いから…」ときかれてもいないのに説明してしまうこと。
たとえば、ふくしまには福島とFUKUSHIMAがある、と感じること。
たとえば、ふくしまに「とどまれ」と言われると「人の命をなんだと思ってるんだ！」と言いたくなり、「避難しろ」と言われると「そう簡単に言うな！　こっちにも事情があるんだ！」と言いたくなってしまうこと。
たとえば、6歳の娘が将来結婚できるかが今から心配になってしまうこと。
たとえば、ふくしまに住んでいるという選択の責任を放棄したくなること。
たとえば、わたしたちの日常が誰かの犠牲と努力によって保たれている薄氷のような「安全」の上に成り立っているという当たり前の現実を、毎朝腹の底から理解するということ。
たとえば、明日にはこの家を遠く離れるかもしれない、と毎晩考えること。
たとえば、それでも明日もこの家で暮らせますように、と毎晩祈ること。
とにかく、娘の健康と幸せを祈ること。
あの黒煙が脳裏から離れないこと。
それでも、毎日をそれなりに楽しく暮らしていることを、誰かにわかってほしいということ。
毎日、怒ること。
毎日、祈ること。

　2011年3月11日に発生した東日本大震災と、翌3月12日の福島第一原子力発電所事故（以下「福島原発事故」）発生後、この事故がどのように発生し、誰に帰責させるべきであり、またこうした事故の発生がなぜ予見

できなかったのかというリスク管理の問題が繰り返し報じられた。その一方で、人びとが意思決定に必要な情報から阻害されていることもまたあきらかになった。吉田さんを含む福島原発事故を経験した多くの人びとが、明確な言葉に置き換えられない不安と今も闘っている。それは、たんに情報リテラシーの有無といった個人的条件や、通信手段の不足といった物理的制限に関する理由だけではない。リスクを予測するためのさまざまな情報が、人びとから故意に遠ざけられていたことに起因する。

　たとえば福島原発事故発生時から、放射能がどのように流れていくか予測するために作られた緊急時迅速放射能影響予測ネットワークシステム「SPEEDI」は、事故発生直後から放射能の飛散に関するデータを集めていた。だが、その後の調査により事故発生2日後の3月14日には米軍にSPEEDIのデータが渡されていたにもかかわらず、福島県内の住民など一般に予測情報が公表されたのは9日後の3月23日であったことが判明した。この間、住民のなかには放射線量の高い地域に避難したため、かえって被曝線量が増えたというケースも報告された。住民にSPEEDIのデータが公表されなかった理由として、2011年12月26日に東京電力福島原子力発電所における事故調査・検証委員会から発表された中間報告では、「当該計算結果においては、東北地方に高い放射性雲が流れるという結果が出ているなど、公表すると無用の混乱を招くおそれがあるとの意見が出された」(東京電力福島原子力発電所における事故調査・検証委員会 2011: 261)と報告している。

　また、福島原発事故から2週間経った2011年3月25日、近藤駿介内閣府原子力委員会委員長（東京大学名誉教授）は、作業員全員が退避せざるえなくなった場合、放射性物質の断続的な大量放出が約1年続くとする「福島第一原子力発電所不測事態シナリオの素描」を菅直人首相（当時）に示した。同報告書は、最悪のケースで仙台市、宇都宮市を含む原発から半径170キロメートル圏内で強制移住、また東京都全域、横浜市の一部を含む同250キロメートル圏内で避難の必要があると指摘している。ところが、首相補佐官でもあった細野豪志原発事故担当相は、「(シナリオ通りになっても)十分に避難する時間があるということだったので、公表す

ることで必要のない心配を及ぼす可能性があり、公表を控えた」(『共同通信』2012 年 1 月 21 日配信)という理由で、この文書は 9 か月間封印された。また菅首相も、2011 年 9 月 11 日におこなわれた NHK のインタビューの中で、「過度の心配を及ぼす可能性がある」として、公表を見送ったことをあきらかにしている。

　今日の社会では、市民による不安が「混乱を招く」という理由によって、政府や電力会社から、つまり情報を握る側から市民への情報が遮断されてしまう。「混乱を招く」というその言外には、人びとが恐れるに足らない現象に過剰に反応するという含みが込められており、本来人によって異なるさまざまな不安が、カタログ化された上で一方的に理解されてしまうことになる[*2]。リスクに気づき、語ろうとする市民からその機会を奪い去ろうとする社会のあり方、言い換えるならば、リスクをめぐる言説を封じ込めようとする社会を是認し、強固な「リスク社会」を誕生させることになる。

　「リスク社会」では、人びとがリスク・コンシャスな主体として、不確実な未来の出来事に対する人間の思考・行動を予見するような立ち振る舞いが強制される。その一方で、リスクを認知し、適切に対応することの権利を、特定の集団や組織が独占し、ある人びとは奪われるという、リスクに関するポリティクスの問題が発生していることが、今回の福島原発事故ではあきらかになったのではないか。

---

*2　強者による他者の一方的な理解については、E. W. サイード (1993) が参考になる。サイードは、植民地主義的・帝国主義的な野望の正当化、すなわち、みずからの政治的優位性を基盤として東洋を「理解可能なもの」へとカタログ化することでみずからの立場を東洋や異文化に対して優位に置こうとする、「西洋」的な文化的搾取構造を「オリエンタリズム」と定式化する。こうしたサイードの視点は、西洋と東洋という国家間でのみ生じる現象ではない。リスクについて語られる空間において、市井の人びとによる不安が「混乱を招く」という理由によって、情報を握る側がリスクを予測しようという人びとへの情報を遮断してしまうという現象として表れている。「混乱を招く」という言説には、「人びとが恐れるに足らない現象に過剰に反応する」と人びとの不安をカタログ化するという、オリエンタリズム的構造が見え隠れする。

第 6 章　リスクと向かいあうことから遠ざけられる人びと

2　法制度から遠ざけられる市民

　複雑化した現代社会において、自然災害、薬害、企業の不祥事といった無尽蔵に存在するさまざまな危険性を各人が認識し、それらについて適切な方法によって主張できるという前提に立つことは難しい。本書第1章で松尾が、または第7章で新ヶ江が、そして第11章で碇が指摘するように、時として、きわめて個人的であった出産や性、そして肥満といった個々人の身体的領域についてさえも、かつて人びとが認知しなかった危険性が見いだされるようになっている。

　こうした複雑化した社会のなかでは、人びとの不安は誰かによって解釈され、事実上その不安を放棄したままで「問題を問題として把握しないまま、誰かの手に委ねる」という手段を選択するしかない。A. ギデンズ（1993）が述べたように、それぞれ細分化された専門家の知識に依拠して生活を送る現代では、ものごとの詳細について完全に理解することはできない。そのため、そのものごとの背後にある抽象的なシステムを理解することなく、システムを人びとに説明する専門家への信頼をシステムへの信頼として、置き換えて納得してしまう「システムのブラックボックス化」の現象が生じている。

　もちろんこうした専門家によるシステムのブラックボックス化は、たんに否定すべきものでもない。人びとにリスクをめぐる判断の労力を節約させる機能もあり、とくに国民の行動を制限することもある法制度は、人びとにリスクをめぐる判断の労力を軽減させ、「より良い」判断を人びとに提示するという側面がある。

　たとえば、2011年3月24日に東京都は、葛飾区金町浄水場から食品衛生法を含む関連法令に定めた基準値以上の放射性物質が検出されたことを公表した。加えて、水道水を乳幼児への飲用としないよう通達した。その結果、首都圏の商店の棚からは、ことごとく飲料水が消え、政府に社会的混乱の責任を追及するような批判的な報道も多くなされた。だが、こうした行政の通達によって、乳幼児の生命の危険性が回避された。人間の生命

維持にかかわる「水道水を利用する」という行動に法が規制をかけることで、飲料水の危険性を各個人がそれぞれ市民として1人ひとり判断するという、煩わしさから解放される。国が人びとの生活領域すべてを法令のコントロール下に置くことで、国民がリスクに市民として向きあうことから発生する個々人の金銭的・時間的コストを削減するという利点をもたらしている。

　だがここで注意しなくてはならないのは、法制度が肥大化してしまうことは、人びとがリスクに対して自律的に向きあうことを阻害するという側面も持つという点である。何がどうリスクであるのかを法制度が見積もり、決定することで、人びとはみずからが直面するリスクをみずから推し量り、自分に最適なかたちで対応する機会を奪われる。

　憲法や法律、そしてそれらによって社会を運営するシステムである法制度は、そもそも社会国家段階に至るまでは人びとに自由の保障をもたらすものであった。アメリカ独立宣言、フランス革命に結実した市民革命は、憲法を制定することによって、市民の政治参加を保障した。そしてそのように形成された近代国家は、主に政治システム、すなわち近代国家の絶対権力と相対する力を市民に与えるという機能を有するものとして、近代法を発達させていく。いわば、政治システムと対峙するために近代法制度は誕生した。

　だが、政治システムに立ち向かうために法を必要としていた生活世界にも、社会権などの生活保障を規定した法を媒介として、国民の生活を保障するために政治システムは介入することになる。国家介入主義の現在では、その金銭的な出所と実行力が政府によって保障されるために、政府が生活世界を救うために設定し、システムから生活世界を保持しようとした法がシステムの強い影響下に置かれてしまうことになる。こうした状況をハーバマスは「システムによる生活世界の植民地化」と名づけるとともに、「法のジレンマ・アンビバレンス」という現象が生じるとする（ハーバーマス 1987: 358-381）。「媒体としての法」が、生活世界に踏み込もうとすればするほど、生活世界がふたたびシステムのコントロール下に置かれることとなり「生活世界の植民地化」が進むというジレンマが発生する。

実際、日本においても 2013 年 12 月 1 日現在、7906 の独立した法令（憲法、法律、政令、勅令、府令、省令の総称）が存在する。これらの複雑化した法令および法制度は、市民がリスクと向かいあう障壁になってもおり、専門家集団の力を借りなければ、国民みずからが法を用いてリスクに対応すること、いわばリスク・コンシャスな主体となることができなくなっている。民事裁判などに代表されるような私人間のトラブルによる問題を解決するための訴訟手続きだけでなく、本来プライベートなものであったはずの結婚や死後の遺産分配に至るまで、法律家および行政官の助言なしに、法制度を利用することは困難となった。また後述するように、原子力発電所建設プロセスにおいてあきらかになったように、そもそもリスクに気づいた市民を封じ込めるためにさまざまな事務手続きが設定されていることも多い。国にとって都合の良い複雑な法制度と手続きは、リスク・コンシャスな主体となりつつある市民としての国民が、法制度から遠ざけられる要因ともなっている。

　法社会学者の和田安弘は、ある紛争を法のテーブルにつかせるためには、naming（侵害行為を認知できる）、blaming（誰のために自分が被害を受けているのかということを被害者が意識できる）、claiming（特定された相手方に対して侵害の事実を知らせそれに対する救済を求める）といったプロセスを経て紛争が展開するという「紛争の展開モデル」を用いて紛争過程を分析することを提唱している（和田 1994）。和田は「従来の研究が狭義の「紛争」が発生して以降の処理に集中していて、「紛争」以前の紛争の生成変容の問題が不当に無視されてきた点を問題視している。彼らいわく、「それはまるで、選挙に棄権する人が大勢いることを知りながら、投票された票の動きだけを基礎にして政治理論を構築しようとするようなものだ。」」（和田 1994: 180）と W. L. F. フェルスティナー（Felstiner et al. 1981）の研究を引用し、紛争が発生しない理由をあきらかにすることの重要性を説く。まさしく同様の点が原子力発電所建設を含む多くの開発においても指摘できる。

3 なぜ市民はリスクを語ることができないのか

3.1 制度上の問題

　なぜ市民はある種のリスクについて語ることができないのか。第一に考えられる理由として、ブラックボックス化した科学技術および、複雑な法制度のなかでは、形式要件だけが満たされれば、その決定プロセスが吟味されることがない、という制度上の問題がある。2011年6月に、福島原発事故を受けて、経済産業省の主催で九州電力玄海原子力発電所運転再開をめぐる説明会がおこなわれた。この佐賀県民向け説明会において、九州電力の社員が関連会社の社員を動員し、推進派の県民が多いかのように偽装工作をおこない、反対派の意見を取り上げることを妨害していたことがあきらかになった[*3]。この事件は、後に「やらせメール事件」と呼ばれ、関連して複数の原子力発電所で開催されたシンポジウムにおいても同様の工作がおこなわれていたことが発覚するきっかけとなった。

　この事件を受け、2011年8月5日、経済産業省は「原子力発電にかかわるシンポジウムなどについての第三者調査委員会」（委員長大泉隆史）を設置し、事態の解明と収束をはかった。同委員会の「最終報告書」（2011年9月30日）では、九州電力以外の電力会社を含む7つの原発をめぐるシ

---

*3　九州電力自身による事件報告レポートでは、この事件を総括して以下のようにまとめている。「平成23年6月26日に開催された経済産業省主催の「放送フォーラムin佐賀県『しっかり聞きたい、玄海原発』〜玄海原子力発電所　緊急安全対策　県民説明番組〜」（以下、「県民説明番組」）に際し、当社社員が社内及び協力会社等に対して、インターネットによる原子力発電所の発電再開に賛成する意見投稿を要請した事態が発生いたしました。〔中略〕県民説明番組においては、玄海原子力発電所の安全対策等について、さまざまな立場から寄せられる県民の皆さまの率直なご意見、ご質問にお答えするという同番組の趣旨及び信頼性に影響を及ぼす様な問題を引き起こし、電気事業に携わるものとして、今回の事象を極めて深刻に受け止めております」（九州電力　2011: 1）。

ンポジウムにおいて、第三者機関であるはずの原子力保安院から、電力会社に対して賛成意見の動員をおこなうよう要請があったことがあきらかになった[*4]。

3.2 住民間の内在的な圧力

　第二に、当然ながら原子力発電所の立地予定地域では、当該地域の住民間の内在的な圧力の存在がある。新潟県巻町で住民投票に先立つ「巻原発住民投票を実行する会」主催の自主投票がおこなわれた際、巻町の反対派住民は次のようなコメントを残している。

> **40代現業労働者、女性〈反対〉**
> 実行する会の住民投票では、職場で「行ってはいけない」のきつい指導があった。「建設、金融、電気、教職をのぞく公務員」のほとんどのところでそのような指導があったという。私は他市に仕事を持っており、職場の人から「巻町だけの問題じゃない。私たちの代表として頑張って」と励まされ一票を投じた。（新潟日報報道部 1997: 104）

　政府、有識者、地元による無言の圧力や偽装工作が、住民の行動を抑制してしまったことは想像にかたくない。事例の女性は偶然にも他市で働く人間であればこそ、投票に行けたものの、実際は自主投票にすら行けない人びとも多かったと思われる。原子力発電所建設に疑問を感じながらも行動に移すことすらできない人びとの数は多い。

[*4] 最終報告書で指摘された妨害工作がおこなわれていたと認定された原発シンポジウムは以下の7つである。九州電力玄海原子力発電所（2回実施されたシンポジウムのいずれも工作がおこなわれた）、四国電力伊方原子力発電所、東北電力女川原子力発電所、中部電力浜岡原子力発電所、北海道電力泊原子力発電所、九州電力川内原子力発電所（原子力発電に係るシンポジウム等についての第三者調査委員会 2011: 11）。

3.3 言論空間の機能

　また第三の問題として、原発立地推進派からのプレッシャーだけの問題ではなく、言論空間もまた人びとの発言を抑制する機能を果たしていることが挙げられる。原子力発電所建設においては、有識者もまた、人びとがリスク・コンシャスな主体として形成されつつある状況を非難している。

　1996年8月4日、新潟県巻町において、日本で初めてとなる原子力発電所建設に関する直接投票がおこなわれた。この直接投票は、巻町の全有権者2万3222人中、88.29％（2万503人）が投票したという投票率の高さもさることながら、建設反対が60.86％（1万2478票）を占め、賛成が38.55％（7904票）という結果で、世間を驚かせた。だがこの当時、複数の有識者がこうした「主張すること」を実践していた人びとを各媒体で批判した。

> 　巻町の住人の88.29パーセントが、原子力発電と日本のエネルギー問題の将来について、明確な解決策を持っているとは到底思えないから、住民投票はやはり賢い選択とは思えない。（曾野 1996: 95）
> 　人口3万人の町が住民投票によって国の政策を拒否することができるとすれば、残りの1億2500万人の日本国民はどこでどのように自らの意思を表明すればよいのであろうか。（舛添 1996: 72）

　いずれも主張の内容についてではなく、人びとが主張「する」という行為そのものについて批判をおこなっているという点で、ギデンズの言及する知識人によるブラックボックスとしての専門家システムを強固なものにしようとしている。争点となる原子力発電所施設の建設に関しては、それが施設である以上、立地場所という空間的な不平等は存在し、原発建設地域の住民だけが向かいあう問題としてリスクを考えさせられるような制度上のシステムがある。それにもかかわらず、住民がみずからの意志で判断を下すと、リスク・コンシャスな主体となることそのものが否定されてしまう。

3.4 法制度と科学技術

　第四に司法システムを頂点とする法制度もまた、同様の枠組みのなかで司法判断を下し、「科学者」によって「安全性」が証明されている施設に対して、「非科学者」である住民たちが反論をしようにも、反証の機会すら与えられなかった。高度な科学技術を使用した施設であり、専門機関が認可したものであれば、住民は（広く国民は）その是非について論じることはできなくなっている。その典型的な例として伊方原発訴訟を取り上げることができよう。

　四国電力伊方原子力発電所建設をめぐって、愛媛県伊方町およびその周辺の住民は、「原子炉の安全審査の実体および手続きには違法な点があり、その結果、原子炉の設置により危険にさらされることになった」と主張して行政不服審査法に基づく異議申し立てをおこなった。この異議申し立てが棄却されたことから、住民グループは1973年8月、内閣総理大臣を被告として原子炉設置許可処分の取り消しを求める訴えを松山地方裁判所に起こした。日本で初めての原発訴訟となったこの伊方原発訴訟は、1992年10月29日に最高裁において反対派の上告棄却という形で結審する。最高裁は、「原子炉施設の安全性に関する審査の特質を考慮し、右各号所定の基準の適合性については、各専門分野の学識経験者などを擁する原子力委員会の科学的、専門技術的知見に基づく意見を尊重して行う内閣総理大臣の合理的な判断にゆだねる趣旨と解するのが相当である」[*5]と判断した。

　四国電力に対して設置許可を与えた原子力委員会の判断の是非を問うこの裁判の特徴は、原子力発電所をめぐる技術が、原子力発電所の専門技術性ゆえに、その担当官庁の裁量性を認めざるえない、という点にあった。原子力発電所があまりにも高度な科学技術であるという理由から、許可を与えた機関（原子力委員会）の正当性の審査は、訴えられた原子力委員会

[*5]　最高裁平成4年10月29日第一小法廷判決。

の良心に委ねるしかない、という判決であった[*6]。

こうした司法判断は、判例として定着しつつある。1992年10月の福島第二原発1号炉最高裁判決、柏崎刈羽原子力発電所1号炉をめぐる新潟地裁判決でも同様の見解が示された。市民は仮に法のテーブルにたどりついたとしても、専門家でないがゆえに意見を聞き入れられず、リスク・コンシャスな主体として、みずからの主張をおこなうこともできなくなっている。

「リスク社会」を論じるにあたって、(1)みずからが被るであろう不利益を認知できるのか否か、(2)誰が／何がみずからに不利益を与えている元凶であると認知しているのか、(3)みずからが不利益を被ると主張することがなんらかの阻害要因によってできないのではないか、という段階から考えることは、リスク概念について考えるときのひとつの分析枠組みとして有効であろう。そして(1)および(2)については、本書における他の論者によっても繰り返し言及されているが、まさに(3)についての考察と、また(3)による理由で人びとが発言できなくなる状況を改善しようとする議論にも目を向けるべきであろう。

4　権利の上に眠らされる者の反逆──「迷惑施設」の使用

4.1　権利の上に眠らされている人びと

　学生時代に末弘（厳太郎）先生から民法の講義をきいたとき「時効」という制度について次のように説明されたのを覚えています。金を借りて催促されないのをいいことにして、ネコババをきめこむ不心得者がトクをして、気の弱い善人の貸し手が結局損をするという結果になるのはずいぶん不人情な話のように思われるけれども、この規定の根拠には、権利の上に長く

[*6]　同様の指摘として原田（1994）を参照のこと。

ねむっている者は民法の保護に値しないという趣旨も含まれている、という お話だったのです。この説明に私はなるほどと思うと同時に「権利の上 にねむる者」という言葉が妙に強く印象に残りました。いま考えてみると、 請求する行為によって時効を中断しない限り、たんに自分は債権者である という位置に安住していると、ついには債権を喪失するというロジックの なかには、一民法の法理にとどまらないきわめて重大な意味がひそんでい るように思われます。（丸山 1961: 154）

　丸山真男によるこの文章は、初版から50年もの年月が過ぎた現在でも高校現代文の教科書に掲載され、若い読者の目に触れている。近代法体系は一個人に「to be（である）」という所与のものとして無条件に権利を与えるのではなく、「to do（すること）」の絶えることのない努力をおこなった個人に与えるとする、きわめて近代的な権利論が述べられている。この文章によって、現代に続く近代法の主体となる自律的な人間像、言い換えれば西洋的な「市民（citizen）」の姿を、初めて知った高校生は多かったのではないか[*7]。

　だが、今日では丸山が共感した末弘が述べるような、近代法において前提とされている自律的な人間像としてのリスク・コンシャスな主体としての市民となることは、難しくなっている。いわば「権利の上に眠らされている」といった状況であろう。高等教育への進学率の増加、インターネットなどの普及などによってさまざまな知識を身につけた市民は、みずからの権利を知りつつも「語れない」といった状況が続いている。前節で示したとおり、たとえどのような知識を有していたとしても権利を主張する機会が奪われている今日では、「リスクについて語ることができる人」が「リスクについて語る」には多くのコストが必要となり、多くの場合疎外

---

*7　この丸山の文章は、R.イェーリングの私的権利の倫理的な防衛必要性について論じた論考が下敷きになっている。「人間のもろもろの目的・努力・利益の直中（ただなか）に置かれた目的概念としての法は、正しい道を見出すために絶えず模索し、追求しつづけねばならず、正しい道を発見してからは邪魔になる抵抗物を打破してゆかねばならない」（イェーリング 1982: 38）。

されたままである。

4.2 「迷惑施設」の歴史

こうしたリスクについて語ることから疎外された市民の思いは、象徴的なかたちで現れる。それは日本における「迷惑施設」という用語の使用とその広がりにおいてである[*8]。

「迷惑施設」の用語は 1985 年 1 月 22 日付『朝日新聞』全国版紙上において、青森県六ヶ所村に建設予定の核燃料サイクル施設を表現する言葉として登場する。その後「迷惑施設」の用語は、1986 年 4 月 26 日のチェルノブイリ原発事故を経て 1990 年代を通して徐々にその登場頻度を増し、各紙で使用されるようになり今日に至る（吉井 2008）。興味深いことに、「迷惑施設」の用語は、原子力発電所、自転車置き場、大学、空港といったまったく性質の異なる施設に対して、一様に使用される。そもそもこれらの施設は建設当初から迷惑施設と呼称されていたわけではない。さかのぼって 1985 年以前に建設されていた施設にも後々名づけられていくことがわかる。たとえば長良川河口堰は 1968 年に計画が策定されたが、1991 年前後から、迷惑施設の呼称が使われだした。「迷惑施設」はたんなる名称上の問題ではなく、リスクとして語ることから疎外された人びとが生み出した、抵抗手段のひとつであった。

なぜ 1985 年以降になって、こうした諸施設を迷惑施設と称する使用法が登場し定着したのか。その理由は 2 つ考えられる。

[*8] 1980 年以降、原子力発電所の建設をめぐり、NIMBY（Not In My BackYard）という、「施設の重要性は認識しながらも、自宅の近辺への立地には反対する」というニュアンスの用語が使用されている。NIMBY の訳語として、「迷惑施設」の用語が使用されてもいるが、迷惑施設と NIMBY で語られる施設には共通性があるものの、反対運動をおこなう側から誕生した「迷惑施設」と、建設推進側から反対運動について揶揄される形で利用されてきた「NIMBY」を、施設の共通性から安易に同一視することには注意が必要だと考える。

それは第一に住民活動の活性化によって、当該施設に対して科学的見地から不利益が発見されたためであろう。ダイオキシンの発生源となる産業廃棄物施設、アスベスト使用施設などのように、旧来安全であると思っていた施設が、後に付近住民にとって過大な健康被害をもたらすものであるとわかったケースなどがこれにあたる。住民はリスクが認知されることによってこれらを「迷惑」と認識するようになったと言える。1986年は国内で土井たか子が旧社会党の党首に就任し、自民党55年体制崩壊につながる布石となった年であり、国民が「何かが変わりそうだ」という時代の雰囲気を感じ、高揚していた時期でもあった。

　だが、これだけでは大学などの一般的に有害性が考えられない施設に対しても「迷惑施設」と名づけられた理由が解明されない。そこで第二の理由として、旧来住民が迷惑であると感じていた諸施設に対して、その主張の正当性はともかくとして、住民が長年「有害だ」と思っていた、大学などのさまざまな施設に対して、「迷惑」というラベルを流用し、原発と同様の不合理を与える「迷惑施設」と名づけることで、共感を得やすくなるという効果を狙ったのではないか。原子力発電所、自転車置き場、大学、空港といった同じレベルでそのリスクを語れないものについて、「迷惑施設」と名づけることで、口を閉ざされていた人びとのぎりぎりの抵抗が具体化されたのではなかったか。

4.3　語られなかった「迷惑」

　それでは、1985年以前の語られなかった「迷惑」とはどのようなものであったのだろうか。その1つの例を筆者がフィールド調査をおこなった九州電力川内原子力発電所の事例から見てみたい。

　鹿児島県川内市（現薩摩川内市）に原子力発電所建設の話が持ち上がったのは、1964年9月8日に通産省が原子力発電所立地予備調査地全国20カ所のひとつとして川内市久見崎・寄田地区を指定したことに始まる[*9]。1973年9月、原子力発電所建設に対する反対運動が大きくなった鹿児島県川内市（現薩摩川内市）では、「久見崎町原子力発電所反対母親グルー

プ」が、建設予定地である久見崎地区有権者の 83％にあたる 380 人から建設反対の署名を集め、市議会に提出している。

> グループの主婦 15 人は 16 日から 18 日までの 3 日間、町内の 6 部落、198 戸の全家庭を回り、反対の署名を呼びかけた。その結果、現在同町に住んでいる成人 375 人のうち、80 パーセント強にあたる 310 人が署名し、大多数の住民が「原子力発電所建設に反対」と意思表示した。
> 川添さんの話によると、「私たちは老い先も短い、子供や孫のためを考えれば、絶対原子力発電所を造らしちゃいかん」というお年寄りや、「わずかの漁業補償で久見崎の将来を売り渡してはいけない」という漁民もおり心強く感じたという。(『南日本新聞』1973 年 9 月 26 日付)

後に、すでに補償金交渉が進んでいた漁協関係者を中心に署名取り消しの陳述書が提出され、この署名は 1973 年 11 月に取り下げられることになった。当時この陳述書に参加した人びとに筆者がインタビューしたところ「〔漁業をしている〕夫や息子に「なんで反対署名なんかしたんだ」と叱られて、取り消しを願い出た。今思うと間違いだった」(1996 年 10 月、旧鹿児島県川内市にてインタビュー) と述べられた。主婦たちが述べる不安の中身は、具体的ではなく、また科学的ではないかもしれない。ただし大企業・政府による主導的な開発に対して持っている漠然とした不安、漁業補償というカネと簡単に「未来の生活」が交換されてしまうことへの不安が、語られていた。本章の冒頭で取り上げた「私がふくしまに暮らすということ」の詩にも含まれる、リスク・コンシャスな主体であることを妨げられた人びとの最後の抵抗であったのではないか。

---

*9　調査地選定の時点において、「建設が容易である」ことが前提とされたのではないか。土地があるばかりでなく、地元の同意が得られやすい地域が選定されたのではないか。それは必ずしもそこに実際に住んでいる人の同意が得られやすいということではなく、半ば強制的に移動させることが容易であるという意味あいも含められる。なお、この調査地の選定基準については資源エネルギー庁電源立地対策室にも資料が残っていない。

5 リスクを語ることを封じ込められた人びと

「リスク社会」の用語を定着させたU.ベック（1998）の『危険社会』は、科学技術の進展によって自然発生的にその危険性が認識される（リスクについて考えられる）ようになったのではなく、間接的には社会の個人化によって発生したものであるという認識に立つ。「専門細分化した民主主義のほかに、新しい形態の政治文化が形成される」とベック（1998: 395）が述べるように、リスクはそれ自体が固有の存在として無前提に存在するのではなく、市民の政治的活性化によって生起する。

だが日本においてリスクを主張する困難は、法制度（とそれによって正当化された社会制度）にアクセスする困難とワンセットになっていた。とくに原子力発電所建設においては、時として圧倒的な組織力によって反対派住民の言論を封殺し、その事実を原子力保安院が正当化するというプロセスがまかり通ってきた。法制度を熟知し、その制度そのものをみずからにとって有利なものとして形成した電力会社や政府によって、住民がリスク・コンシャスな主体となる機会が剥奪されている。

なるほど「リスク社会」化が進展するなか、あらゆることがリスクとみなされ、そのリスクへの対応が求められるようになってきた。だがそういった全体的な潮流の一方で、そのなかには、リスクが生起しないようにする「非リスク化の〈装置〉」が作動している部分がある。その部分にはおうおうにして巨大な潜在的危険が隠されており、「権利の上に眠らされる者」たちが、突如として理不尽なまでに大きな不利益に見舞われてしまう可能性がある。

そもそも、「当該施設が迷惑である」というクレイムが出されるとき、未知のものとして接していたブラックボックス化した科学技術に対して、住民の素朴な言葉をそのままの形で司法や行政の法制度の公式なテーブルに載せることは難しい。また、潤沢な資金を持つ企業に比べ、資金力に乏しい住民たちが、「どのように被害を受けているか」を論証し、主張することはきわめて難しい。日本の公害紛争は、そのスタートである足尾鉱毒

事件でも、水俣病でも同様の構造を有しており（荒畑 1999; 宇井 1988）、その被害の算定は事件発生後の補償交渉においてもやはり難しい。

先の伊方原発訴訟最高裁判決にみられるような専門技術的知見に基づく意見を尊重する姿勢は、住民の科学的能力を不当に低いものとみなし、議論の余地さえも与えなかった。だがこうした専門的・技術的知見も、研究者や専門家を傍観者として、原子力産業が自分に好都合な結論を引き出した上でかかわっていたものにすぎなかった。この点を「東大話法」という用語を用いて、もっとも明確な形で指摘したのは、安冨歩であった。

自身もまた東大教授の職にある安冨は、3月11日以降の一連の政府発表や原子力工学研究者の言説分析をおこない「東京大学という権威を利用すると、それは非常に効果的であって、多くの人をだまくらかせるのであり、そういう経験を積むことによって、東大関係者は自信満々となり、ますます東大話法に磨きをかける、という循環関係になっています」（安冨 2012: 191-192）と指摘する。「東大」はあくまでも権威ある立場にある政治家や技術者の代表例として用いられているが、傍観的かつ欺瞞的な言葉によって形成された言語空間が結果として今回の原発事故を引き起こし、事故後の対応を混乱させた元凶になっているとする。

たとえば大震災以前の 2005 年 12 月 25 日に佐賀県でおこなわれた公開討論会[*10]において、東京大学大学院工学研究科大橋弘忠教授がおこなった「事故の時どうなるかというのは想定したシナリオに全部依存します」という発言について、安冨は「事故の時にどうなるかは、事故が決めるのであって、人間が決めるシナリオに沿って事故がおきるはずがありません。彼の頭の中では、「想定したシナリオ」がすべてであって、それ以外は無意味、という構造になっているのです」（安冨 2012: 66）と指摘する。すな

[*10] 「玄海原子力発電所3号機プルサーマル計画の「安全性」について」と名づけられたこの討論会は、2011 年 9 月 29 日のテレビ朝日『報道ステーション』において、参加者 1000 人のうち 655 人が九州電力の関係者であり、また壇上に上った 18 人の質問者のうち 8 人が九州電力の社員および OB であり「やらせ」であったことが発覚した。

わちリスクの存在を否定する研究者・専門家もまた、原子力産業・原子力工業研究・原子力政策といった各人が活動するなかで、みずからが担うべき責任を放棄していた。

　3月11日の震災を経験した日本で、人びとはリスク・コンシャスな主体として「リスク社会」のなかで「立ち上がらされて」いる一方で、リスク・コンシャスな主体となること (to do) を阻まれ、「眠らされている」状態にもある。リスク・コンシャスな主体であることを阻まれたとき、未来を予測して行動するリスクとは忌避すべきものではなく、むしろ人びとにとって切望する対象として現れる。前述したとおり「迷惑施設」という言葉は、住民運動を組織する資源を十分に動員できない住民、ヒアリングなどを通して説得をうけつつも、不平・不満を表せない住民の表現手段のひとつとして誕生した。本章冒頭の吉田さんの詩に登場する「ふくしま」もまた、福島原発事故を経て、国民の心中には、今も naming できない感情のいら立ちと、blaming できない不満と、claiming の手段をうばわれて、放置されたままとなっているやるせなさを受け止める言葉として立ち現れている。

　このようにみてくると、リスクを語ることから遠ざけられている人びとにとっては、リスクについてその存在を知り、そのリスクについて語りあう機会を持つことこそが切望されている。そして相反するように、リスクをめぐる人びとの切望が、結果として「リスク社会」化を進展させていくことになる。かつて丸山が想定した「すること」ができる市民を前提とするのではなく、「することができない人びと」の発するささやかではあるが主体的に発せられた言葉の流通が可能な社会を形成することが、今日の「リスク社会」をめぐる議論のなかでは必要とされているのではないか。さらにそうした人びとのささやかな言葉や、場合によっては言葉にも現れることのない感情を日々の営みから描き出すことこそが、リスクをめぐる人類学の使命のひとつとなるのかもしれない。

参照文献

荒畑寒村　1999『谷中村滅亡史』岩波文庫。
イェーリング，R.　1982『権利のための闘争』(村上淳一訳) 岩波文庫。
宇井純　1988『公害原論　合本』亜紀書房。
ギデンズ，A.　1993『近代とはいかなる時代か？モダニティの帰結』(松尾精文・小幡正敏訳) 而立書房。
九州電力　2011『経済産業省主催の県民説明番組への意見投稿呼びかけに関する事実関係と今後の対応 (再発防止策) について』九州電力。
原子力発電に係るシンポジウム等についての第三者調査委員会　2011『最終報告書』経済産業省。
サイード，E. W.　1993『オリエンタリズム (上)』(板垣雄三・杉田英明監修, 今沢紀子訳) 平凡社ライブラリー。
曾野綾子　1996「住民投票――「契約」を忘れた民主主義」『文藝春秋』1996年10月号, pp. 94-98。
東京電力福島原子力発電所における事故調査・検証委員会　2011『中間報告』首相官邸。
新潟日報報道部　1997『原発を拒んだ町――巻町の民意を追う』岩波書店。
ハーバーマス，J.　1987『コミュニケイション的行為の理論 (下)』(丸山高司ほか訳) 未來社。
原田尚彦　1994「伊方原発事件――科学問題の司法審査」『別冊ジュリスト　公害・環境判例百選』有斐閣, pp. 188-191。
ベック，U.　1998『危険社会――新しい近代への道』(東廉・伊藤美登里訳) 法政大学出版局。
舛添要一　1996「「民意を問う」の落とし穴――巻原発「住民投票」は駄々っ子の甘えである」『諸君！』1996年10月号, pp. 66-73。
丸山真男　1961『日本の思想』岩波新書。
安冨歩　2012『原発危機と「東大話法」――傍観者の論理・欺瞞の言語』明石書店。
吉井千周　2008「住民投票条例制定型住民運動と「迷惑施設」の誕生」『都城工業高等専門学校研究報告』42: 59-69。
―――　2011「市民不在の原発建設決定の経緯」橋爪健郎編者『九州の原発』南方新社, pp. 249-295。
和田安弘　1994『法と紛争の社会学――法社会学入門』世界思想社。
Felstiner, W. L. F. et al. 1981 "The Emergence and Transformation of Disputes: Naming, Blaming, Claiming...," *Law and Society Review* 15 (3/4): 631-654.

第7章
HIV感染リスク認知の「ずれ」
―― 日本の研究者とゲイ男性のあいだの事例から

新ヶ江章友
Shingae Akitomo

1　時間の感覚

　HIVに感染したら、どのような生活を送ることになるのか――。このような想像力を働かせることができない若いゲイの子が多いという話を、あるゲイ向け商業施設を経営しているオーナーから聞いたことがある。そのような子は、HIV/AIDSのことなどは考えずに、今さえよければいいというような刹那的なセックスをするので、オーナーはその子たちに対してコンドームを使うよう促す。この若い子たちの多くは言えばわかるし、コンドームを使うようにもなる。

　しかし一方で、コンドームを絶対に使いたがらない人もいるという。オーナーの知りあいのあるゲイは、学歴も社会的地位もあるエンジニアだが、コンドームを意図的に使わずに不特定の人たちとアナルセックスをおこなうという。「こういう人たちは、コンドームをつけないセックスをしないと、生きている意味を感じられないのかもしれないし、その行為が嗜好なわけだから、コンドームをつけろと言うことは無意味なのかもしれない」と、そのオーナーは語っていた。

　そもそも日本に在住するゲイ男性のあいだで、HIV感染のリスクはどのように認知されているのだろうか。彼らはHIV感染のリスクに直面しながら、どのようにリスク・コンシャスな主体として立ち上がってくるの

だろうか。

　しかしながら、じつはこのような問いの立て方そのものが、疫学研究者によるたんなるひとつの視点を反映したものにすぎないと認識しておくことは重要である（Kendall 1995）。研究者によるリスク認知は、他者の行動を観察し、「それはHIVに感染するリスクの高い行為だ」と解釈し、未来に損害を被らないよう現在の性行動に注意を促そうとする。一方、実際そのような性行為をする人は、研究者が想定するようなリスクの重大性を十分認知していない。ここで問題となっているのは、リスクの高い性行為をおこなうゲイ男性が、未来や現在についてどのように捉えているのかという時間の感覚であると言える。

　本章では、この研究者とゲイ男性のあいだのリスク認知の相違を、時間の感覚を参照しながら浮き彫りにしてみたい。まず、研究者が使用する「リスク」という用語そのものが科学者集団のなかで使用されるローカルタームであり、研究者がどのような理解に基づいてリスクという用語を操作し、HIV感染予防のための対策を展開しているのかに着目する。具体的には、未来から現在を管理するという研究者の視点に着目する。次に、研究者の理解する科学的リスク認知が、そのリスクに直面していると言われているゲイ男性の理解といかにずれているのかをあきらかにし、HIV陽性となることで、リスクの新たな意味がいかに立ち上がってくるのかを分析したい。具体的には、未来を封鎖し現在を輝かせるというHIV陽性者の生の様式に着目する。

2　リスクを定義する

　疫学の教科書には、「リスク」とは「将来に、ある出来事が発生する蓋然性（確率）」と記されている（日本疫学会 1996）。つまり、研究者にとってのHIV感染リスクとは「将来HIVに感染する確率」のことであり、HIV感染リスク行動とは「将来HIVに感染する可能性のある行動」と定義できよう。疫学のリスクには、時間の概念が色濃く反映されており、未

来との関係における現在が問題となっていると言える。リスクという概念は、未来の損失に備えて現在どのような「決定」を下し、現在の自己をどのように管理するのかということが焦点となる。HIV に感染したくないと思うのならば、自己責任のもと、今ここでコンドームを使うセックスをしようと「決定」し、未来の損失——つまり、HIV に感染するということ——に備えなければならない。ゲイ男性がそのように自己「決定」ができるように促すことが、HIV / AIDS 予防施策の重要な役割のひとつとなる。

　未来の損失に備えて、ある人が現在において「決定」を下す際には、さまざまな情報が必要となる。そこで研究者らは、HIV / AIDS に関する「正しい」知識が、HIV に感染しないための現在の「決定」における重要な資源であると考える。HIV / AIDS に関する「正しい」知識とは、以下のようなものである。HIV は、HIV に感染した人の精液、血液、膣分泌液、母乳などに存在し、これらの体液との接触により感染する。HIV は、HIV に感染した人の唾液や涙、汗などにも含まれているが、それらへの接触では感染しない。もっとも HIV 感染リスクの高い行為はコンドームを使用しないアナルセックスで、フェラチオでも感染する危険性がある。したがって、HIV 感染は性行為の最初から最後までコンドームを正しく使うことで予防できる、ということが「正しい」情報として提供される。

　日本の MSM（Men who have Sex with Men：男性と性行為をおこなう男性）[*1]の HIV 感染予防のための「正しい」知識の把握率は、非常に高いと言われている（e. g. 日高ほか 2004: 168）。これらの知識は、HIV 予防啓発をお

[*1] MSM という用語は、1980 年代後半から疫学研究のなかで使用されるようになった（Young & Mayer 2004; Boellstorff 2011）。当初ゲイ男性が、HIV 感染のハイリスク集団と位置づけられたが、HIV 感染リスクはゲイというアイデンティティにあるのではなく、HIV 感染リスクの高い性行動そのものにある。また、ゲイというアイデンティティに焦点を絞った介入では、ゲイというアイデンティティをもつことなく男性同性間で性行為をおこなう男性を対象とすることができない。このような背景から、MSM という用語が、とりわけ公衆衛生の文脈のなかで使用されるようになってきた。

こなっている NGO のホームページや啓発資材としても提供されている。また NGO は、ゲイバーやセクシュアルマイノリティのためのコミュニティセンターなどで、HIV / AIDS の関連知識や情報を掲載したコミュニティペーパーやコンドームの配布も積極的におこなっている（市川 2007）。

　ここまで見てきたように、疫学による HIV 感染リスクの管理とは、未来の損害に備えるための現在の管理である。疫学はゲイ男性に対して「正しい」知識を提供し、その知識に基づいて HIV 感染リスクの高い性行為をおこなうか否かを彼らに決定させようとする。そうすることで、リスク・コンシャスな主体を生成しようとするのである。つまり疫学は、あらゆる性行動の現在の可能性を未来の視点から管理することで、現在の性行動を取り締まるのである。

　しかしながら、ゲイ男性の多くが、このようなたくさんの HIV / AIDS をめぐる知識や情報にさらされていたとしても、必ずしも身近な HIV 感染リスクを認知し、合理的判断のもと予防をおこなっているわけではない。HIV 陽性となったゲイ男性の多くは、「まさか自分が HIV に感染するとは思っていなかった」と言う（Lowy & Ross 1994）。だが HIV に感染した彼らの多くが、必ずしも HIV 予防のための「正しい」知識をもっていなかったわけではなかったのだ。以上述べたような、研究者が想定している HIV 感染リスクの認知は、実際の日常生活を生きているゲイ男性の認知とはずれており、両者の認知の溝を埋めるためにいくら「正しい」知識を提供したとしても、その効果は限定的であると言わざるをえない（Levine 1992）。

3　リスクを計算する

　現在におけるリスクの管理は、さまざまな計算を用いておこなわれる。将来において、国民全体のどのくらいの人びとが HIV に感染するリスクにさらされているのかを計算することは、公衆衛生施策として重要である。疫学統計をおこなう研究者らは、近い将来、日本でどのくらいの HIV

感染が発生するのかを計算し（橋本・川戸 2009）、その上で現在どのような エイズ対策をおこなうべきかを検討する。たとえば、日本の MSM のあいだで、過去 6 か月間のアナルセックス時のコンドーム常用率（必ずコンドームを使用する割合）が、仮に 30 ％から 50 ％に上昇すれば、1 年間のMSM 間の新規 HIV 感染者数は 1000 人から 700 人に減り、HIV 治療にかかる国の医療費負担は 30 ％減少するだろうというように。また、2006年度から 5 年間実施されていた、厚生労働科学研究費補助金（エイズ対策研究事業）による「エイズ予防のための戦略研究」では、「5 年間で HIV抗体検査受検者を 2 倍にし、エイズ発症者数を 25 ％減少させる」という目標設定をおこなっている（財団法人エイズ予防財団 2011）。このように、公衆衛生における HIV 感染予防施策にとって、MSM のアナルセックス時のコンドーム常用を促進し、積極的に HIV 抗体検査を受検するよう促すことが喫緊の課題となる。

また市川らの研究（Ichikawa et al. 2011）によると、日本の 20 歳から 59歳までの成人男性に占める MSM の割合は 2.0 ％で、人口に換算すると 45 万 648〜90 万 8125 人（信頼水準 95 ％）となる。この数字をもとに、厚生労働省エイズ動向委員会が発表している HIV 陽性者とエイズ患者の報告数をあてはめて計算すると、日本の MSM が HIV に感染する割合は非 MSM の 68 倍であり、MSM の HIV 予防対策にかける予算を緊急に増額すべきであるという結論が導かれたりする[*2]。これがリスクの科学であり、リスク計算である。

以上のような疫学統計は、国民の健康と医療費を司る公衆衛生施策にとっては重要となる。このような国家レベルでのリスク計算がおこなわれる一方、それとの関係において、日本在住 MSM に対する HIV / AIDS の

[*2] 厚生労働省エイズ動向委員会が 2010（平成 22）年 5 月に発表した「平成 21年エイズ発生動向年報」によると、2009（平成 21）年 1 年間に新規感染件数は 1452 件（うち、HIV 感染者は 1021 件、エイズ患者が 431 件）であった。HIV感染者の感染経路としては、「同性間の性的接触」が 68.0 ％に対し、「異性間の性的接触」は 20.6 ％であった。日本の HIV / AIDS は、主に男性同性間の性的接触によって広がっていると言える。

予防介入がおこなわれるようになるが、実際に日本在住 MSM のあいだでどのような性行為がなされているのかが調査されている。性行動調査では、以下のようなことがしばしば聞かれる。

- あなたは過去 6 か月間に、男性同性間でセックス（フェラチオ、アナルセックスなど）をおこなったことがありますか？
- あなたは過去 6 か月間に、男性と何回セックスをおこないましたか？
- あなたは過去 6 か月間に、何人の男性とセックスをおこないましたか？
- あなたは過去 6 か月間に、どこで男性と知りあいセックスをおこないましたか？
- あなたは過去 6 か月間におこなったアナルセックス時に、コンドームをどのくらいの割合で使用しましたか？

　このアンケート回答結果から、疫学統計は MSM が HIV に感染するリスクをどのくらい負っているのかを計算する。確率論から言えば、性行為の回数が多く、性行為をおこなう相手の数が多く、またその際コンドームを使用しないアナルセックスをおこなう回数が多ければ多いほど、HIV に感染するリスクは高くなる。これが、心理学者 P. スロビックの言うところの「累積的リスク」である（Slovic 2000; コラム 3 も参照）。逆に言うと、性行為がまったくなければ、HIV に感染する確率はきわめて低くなる。HIV 流行当初の 1980 年代、疫学研究者は、「ゲイの男性は、性のパートナーの数を減らすこと、体液の交換を完全に避けること、およびできるだけ厳密に安全な性の規則を実行することによって、エイズにかかる危険性を減少できる」と考えていた（フェルドマン／ジョンソン 1988: 161）。

　実際に HIV 感染のリスクにさらされた MSM にとっては、どのような性行動をおこなえばどのくらいの確率で HIV に感染するのかというリスク計算のほうが、より直接的で切実な関心事となるかもしれない。たとえば、アメリカの疾病対策センター CDC（Centers for Disease Control and Prevention）の *MMWR*（*Morbidity and Mortality Weekly Report*）によると、HIV

表1　相手がHIV陽性者の場合の性行為1回あたりの相対的な感染リスク

性行為の種類	相対的リスク
挿入する側のフェラチオ	1
挿入される側のフェラチオ	2
挿入する側の膣性交	10
挿入される側の膣性交	20
挿入する側のアナルセックス	13
挿入される側のアナルセックス	100
コンドーム使用あり	1
コンドーム使用なし	20

出典：CDC（2003）

陽性者とアナルセックス時にコンドームを使用せずに（相対的リスク20）挿入される性行為（相対的リスク100）を1回おこなった場合にHIVに感染する割合は、オーラルセックス時にコンドームを使用して（相対的リスク1）挿入する行為（相対的リスク1）を1回おこなったときの2000倍（＝100×20）であると言われる（CDC 2003）。

　またHIV / AIDSに関する情報を提供しているホームページなどでは、「〔HIVに感染している人と〕コンドームを使わないで挿入による性行為〔膣性交、アナルセックス〕を行った場合、感染の確率は0.1〜1％〔100回に1回〕くらい」であると記されている[*3]。これらの情報は、HIVに感染する確率を知る上での参考にはなる。しかしながら、これはあくまでも確率の話であり、たった1回の性行為でHIVに感染することもありうる話である。

　疫学研究者らは、国家レベルでHIV陽性者が増大していくリスクを縮減させながら国家の負担する医療費を削減し、国民全体の健康を増進させようとするが、それと同時に、個人レベルでゲイ男性の性行動を調査し、彼らがHIVに感染しないよう行動変容を促そうとする。疫学研究者は、国家と個人の両レベルに介入することでHIV感染リスクを削減しようとしているのである。

　ここで重要となるのも、やはり研究者の時間に対する感覚である。未来のHIV / AIDSの流行の予想図をさまざまな計算を用いながら描いた上で、

---

*3　厚生労働科学研究費補助金エイズ対策研究事業「HIV検査相談の充実と利用機会の促進に関する研究」による「HIV検査相談マップ」のホームページ（www.hivkensa.com/whatis/　2014年3月12日閲覧）より。

HIV / AIDS の流行を最小限に食い止めるためのシミュレーションをしながら、人びとに現在の性行動を省みるよう促しているのである。未来に捉えられた現在。HIV 感染にさらされたゲイ男性は、このように研究者によって未来の視点から現在を管理されるのである。

4　グレーの領域

　では、以上のような研究者によるリスク認知やリスク計算を、ゲイ男性自身は、実際の日常生活のなかでどのように理解しているのだろうか。
　筆者がインタビューをおこなったゲイ男性の HIV / AIDS に対する知識や関心は、相対的に高かったように思われる。たしかにある者たちは、HIV / AIDS の「正しい」知識に基づき、HIV に感染しないような予防行動をとる。たとえば、知らない人のペニスをフェラチオしたときにはすぐにつばを吐いたり、アナルセックスのときには必ずコンドームを使うようにしたりする。
　しかしいくら予防のためといっても、コンドームをつけてフェラチオをするのが嫌だと言う者も多い。ユウヤは、「オーラル〔セックス〕をゴム付きでやるんだったら、〔オーラルセックスを〕やらないほうがいい」と言う[*4]。または、セックスをする相手の見た目で「この人は安全そう」とか、「この人は長くつきあっていて信頼できるから」という理由で、コンドームを使わない場合も散見される。たとえば、大学生のトオルは、「その人が本当に信頼できる、この人が大丈夫〔＝病気ではない〕そうだなってなんとなくこう、確信が持てるような人、確信とかじゃなくても、そう思う人じゃないとやれない〔＝セックスできない〕」と言う[*5]。

＊4　ユウヤは仮名。ユウヤへのインタビューは、2004 年 12 月に関東の地方都市でおこなわれた。
＊5　トオルは仮名。トオルへのインタビューは、2004 年 10 月に関東の地方都市でおこなわれた。

これらユウヤやトオルの例は、HIV予防のための「正しい」知識に基づくものであるというよりは、むしろその人の持つ「信念」——この人はまじめそうだから病気はもっていないだろう、恋人どうしとしかセックスしないからHIVには感染しないだろう——であり、公衆衛生による予防介入では、この間違った信念を正すことで予防のための合理的判断を身につけさせようとしたりする（cf. グッド 2001）。このように、ゲイ男性の多くがHIV感染予防のための「正しい」知識に基づいて、HIV感染リスクの計算をおこない、合理的判断をしながらみずからの性行動に責任をもつリスク・コンシャスな主体として立ち上がっているわけでは必ずしもないのである。

　HIV陽性者である30代前半のマコトは、HIVに感染する確率について次のように言う[*6]。

> なんであんたが〔HIV〕うつったのっていう人、いっぱいいるよ。〔HIVは〕そう簡単にうつんないのに、何やったの？　みたいな。この行為で〔HIVが〕うつって、この行為で〔HIVが〕うつらないって、はっきり区別ができるんだったら、簡単にうつる病気とかうつらない病気とか言えるけれども、〔HIVの場合〕そこは思いっきり「グレーの領域」だから。

HIVの場合、この性行為で必ずHIVに感染するという、白黒をはっきりつけるような基準はなく曖昧である。HIV感染は、HIVに感染した体液と接触することによって発生するので、フェラチオや口内射精によってHIVに感染することもありうる。もちろん、アナルセックス時に挿入されて精液を注入される行為がもっともリスキーではある。しかし、いったん感染経路が確立すれば、どのような性行為でもHIVに感染する可能性はある。

　疫学的な確率論から言えば、HIV陽性者とコンドームを使用しない挿

[*6] マコトは仮名。マコトへのインタビューは、2002年7月に都内でおこなわれた。

入を伴うアナルセックスをしたとしても、HIV に感染する確率は 100 回に 1 回であり、その 1 回は最初の 1 回目かもしれないし、100 回目かもしれない。1 回 1 回の性行為に限って考えると、HIV 感染リスクは常に 100 分の 1 で一定である。HIV に感染する確率が 100 分の 1 なら大丈夫だろうと、ある 1 回のセックスでコンドームを使わない場合もあるだろう。だが、ある一定期間を通じてそのリスクが累積されていけばどうだろうか。統計学的に見れば、HIV 感染リスクは必然的に高まることとなるわけだが、ゲイ男性はいつもそのようなリスク計算に基づいて性行為をコントロールしているわけではないのだ。つまり、かなり「グレーな領域」のなかで、ある性行為を選択し「決定」することが迫られることになるのである。

5　リスクの文化理論

　さまざまなゲイ男性の HIV / AIDS のリスク認知が研究者のリスク認知とどのように異なるのかを知る上で、文化人類学者 M. ダグラスのリスクの文化理論は参考となる点が多い。ダグラスのリスクの理解は、リスクを「穢れ」という意味論的な問題として捉えようとしている点で、疫学研究者による時間に基づくリスク認知や、N. ルーマンの「決定」に基づくリスク／危険の認識とは根本的に異なっている。ダグラスの議論の核にあるものは、清浄と穢れの関係についてである。人間が清浄と穢れをなぜ区分するのかというと、人間は穢れを排除することによって社会秩序を保とうとするからである。この清浄と穢れの関係構築は、未開／近代という区分にかかわらず人間社会に普遍的にみられ、もちろん現代を生きる我々の社会にもあてはまる。したがって HIV / AIDS をめぐるリスクの問題も、ダグラスの清浄と穢れの議論を通して説明が可能である。

　彼女は、グループ・グリッド分析に基づくリスクの文化理論を提示したが、その議論のなかで、人びとがどのような集団に位置するかによってリスク認知のされ方が異なると指摘する。彼女は HIV / AIDS のリスク認知を分析するにあたり、グループ・グリッド分析に基づいてリスクを認知す

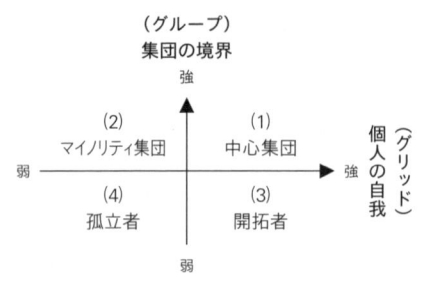

```
              （グループ）
              集団の境界
                 強
                 ↑
      (2)       │      (1)           （グ
    マイノリティ集団 │    中心集団          個リ
  弱 ─────────┼─────────→ 強  人ッ
      (4)       │      (3)           のド
     孤立者      │     開拓者           自）
                 │                     我
                 ↓
                 弱
```

グループ・グリッド分析に基づくリスク認知の4類型

る人間を4つに類型化している（Douglas 1992: 106）。ダグラスの言う「グループ（group）」とは集団における境界の強弱を指し、「グリッド（grid）」とは個人の自我の強弱を指す。

- (1) グループとグリッドが強い場合：この類型は中心、ヒエラルキー、強力な境界をもった集団となり、秩序に基づき人びとを規制する（「中心集団」類型）。HIV / AIDS の文脈では、医療や官僚制度などがこれにあたり、リスクを管理することで社会秩序を形作ろうとする。
- (2) グループが強くグリッドが弱い場合：この類型が「ゲイ・コミュニティ」などのマイノリティ集団に相当する（「マイノリティ集団」類型）。この類型は(1)に対抗するかたちで集団として形成されるが、1つのマイノリティ集団としては意見がまとまりにくく、マイノリティ集団内の中心も脆弱である。だが一方で、マイノリティ集団としてのコミュニティの境界を形作ることによって、彼らはリスクに対処できると考える。
- (3) グリッドが強くグループが弱い場合：彼らは一匹狼的な個人主義者となる（「開拓者」類型）。たとえば、「ゲイ・コミュニティ」とのコミットメントを避けるようなゲイの人びとがこれに相当する。ダグラスは、この類型に属する人びとがしばしばHIV / AIDSのリスクを引き受ける人びとだと言い（risk-takers）、独自のライフスタイルを編み出すことによって、中心集団の医療制度に抵抗を示すこともある一方、中心集団との連携のもとでそれをうまく利用することもできる。

(4)グリッドもグループも弱い場合：彼らは変人となる（「孤立者」類型）。彼らは誰とも意見を共有することができず、みずからに降りかかるリスクを諦めて受け入れようとする。

そもそもダグラスは、文化理論に依拠することによって、経済学の個人モデル——人間は知識に基づいて損得勘定をし、理性的・合理的に行動する——では理解できない人間のリスク認知の側面を理解できるようになるのだと言う。たとえば、「HIV 感染を予防するための「正しい」知識があったとしても、その知識に基づき予防しようとしない人がいるのはなぜか」という問いがある。経済学者ならば、その問いに対する答えは「エイズ教育がまだ不十分だから」と答えるかもしれない。しかしダグラスは、彼らが HIV / AIDS に関する「正しい」知識をもった上であるリスク行動を選択するのは、「そのリスク行動そのものが嗜好（preference）だからだ」と言ってはばからない（Douglas 1992: 103）。その言及は、本章のはじめに触れた、コンドームを意図的に使用しないゲイの行動とこだまする。つまりダグラスは、リスクをリスクと認知しつつそれを侵犯することを好む人が存在するということを肯定しているのである。

しかしながら、ダグラスによるリスクの文化理論においては、リスクを時間のなかで捉える視点がない。ダグラスの議論の核にあるものは、清浄と穢れの関係についてであるが、グループ・グリッド分析のなかで分類された4つの類型に属する人びとが、それぞれどのような時間の感覚に基づきリスクを知覚して生きているのかについては、あきらかにできないのである（cf. 市野澤 2010）。

6 「決定」を委ねる

社会学者ルーマンは、リスクとは人がある「決定」をすることによって引き起こされる帰結、つまり未来の損害の可能性であると言う（Luhmann 2005: 21-22）。つまり未来の損害の可能性は、現在における「決定」の積

み重ねによって作られるものなのである。HIV に感染するリスクも、個人がどのような性行為を、いつ、誰と、どのようにおこなうかという現在の「決定」に依存することになる。現在日本で展開されている MSM に向けた HIV 予防施策は、人が HIV 予防のための「正しい」知識に基づき、相手とどのような性行為をするのかを「決定」し、その結果みずからの HIV 感染リスクを管理すると、素朴に前提している。つまり公衆衛生は、未来から見て現在の自分の性行動を管理させようとするのである。

　しかし、人がリスクを管理しようとするとき、リスク計算をして合理的に「決定」しているわけでは必ずしもない。このような「決定」を自分でおこなうことをすべて放棄してしまうような事例を、ここでは取り上げる。これは、ダグラスの言う「孤立者」という類型にあてはまるかもしれない。みずからのリスク管理の「決定」を、セックスをする相手に委ねてしまい、みずからに降りかかるリスクをそのまま受け入れざるをえない例である。この場合、HIV 予防に関する「正しい」知識をその当人がもっていたとしても、その知識は予防実践にまったく効果を発揮しない。

　アキラは 20 代後半のゲイで、浄水場の水質管理の仕事をおこなっている[*7]。彼はその仕事をおこなう前に、「売り専」をやっていた[*8]。HIV 予防に関する知識について、彼は次のように述べている。

　　　高校を卒業したときに、なんか〔エイズに関する〕パンフレットとかもらったんですよ。それとあと、高校の授業のときに、保健体育の時間？　そのとき、テレビ番組、NHK 特集とかああいう感じの番組を見せられて、そのときに、厚生省がなぜそれ〔＝エイズ〕が危険かをやってたりとか、肛門性交はマジ危険ですとか言ってて。危険度 5 とかやってて。高校生のころは、自分は男好きだとは思ったけど、アナルセックスをやるとは全然

[*7] アキラは仮名。アキラへのインタビューは、2005 年 4 月に関東の地方都市でおこなわれた。
[*8] 「売り専」とは、日本の MSM のあいだで使用されている隠語で、金銭の授受を媒介とした性行為（いわゆる売春）をおこなう人のことを指す。

思ってなかったから、ちょっと認識が薄かったけど。たぶん、危険なんだということはわかったけど。

アキラには、コンドームを使わずにアナルセックスをすることが危険であるという認識が、十分にあった。しかし「売り専」をやっていたときに、アキラはウケ[*9]で「中出し」を客からたびたびされていた。「売り専」をやめた後にもウケで「中出し」されたことが気になり、その後 HIV 抗体検査を受検している。HIV 抗体検査を受検することからもわかるように、自分のおこなった性行為は HIV 感染リスクが高いと、アキラ自身は知っていたのである。

　それなのに、HIV 感染リスクの高い行為をやめないのはなぜなのだろうか。アキラは、「ナマでやったらいけない」とは感じているが、「相手が、そういうノリでこられると、受け入れてしまうっていうか。性格的に。で、本当は、ゴム〔＝コンドーム〕つけてほしいなって思うんですけど」と答えている。つまり、本当はコンドームを相手につけてほしいとは思っているが、その場のノリと自分の性格上、そのリスキーな行為を受け入れてしまう。また「〔セックスをやっているときのその場のノリを〕あまり乱したくないんですよね」と言う。このように、その場のノリや相手に合わせて性行為をする場合、予防の知識があってもセーファーなセックスに結びつくこともなく、みずからのリスクを相手の「決定」に委ねてしまっているのである。アキラの場合、「売り専」という特殊な労働条件によってウケでの「中出し」行為を容認してしまったのではないかと考えることが可能かもしれない。しかし彼は、ゲイの出会い系サイトやハッテン場で出会った人などとも、同様のセックスをおこなっていた。もちろん、「売り専」という労働条件がハイリスクな行動を促すこともあるが、それだけで、彼がなぜ知識があるのに HIV 感染リスクの高い性行動をやめないのかを説明

---

*9　「ウケ」とは、アナルセックス時にペニスを挿入されること（人）を指す。しかし、この用語は、必ずしも性行為の役割を示すときにのみ使われるわけではない。たとえば、森山（2007）などを参照。

することはできない。

　予防の知識と性行動が結びつかないもうひとつの例として、トモコを挙げる。トモコは、女装をしているわけでもなく、外見上は「ふつう」の男性であるが、しぐさや話し方は「女っぽい」。だからまわりのゲイの友人たちは、彼のことを「トモコ」と呼んでいた。トモコは、20代前半の学生である[*10]。彼は小学生のときから、「心の7割女だから、女の子は同性なんだとね、言ってはばからなかった記憶がある」と言っている。トモコの語りのなかで特徴的なのは、自分は常に生きる「姿勢が受け身」だということである。この事例も、ダグラスの「孤立者」の事例と合致する。

　　誰かがそのうちなんとかしてくれるだろうみたいな。だから私は今、こうやってなんか誰も知りあいがいなくて、ひとりうつうつとしているんだけれど、誰かがそのうち現れて、こんな私になんか救いの手を差し伸べて、救ってくれるんじゃないだろうか、みたいなね。

トモコにも、HIV感染予防のための十分な知識はある。彼は有名大学を卒業後に、超難関と言われる職を手にしていた。しかし「〔HIV予防の〕知識はあったんだけど、それが実践には結びついてなかった」。その理由としては、「快楽には勝てなかったのかなあっていうか、あと、その場のノリっていうか、それに任せちゃってる部分もあったし、まあ1回くらいならいいかっていうか。うん。1回くらいならいいかっていうかさ、たとえばさ、〔相手に〕ゴム〔＝コンドーム〕してとか言ってさ、なんか場がしらけたりするのも嫌だし、みたいなのもあったなあ」と言う。彼はたしかに、「まあ1回くらいならいいか」とコンドームを使用しないアナルセックスをおこなっている。しかし、「まあ1回くらいなら」といつも「なし崩し的に」リスキーなセックスをおこなってしまう。一方、トモコにとって、アナルセックスはまったく気持ちいいものではなかった。しかし、

　＊10　トモコへのインタビューは、2005年2月に関東の地方都市でおこなわれた。

「ハッテン場」などで出会った相手はいつもアナルセックスをしたがり、自分もついそれに応じてしまう。アナルセックスのときは、8割が「ウケ」であると言う。

　以上の例から、アキラやトモコは、みずからのリスクの「決定」を相手に委ねている。この2人の語りから見えてくることは、彼らにとっての「リスク」はむしろ、ルーマンが言うところの「危険」に近いかもしれないということである。ルーマンの言う「危険」は、未来において起こりうる損害が自分自身のコントロールの及ばない外的要因に帰属する（Luhmann 2005: 22）。アキラやトモコの場合、セックスをする相手がHIV陽性であろうと陰性であろうと、相手の判断に身を委ねる。現在、「正しい」知識に基づき現在の性行動を変容させようとするような、日本で展開されているMSMに対するHIV予防対策では、アキラやトモコのような性行動をおこなう人びとへの介入は難しい。

　だが、このようにHIV感染リスク認知と性的関係について見ていくと、我々は1つの重大な問題がそこにあることに気がつく。つまり、性的関係が必ず相手を必要とする以上、そもそもHIV／AIDS予防のための自己決定や自己管理という個人化された人間理解は、あまり有効性をもたないのではないかということである。性的「関係」とは、1人ではなく2人（以上）の関係である。HIV感染予防について見るかぎり、個人の合理的判断に頼るような対策のあり方は、性的関係が自分以外の相手を必要とする以上、問題があると言わざるをえない。心理学、行動科学、疫学が想定する個人を想定したリスク認知や予防対策と、実際のゲイ男性の性的関係のあり方は根本的に「ずれ」ている[11]。自己決定の論理と現実的な性的関係のあり方は、決定的に相性が悪いのだ。だが、性的関係の倫理――1

---

[11] しかし、現在日本で展開されているMSMに対するHIV／AIDS予防対策は、個人を対象としたものではなく、「ゲイ・コミュニティ」をベースとした対策であるという反論があるかもしれない。だが、疫学研究者が積極的に「ゲイ・コミュニティ」のエンパワーメントを促そうとする一方で、その研究者自身が「HIV感染症の予防は、個人の意識と行動に依存する」と言及している（市川 2003）。

人ではない2人（以上）の関係性——にこそ、じつはHIVの感染リスクについて見るべき重要な問題が横たわっているのかもしれない。

7　HIV / AIDSとともに生きる希望

　さてここでふたたび、研究者によるローカルタームとしての「リスク」の定義に立ち戻ってみたい。本章のはじめで、疫学の教科書には、「リスク」とは「将来に、ある出来事が発生する蓋然性（確率）」と記されていると述べた。HIV / AIDSの文脈で見た場合、この「ある出来事」とはHIVに感染することである。だが注意してみれば、その定義のなかには明記されていないものの、研究者たちは「ある出来事」を「悪い」出来事だと暗に想定している。研究者にとってHIVに感染することは、少なくとも「良い」出来事ではなく、「悪い」出来事なのである。そして、その最悪の出来事の結果は死である。究極的に研究者の想定するリスク管理とは、最悪の事態としての死を遠ざけようとすることであると言えるだろう。

　HIVに感染したら、どのような生活を送ることになるのか——。HIVに感染することによって、HIV陽性者は最悪の事態としての死を悲観し、なおかつすぐには死なないように薬を毎日飲みつづけ、薬の副作用と闘い、病気に対する差別や偏見と闘うだけの人生を送らなければならないのだろうか。しかしながら、HIV陽性になった者がその置かれた状況を悲観するだけでは、その後の人生を生きていくことが苦痛となるばかりであろう。

　では、HIVという他者を体内に忍ばせながら新たなリスク——今ここに切迫してある死——を生きていくことの希望とは、いったいなんなのだろうか。筆者はその希望を、研究者が想定するような最悪の事態としての死のリスクを最大限に遠ざけようとするのではなく、逆にその死を積極的にみずからに引き寄せながら生を輝かせる技法として見いだせないだろうかと考える。ここでは、晩年のM. フーコーの「自己への配慮」をめぐる議論のなかで取り上げられている「死の訓練」という技法に、新たなリスクを生きるHIV陽性者の希望を見いだしたい。「死の訓練」において

現れてくるのは、「私たちの生において死を現在化すること」である（廣瀬 2011: 216）。公衆衛生や疫学による死としてのリスクを最大限に遠ざけて現在を管理するという理解を、フーコーは逆転させる。「未来を閉鎖」し「現在」の「現実」を最大限に高めることに、フーコーは自己の変容の可能性を見ているのである（廣瀬 2011: 214）。

　HIV / AIDS とともに生きるということは、遠い未来から現在のリスクを管理することではなく、今ここに切迫してあるリスクとしての死とともに生きるということである。もちろん、現代医学の進歩は、HIV 陽性者を死から遠ざけることに成功しつつある。「エイズ＝死」という認識は、すでに昔のものとなってしまった。だが、HIV が体内に入り込んだ以上、それを完全に取り除く医療技術は未だない。たしかに薬を毎日飲みつづけることによって死を最大限に遠ざけることもできるが、1 日でも飲み忘れると体内のウイルス量は一気に増加する。したがって、HIV とともに生きるということは、常に死と隣りあわせなのである。

　HIV 陽性となった者は、いったん HIV に感染すると HIV / AIDS と生きつづけなければならない。HIV 陽性者にとってのリスクとは、抽象的なものではなく具体的なものとなり、外ではなく内にあるものとなり、相手に決定を委ねるものではなくみずから決定すべきものとなる。ここに、新たな自己を創造する臨界点が生じる。HIV 陽性になる前まで、HIV 感染リスクとは抽象的かつ確率的な（＝未来に生じる「かもしれない」）ものであった。実体のよくわからない HIV というウイルスに感染しないよう、性行為の際には常にコンドームを使うよう意識し行動しなければならなかった。この目に見えないウイルスをコントロールするよう、ゲイ男性は常に注意を払うよう促されてきたのである。しかし、いったん HIV 陽性となってしまうと、今ここに切迫してある死のリスクは具体的・直接的な形でみずからの生のなかに立ち現れてくることとなる。HIV 陽性になって初めて、死としてのリスクが新たな現実味を帯びたものとして身体化されるのである。HIV 陽性者は、文字どおり命がけで死を生きなければならなくなるのである。

　そもそもリスクという表現は、ネガティブな側面とポジティブな側面の

両方を兼ね備えている。ネガティブな側面として、リスクは常に管理すべきもの、予防すべきものとして立ち現れてくる。一方、ポジティブな側面として、リスクは賭けられるべき可能性として立ち現れてくる。ここで言う、賭けられるべき可能性としてのリスクとは、たんに確実な死をコントロールするということではない。むしろ、その逆である。死とともに生きつつこれまで見ることのなかった新たな自己を創造し輝かせていく可能性である。HIV陽性者にとってのリスク認知とは、ただ未来から現在の自己を管理するというのではない。未来を封鎖しつつ、リスクとともにありながら、現在のこの自己を、今までになかったような新たな自己の可能性へと拓くのである。

　このリスクの二面性は、じつは、HIV / AIDS とともに生きるという経験の二面性を反映しているように見える。現在、HIV / AIDS の文脈で語られるリスクとは、常に暗い前者のほうだけである。しかし、HIV / AIDS とともに生きるということは、これまでの自己とは違う新たな自己を切り拓く可能性を賭けた闘いなのではないか。その賭けを生きることがどんなに辛くても、みずからの人生を降りることはできず生きつづけなければならない。その事実を、ポジティブに捉えるかネガティブに捉えるかは、まわりが決めることではない。その人本人が決めることである。そのとき初めて、自分の人生の「決定」にみずからの力で参画することができるようになるのかもしれない。

　このように見ていくと、「死の訓練」とともに生きているのは癌や糖尿病などの慢性疾患でも同じではないかという意見も出てくるだろう。しかしHIV / AIDS が癌や糖尿病などと異なるのは、この疾患が感染症だということにある。レトロウイルスであるHIVは主に性行為を通して感染するが、同時に、今ここにある切迫した死のリスクも感染する。繰り返しになるが、HIV / AIDS のリスクのユニークな点は、1人ではなく2人（以上）の関係性のなかにあると言えるだろう。その共同性は、必ずしもネガティブなものではない。そこに、他の動物にはない、死を想う人間の変容の可能性を見て取ることはできないだろうか[*12]。

参照文献

市川誠一　2003「MSM（Men who have sex with men）における HIV 感染予防介入——プロジェクト MASH 大阪について」『日本エイズ学会誌』5(3): 174-181。

―――　2007「わが国の男性同性間の HIV 感染対策について——ゲイ NGO の活動を中心に」『日本エイズ学会誌』9(1): 23-29。

市野澤潤平　2010「危険からリスクへ——インド洋津波後の観光地プーケットにおける在住日本人と風評災害」『国立民族学博物館研究報告』34(3): 521-544。

グッド, B. J.　2001『医療・合理性・経験——バイロン・グッドの医療人類学講義』(江口重幸ほか訳) 誠信書房。

財団法人エイズ予防財団　2011『厚生労働科学研究費補助金エイズ対策研究事業エイズ予防のための戦略研究——平成 18 年度〜22 年度総合研究報告書』。

橋本修二・川戸美由紀　2009「エイズ発生動向調査の報告・未報告の HIV 感染者数と AIDS 患者数における近未来予測の試み」『日本エイズ学会誌』11(2): 152-157。

日高庸晴・市川誠一・木原正博　2004「疫学ゲイ・バイセクシュアル男性の HIV 感染リスク行動と精神的健康およびライフイベントに関する研究」『日本エイズ学会誌』6(3): 165-173.

廣瀬浩司　2011『後期フーコー——権力から主体へ』青土社。

フェルドマン, D. A. ／ T. M. ジョンソン編　1988『エイズの社会的衝撃』(西三郎・姉崎正平監訳) 日本評論社。

森山至貴　2007「技法としての「性的差異」」『相関社会科学』17: 56-69。

Boellstorff, T. 2011 "But Do Not Identify As Gay: A Proleptic Genealogy of the MSM Category," *Cultural Anthropology* 26(2): 287-312.

Centers for Disease Control and Prevention (CDC) 2003 "Incorporating HIV Prevention into the Medical Care of Persons Living with HIV," *MMWR* 52 (RR12): 1-24.

Douglas, M. 1992 *Risk and Blame: Essays in Cultural Theory*, Routledge.

Ichikawa, S., N. Kaneko, J. Koerner, S. Shiono, A. Shingae, and T. Ito 2011 "Survey Investigating Homosexual Behavior among Adult Males Used to Estimate the Prevalence of HIV and AIDS among Men Who Have Sex with Men in Japan,"

＊12　本章は、2013 年に青弓社より出版された拙著『日本の「ゲイ」とエイズ——コミュニティ・国家・アイデンティティ』の第 1 章と第 5 章から一部抜粋し、加筆・修正したものである。

Sexual Health 8(1): 123-124.

Kendall, C. 1995 "The Construction of Risk in AIDS Control Programs: Theoretical Bases and Popular Responses," in R. G. Parker and J. H. Gagnon (eds.) *Conceiving Sexuality: Approaches to Sex Research in a Postmodern World*, Routledge, pp. 249-258.

Levine, M. P. 1992 "The Implications of Constructionist Theory for Social Research on the AIDS Epidemic among Gay Men," in G. Herdt and S. Lindenbaum (eds.) *The Time of AIDS: Social Analysis, Theory, and Method*, Sage Publications, pp. 185-198.

Lowy, E. and M. W. Ross 1994 "'It'll Never Happen to Me': Gay Men's Beliefs, Perceptions and Folk Constructions of Sexual Risk," *AIDS Education and Prevention* 6(6): 467-482.

Luhmann, N. 2005 *Risk: A Sociological Theory*, trans. R. Barrett, Aldine Transaction.

Slovic, P. 2000 "What Does It Mean to Know a Cumulative Risk? Adolescents' Perceptions of Short-Term and Long-Term Consequences of Smoking," *Journal of Behavioral Decision Making* 13(2): 259-266.

Young, R. and I. Mayer 2004 "The Trouble with 'MSM' and 'WSW': Erasure of the Sexual-Minority Person in Public Health Discourse," *American Journal of Public Health* 95(7): 1144-1149.

コラム3
現代の公衆衛生／医療におけるリスクの個人化

碇　陽子

　確率・統計の技術によって新たなリスクが発見され／生み出され、国家や社会の重要な課題とされる。増殖しつづける新たなリスクの管理・統制をめざして肥大化した諸制度が、リスクを個人が「自己責任」において引き受けるべき問題へと変造し、私たちに押しつけてくる──典型的な「リスク社会」の構図である。このコラムでは、我々をリスク・コンシャスな主体として「立ち上がらせる」制度的圧力の一例として、保険医療の分野における「リスクの個人化」の動きが概観される。（編者）

集合的事象としてのリスクと個人

　現代の公衆衛生は、「新しい公衆衛生」と言われる。旧来の公衆衛生は、人口の健康状態を対象とし、感染拡大を防ぐための隔離政策や衛生検査に焦点を置きながら、個人の行動を制限する方法を用いてその目標を達成してきた。

　それに対し、新しい公衆衛生は、たんにそれだけにとどまらず、病気の予防と健康の維持・増進に焦点を置き、自律的な個人の選択とその選択を促す環境の整備を通じて目標を達成しようとする。喫煙、食習慣、運動不足、性生活などの「ライフスタイル」と呼ばれる個々人の行動様式とそれらを支える社会状況の改善がめざされ、生活から病気のリスクを可能なかぎり排除することで健康は達成しうると理解される。こうした新しい公衆衛生は、集合体としての人口の健康をターゲットにしながら、個々人の選択行動に介入していくところにその特徴がある（Petersen & Lupton 1996）。そのため、公権力が個々人の身体や生に介入することの政治性を問題視する向きもある（cf. Rose 2006）。

　本来、公衆衛生を含む社会保障が依拠する集合的な事象に対する統計的な理解は、個人の経験する因果性の理解とは別物である。前者は、集合に内在するとされる規則性に対する理解であり、後者は、個別の事例にかかわる原因と結果の連鎖についての理解である。したがって、集合的な事象から導き出される統計的理解を、特定個人の問題としてあてはめることや、さらには、その個人の過失や責任としてそのまま転嫁することはできないはずである。

このことについて、F. エヴァルドは、リスクは社会的にしか存在しえないと述べる。彼によると、19世紀にフランスで誕生した労働災害の立法過程において「職業リスク」という概念が現れ、社会的リスクが認識されるきっかけとなった。すなわち、集合で見た場合、事故自体は統計学的に一定の確率で生起するという考えに基づき、リスクを集合に内在する可能性として捉えるようになる。これが責任の所在を個人に帰するという発想から、集合で分けあうという発想への転換を促したとされる（Ewald 2002）。

ふたたび現代社会に目を転じると、「リスク社会」は「個人化」（ベック1998）をその特色とすると言われるように、とくに欧米では、統計学や疫学がはじき出すリスクという概念が、個人主義と共鳴しあっているように見える。いったい、なぜ、どのように、集合的な事象を対象としたリスクという概念が、ふたたび、個人の責任の範疇として扱われようとしているのだろうか。そして、そのことによってどのような影響があるのか。

「なぜ」という問いに対しては、すでにさまざまな論者によって分析されているため (cf. 渋谷 2003; ヤング 2007) 簡単に指摘するにとどめるが、とくに近年においては「新自由主義」の進展がその大きな要因であることを意識しておかねばならない。「新自由主義」は自由競争を重視する経済システムであるが、その世界的な浸透のなかで、公によるリスク管理が弱体化し、その結果、リスクが個人に（不平等に）再分配されつつある。とくにアメリカでは、1990年代の福祉改革に顕著にみられるように、「新自由主義」の経済政策において、アメリカが社会運動で威信をかけて取り組んできた人種、ジェンダーといったヒエラルキーは曖昧に覆い隠され、「個人の責任」を基本とした政策が推進された。それまで公が担っていた社会的なセイフティネットは私の領域に追いやられ、低所得者層——責任を果たしていないとされる個人——などが犠牲となった（Duggan 2003: 14-16）。

本コラムでは、集合的な事象としての社会のリスクが、「どのように」個人の問題や個人の責任として現れ出るのかという問いに対して、このことから派生するいくつかの事柄を、保健医療の分野に的を絞って、人類学的に考察してみたい。

不確実性との対峙

一ノ瀬正樹は、物理学、生命科学、統計学、経済学などの諸学問が、とうの昔に不確実性をデフォルトとして捉えてきたのに対し、哲学では、未だに理想や理念としての確実性・必然性・決定性が「核心的な主題として」語られていることを指摘する。しかし、不確実性こそが人間にとっての常態的なリアリティであり、ゆえに不確実性を哲学の主題として取り上げることには大きな意義があるのではないかと述べる（一ノ瀬 2011: vi）。このような主張が哲学から提出されるようになった背景には、不確実性を回収する認知的な仕掛けが機能しなくなったこと（たとえば、超越者の不在）、不確実性を

忌避し、それを飼いならそうとする社会的な志向が強まったことが挙げられる。こうした事態によって、我々の生をめぐる状況が徐々に不確実性を帯びつつあるように意識せざるをえなくなりつつあるのではないか。人類学においても、冒頭で述べたような社会の動きに対応するように、不確実性に対処する際の、人びとの不安や希望のあり方を理解しようとする研究が出てきつつある（cf. Petryna 2002; 宮崎 2009）。

医療人類学のここ最近のひとつの方向性としては、医学を含む科学技術と社会の交錯を描き出そうとする、STS (Science, Technology and Society) 研究に依拠する分野が確立しつつある（cf. Lock et al. 2000; Mol 2002; Rapp 1999）。人類学者のS. フランクリンとM. ロックは、1998年の時点で、アメリカ人類学会で「変わりつつある生と死の定義」と題するパネルを組織している（Franklin & Lock 2003）。ここで関心がもたれているのは、臓器移植、クローン、代理出産、出生前診断など、テクノロジーによる生の操作によって、不可抗力だと思われていた自然に介入し、既存の自然と文化の境界が揺り動かされはじめているという事実である。

こうした研究の背景には、「科学技術の発展がもたらした不確実性」という認識がある。感染病を引き起こす病原菌や汚染物質、癌や心臓病を引き起こすリスク要因の同定や、免疫学やアレルギー、遺伝について徐々にあきらかにされる病気を引き起こすメカニズムについての知識の増大とそれらの知識の流通によって、

逆説的ではあるが、我々になじみの深い生物医学における単線的な病因論の理解は、不確実性によって侵食されつつある。単線的な病因論とは、たとえば、英語の用法を見れば顕著だが、「風邪を引く (catching a cold)」や「癌になる (have cancer)」など、自己と病原菌とのあいだに境界線を設定し、自己の肉体の外部から内部への侵害（の影響・帰結）として病気を説明するものである。

しかし、癌の遺伝カウンセリングが普及しているデンマークの事例を報告するM. N. スベンセン（Svendsen 2006）によれば、その境界線は、自己の肉体とその外部にはなく、今や、自己の身体のなかに、あるいは、自分の遠い過去にあるのかもしれない。デンマークでは公的なヘルスケアシステムのなかに、癌の遺伝カウンセリングの施設が配置されているという。先祖代々うけ継がれてきた、発癌にかかわる遺伝的要因――「旅する」遺伝子――をあきらかにするために、カウンセリングでは人類学の親族研究ではおなじみの家系図が使用される。家系図から遺伝パターンを割り出し、いくつかのパターンに従って、おおよその癌の発病確率が数値化される。自己と病原の境界は、限りなく不鮮明で、病原をもたらす可能性は自分が会ったこともない親族にまで広がる。さらに詳しく癌の発病の可能性を知るには、精密な遺伝テストを受ける必要があるのだが、乳癌で自分の母親、叔母、さらには姉までを亡くしたひとりのインフォーマントは、それ以上の明確な数値を突き止めることをやめ

る。その代わりに、健康診断を欠かさず受け、自己の健康管理に努めることを決意する。

ここでは、みずからの制御を超えているように思える遺伝的要因でも、決定論的に病気を引き起こすものではなく、ライフスタイルなどの環境要因と同様、自己のコントロールによって発現を制御できるものとして捉えられている。癌を患うかもしれないという状態は、健康（生）と病（死）の狭間にいる状態として描かれるが、知ることと知らないことのバランスをとり、生を自己のコントロールに委ねることによって、その狭間は生きる可能性の源にもなりうるのだ。

錯綜する病因論

慢性病についての人類学的調査は、リスクとされてきた不利益が現実に形を現してしまったことについての人びとの困惑やそれへの対処、苦しみの経験を描いている。

ロンドン南東部の糖尿病デイ・センターで人類学的調査をおこなったS.コーンは、人びとのリスク認知と個々の慢性病患者が経験するコントロール喪失について考察している（Cohn 2000）。彼は、調査中に出会った糖尿病患者、たとえば、10年以上糖尿病を患い、片足を失い、もう片方の足も壊死しかかっているにもかかわらず、食習慣、喫煙習慣、飲酒の習慣を変えようとしない54歳の患者に出会い、このような人をどう説明したらよいのかと当惑した思いを抱く。そして、そうした態度は、医学による病因論と、自己の経験についての原因と結果の思考方法との矛盾として現れ出たものではないかと分析する。彼によると、人は過去に起こったことへの理解から、将来何が起こるのかを類推する。そのため、リスク認知は因果関係論と深くかかわる。過去は多くの場合可能なかぎり単純な原因の構造として理解され、過去と現在を系統立てて分類することによって、原因を明瞭に設定することが可能となる。しかし、慢性病をめぐる錯綜した病因論のもとでは、この分類行為は単純には成り立たなくなる。なぜなら、過去から及ぼされた影響の可能性が多数あるために、未来の可能性も同じくらいに多数想起されるのである。そもそも、糖尿病は沈黙の病気と言われるように、症状が緩慢であるがゆえに、自分が糖尿病になったことに気づかない人が多いと言われている。なぜ糖尿病になったかわからないという人にとっては、過去に経験されたものとしての原因が見当たらないため、原因を絶つこともできずに、未来の希望などが消滅してしまうのだと説明する。そのため、困惑とコントロールの喪失を感じるのだとコーンは分析する。

ある特定の病気を説明する生物医学の病因論モデルのなかに、きわめて多数の「因果の可能性」が組み込まれることにより、個々人の病の経験は、原因（過去）と結果（現在）を無理なく結びつけようとする際に、矛盾をはらむ。この事例は、その矛盾が苦悩や諦め、コントロール喪失感を引き起こしてしまうことを示している。

科学的にあきらかにされる病因論が、経験によって解釈される病因論とコンフリクトを起こし、国家のエイズ政策にも影響を及ぼしている状況を詳細に報告したのが、D. ファッサンである。彼は、エイズ否認主義を表明したことで知られるタボ・ムベキ大統領率いる南アフリカ共和国を取り上げる（Fassin 2007）。ムベキ大統領は、植民地支配とアパルトヘイトのひずみが未だに残る南アフリカで、HIV / AIDS が爆発的に拡大した 2000 年代（世界の HIV の感染者の 10 人に 1 人は南アフリカ共和国に住むと言われていた）、エイズの原因は HIV ではないと主張しつづけた異端の大統領として知られる。国際的にも HIV / AIDS との闘いを放棄する犯罪であると非難を浴びていたにもかかわらず、彼は西欧的な治療法は適応できないとし、抗レトロウイルス薬の導入も認めなかった。そのため、鉱山労働者や女性のあいだで感染者が爆発的に増えたとも言われている。

しかし、人類学者ファッサンの民族誌をひもとけば、この否認主義をめぐる事態を馬鹿げていると一蹴することはあながちできないことがわかる。ファッサンによれば、現在でもなお南アフリカでは植民地主義とアパルトヘイトの歴史が根深く残り、貧困、不平等の社会構造を強く引きずっている。人は個々の生きた経験や歴史から世界を理解する。しかし、疫学の人口調査によるデータは、格差や(性)暴力の結果、病に侵されていく個々の人の経験や歴史に無関心である（ファッサンは、そのことを批判しているわけではない）。こうした科学的知識は、貧困や暴力を生きる人びとにとっては二の次となる。ファッサンの民族誌は、現在──エイズ感染予防と治療が喫緊の問題として扱われる現在──、そして、歴史──人びとの身体に刻まれた歴史──をつなげることにコンフリクトを起こしている南アフリカの様相を綿密に描いている。

累積的リスクと個人

社会的リスクは、ある事象が集合に内在するものと想定することによって成り立つ。ある事象に規則性が見いだされ、それが数値化され平均値が出されると、そこから大きく逸脱するケースは異常であるとみなされる。以下では筆者の調査地での出来事を参照しながら、「リスク社会」に特徴的な、リスクに対する決定と責任がはらむ問題点を指摘したい。

筆者の調査地であるアメリカでは、肥満者の増加が現在社会問題になりつつある。肥満は、将来になんらかの病気を引き起こすリスクとして、喫煙と並んで、公衆衛生のターゲットにされている。そんななか、2011 年、全米で 2 番目に肥満児の割合が高いと言われるジョージア州アトランタの公衆衛生の広告キャンペーンが大論争を巻き起こした。その広告には、太った子どもが 1 人ずつ写ったモノクロ写真とともに、赤字で書かれた「警告（Warning）」という文字の下に「骨格が良いからこんなふうになったわけではない。食べ過ぎたからこうなってしまったんだ」「太った子どもは太った

ジョージア州の小児肥満対策キャンペーン「Strong4Life」で、2011年から2012年にかけて掲げられた広告の一部

大人になる」「太った子どもは親より長生きできないかもしれない」などの文言が掲げられていた。

このセンセーショナルな広告キャンペーンに対し、太った子どもに対するスティグマを増幅させる、いじめにつながるなど、不快感を抱いた人びとは多かった。筆者がたまたま目にしたニュース番組では、キャンペーン関係者がインタビューに応え、子どもにも太っていることに対し罪の意識を持たせることが大切だと主張していた。これまでは子どもの肥満は親の責任だという認識が強かったが、この広告キャンペーンからは、太った原因は子ども自身にもあり、子ども自身も太らないための意思決定をすべきだという意図が読み取れる。ファット・アクセプタンス運動（第11章参照）の活動家である筆者のインフォーマントは、オーディションで選ばれた子どもたちを、広告の写真に1人ずつ掲載することによって、あたかも「その」子が持つ悩みとして固有性を持たせようとしていると批判した。選択行為や意思決定を十分にできるとみなすことのできない子どもまでを、なぜ、責任ゲームのなかに放り込んでしまうのか、人びとの不快感はおそらくここに起因する。

「太ることは、子どもである彼ら自身が選択した結果であり彼らにも責任がある」と言うことは、どこまで妥当なのだろうか。ここで、選択という行為を大まかに2つに分けて考えたい。1つは、1度あるいは数回の選択によってその後の結果が大きく左右されてしまうタイプの選択である。もう1つは、日常生活を送るなかで結果としておこなわれている無数の選択である。たとえば、食べる行為はその代表例で、一口一口の食べる行為はミクロの決断とみなすことができる。人はある程度、受け入れてもいいリスクと回避したいリスクを瞬時のうちに峻別しながら生きているが、その大部分はことさらに選択として意識されることなく無意識のうちにおこなわれている。ここでは、そうした、無意識のうちにおこなわれているミクロな無数の決断の集まりの帰結として引き起こされる、未来の不利益の可能性を「累積的リスク（Cumulative Risk）」と呼ぶことにする[*1]。

注意したいのは、その膨大な決断の集まりを、ある特定の状態になることの決

定として理解する思考方法が、我々にはかなり身についているということだ。仮に、食べ過ぎが肥満を導き、やがて糖尿病を引き起こすという因果関係を時間の連続性のなかに設定するなら、いつの時点で、どのように人は決定者として割り当てられるのだろうか。チョコレートを食べるか食べないか、といったミクロの決断はあるとしても、肥満や高血圧、糖尿病になるかならないかといった決定は存在しないのではないだろうか。つまり、その決定は、意思決定をおこなう主体の累積的な決定に対してメタレベルなのだ。そして、誤解を恐れずに言うならば、それは、現実には存在しない「決定」なのである。

しかし、累積的リスクが、メタレベルの「決定」として存在するものとして作り上げられると、固有の個人はその「決定」の責任者という認識を持つようになるだろう。リスク認知の第一人者である心理学者 P. スロビックが言うように、長期的にある行為にかかわる場合、リスクの累積性は確率論的な度合いという意味で増大するが（Slovic 2000）、どの時点でリスクが増大するかという線引き自体は、統計学に内在しているものではなく、人為的なものである。医学的に見て、いつから肥満になり、いつから高血圧や糖尿病になるのかという、「正常」と「異常」の境目は、しばしば論争を引き起こす問題となってきた。しかし、ひとたびカットオフの値が決められると、たちまち、人びとの生はそれに基づいて区分され、それに応じた価値規範が生まれる。それは常に悪いことではないだろうが、ジョージア州の広告の事例は露骨な方策が論争を巻き起こした。

「リスク社会」では、リスクに対する決定を責任に引きつけて考えるため、未来に対する不利益はある決定者に帰責される。しかし、我々がしばしば違和感を抱くように、ある者が意思決定者とされるその根拠は、じつはそれほど判然としたものではない。未来の損害を被るとみなされた者を、それを決定した主体とし

---

*1　ここでの「累積的リスク」についての議論は、2007 年日本文化人類学会「人類学的リスク研究の開拓」分科会（代表：市野澤潤平）においてなされた発表に基づく。議論は市野澤潤平の指摘に多くを負っている。
　　リスク認知論の第一人者である心理学者 P. スロビックも、累積的リスクに注目している。彼によれば、ある危険に長い時間をかけてさらされつづける場合、リスクは累積的な性質を持つ。彼は累積的リスクの典型例として、自動車を運転する者にとっての交通事故を挙げる。車を運転するそのたびごとに見れば事故を起こすリスクはきわめて小さいとしても、長期的・反復的にその行為にかかわっている場合、リスク・レベルは累積的に大規模になる（Slovic 2000: 259）。スロビックはその他に、喫煙のリスク、地球気候変動、避妊の失敗、HIV 感染などを累積的リスクの例として列挙しているが、そこには質的に異なる 2 つの累積性が混在することを看過している。車の運転に伴うリスクの累積性は、主に確率論的な意味での（将来的な不利益が発生する）蓋然性の増大であるが、本コラムで言及する肥満や生活習慣病に関しては、因果論的な意味での蓋然性の増大が主たる問題となる（cf. 市野澤 2013）。

て決定論的に設定することによって、不確実性に対抗するための落としどころを見つけようとしているようにも見えるのだ。

おわりに

統計的なデータによって、大勢の人びとの集合が、社会という名で一定の秩序を持ったものとして構想可能になる。そして、個人は、社会における自分の位置づけを、統計的なデータを通して知ることができるようになる。個人主義と統計学は、個人の自由と衝突しないかぎりは、非常に親和性が高くなる。

しかしながら、本コラムで紹介したように、集合的な事象としての社会のリスクが、個々の問題として捉えられるときには、さまざまなコンフリクトが生じる。たとえ不確実性が我々の生にとっての常態的なリアリティであるとしても、制度や人びとの生は決定論的思考に基づいて編まれていく。「リスク社会」と言われる現在は、不確実性と決定論のあいだにますます齟齬が生じつつあるのではないだろうか。それでも人びとは、直面する齟齬を個々の経験や解釈に基づいて克服しようと努める。人類学は、こうした事象に焦点を据えて、システムや人びとの生のゆくえをあきらかにすることによって、保健医療と人間をめぐる関係についての新しい視野を開いていくことができるのではないだろうか。

参照文献

市野澤潤平　2013「〈浸潤〉される身体をめぐる不確実性と累積的リスク――観光ダイビングの経験における減圧症の問題」第 47 回日本文化人類学会（慶應義塾大学）。
一ノ瀬正樹　2011『確率と曖昧性の哲学』岩波書店。
渋谷望　2003『魂の労働――ネオリベラリズムの権力論』青土社。
ベック，U.　1998『危険社会――新しい近代への道』（東廉・伊藤美登里訳）法政大学出版局。
宮崎広和　2009『希望という方法』以文社。
ヤング, J.　2007『排除型社会――後期近代における犯罪・雇用・差異』（青木秀男ほか訳）洛北出版。
Cohn, S. 2000 "Risk, Ambiguity and the Loss of Control: How People with Chronic Illness Experience Complex Biomedical Causal Models," in P. Caplan (ed.) *Risk Revisited*, Pluto Press, pp. 204-225.
Duggan, L. 2003 *The Twilight of Equality?: Neoliberalism, Cultural Politics, and the Attack on Democracy*, Beacon Press.
Ewald, F. 2002 "The Return of Descartes's Malicious Demon: An Outline of a Philosophy of Precaution," trans. S. Utz. in T. Baker and J. Simon (eds.) *Embracing Risk: The Changing Culture of Insurance and Responsibility*, University of Chicago Press, pp. 273-301.
Fassin, D. 2007 *When Bodies Remember: Experiences and Politics of AIDS in South Africa*, trans. A. Jacobs and G. Varro, University of California Press.
Franklin, S. and M. Lock 2003 "Animation and Cessation," in S. Franklin and M. Lock,

(eds.) *Remaking Life and Death: Toward an Anthropology of the Biosciences*, School of American Research Press, pp. 3-22.

Lock, M., A. Young, and A. Cambrosio (eds.) 2000 *Living and Working with the New Medical Technologies: Intersections of Inquiry*, Cambridge University Press.

Mol, A. 2002 *The Body Multiple: Ontology in Medical Practice*, Duke University Press.

Petersen, A. and D. Lupton 1996 *The New Public Health: Health and Self in the Age of Risk*, Sage Publications.

Petryna, A. 2002 *Life Exposed: Biological Citizens after Chernobyl*, Princeton University Press.

Rapp, R. 1999 *Testing Women, Testing the Fetus: The Social Impact of Amniocentesis in America*, Routledge.

Rose, N. 2006 *The Politics of Life Itself: Biomedicine, Power, and Subjectivity in the Twenty-First Century*, Princeton University Press.

Slovic, P. 2000 "What Does It Mean to Know a Cumulative Risk? Adolescents' Perceptions of Short-Term and Long-Term Consequences of Smoking," *Journal of Behavioral Decision Making* 13(2): 259-266.

Svendsen, M. N. 2006 "The Social Life of Genetic Knowledge: A Case-Study of Choices and Dilemmas in Cancer Genetic Counseling in Denmark," *Medical Anthropology: Cross-Cultural Studies in Health and Illness* 25: 139-170.

「リスク社会」へのオルタナティブ
Exploring Alternative Visions of Risk Society

III

introduction
「リスク社会」へのオルタナティブ
——イントロダクション

東賢太朗
Azuma Kentaro

　第Ⅲ部では、これまでの第Ⅰ部、第Ⅱ部の議論をふまえながら、リスクという概念や思考、またそれに付随して生じる生活世界のリスク化、あるいは「リスク社会」の諸問題について、その（多くはネガティブな）現代社会におけるインパクトをあきらかにしたうえで、それらに対抗する／オルタナティブとなりうる思考や実践の可能性を模索する。

希望としての「リスク社会」

　リスクが、第Ⅰ部で表されたように技術や制度として社会の中に埋め込まれたものであったとしても、また第Ⅱ部で表されたように生活世界に侵入し、個々人を「リスク・コンシャスな主体」として立ち上げる〈装置〉であったとしても、いずれにしてもそれが現代社会のシステムや環境、生活を論じるうえで避けようもなく浸透している概念であり思考であるということに疑いはないだろう。そして、リスクの浸透が社会の隅々まで行き渡ったとき、それを「リスク社会」として表現することも可能であろう[*1]。では、そのような社会のリスク化は、はたして何ゆえに生じているのか。第Ⅰ部と第Ⅱ部の諸論考における議論を振り返ったとき、そこには「目前の問題に対処する」という人類にとって根幹をなす発想があり、また複雑化した現代社会においては問題への対処がますます困難になってきているという同時代的な認識があると考えられる。つまり、社会のリスク化とは、

人類がこれまで継続してきたように、そしてこれからも継続が可能であるように、この世界の中で生き残っていくための思考や行為が社会的に表れたものであると大きく把握できるのではないだろうか。その意味で、リスク化が社会の隅々まで行き渡った「リスク社会」とは、人類の未来への希望ともつながる、歓迎すべきユートピアの到来とも考えられる。

　たとえば、「リスク社会」論において頻繁に言及される論者たち（ギデンズ 1993; ベック 1998）は、「安全からリスクへ」という社会のリスク化のプロセスにおいて、社会を構成する個々人のメンバーにリスクが分配されるという問題点を、ひとまずは指摘している。そして、その問題を乗り越える方途として示されているのは、リスク分配によって責任を負い不安を抱いた個々人が、専門家への「信頼」や市民運動的な「連帯」という形で他者と関係を深めていくべきだ／だろうという未来予想図の可能性である。言い換えれば、「リスク社会」の彼方には「リスクに対処する」ことを通じたコミュニケーションによって人と人とが結びつき、絆を深めていく社会が望まれているともいえる。個々人が社会に偏在するリスクを自覚・認識し、責任を持って引き受け、そのうえで他者と協力しあいながら対処していくというならば、そこにはリスクを鍵概念としてますます成熟していく理想的な後期産業社会のイメージが描かれているとはいえないだろうか。そのような進歩主義的な社会観に裏打ちされた「リスク社会」の未来に、ユートピアへの憧憬すら見いだすことも可能だろう。

---

*1　リスクという技術や制度、あるいは装置が隅々まで深く浸透し、個々人も生活の中でそれを強く意識しなければならない状況において、それを「リスク社会」と呼ぶことができるのか、また呼びうるとすればそれはいかなる社会なのか、統一の見解は見いだせない。最大公約数として、U. ベックが『危険社会』（ベック 1998）の中で述べた、「富の分配とそれをめぐる争いが重要であった産業社会を超えて、リスクの分配とそれをめぐる争いが重要視される後期産業社会」というイメージを提示することはできようか。

「リスク社会」のイデオロギー

　だが、ユートピアはつねにイデオロギーと背中あわせにあることを忘れてはならない。「リスク社会」の先に望まれる理想的な社会とは、はたして現実的な社会のリスク化において実現が可能なのだろうか。少なくとも、どうやらそうではないらしいという意見があちらこちらから聞こえてきている。たとえば、強者と弱者、持つ者と持たざる者のあいだの格差の増大は、信頼や連帯よりもむしろ不信と断絶を生み出している。次々と押しつけられるリスクの重圧と不安に押しつぶされそうになった人びとが、「リスクがあるのなら、リスクを感じなくなりたい、そういう面倒くさい世界への関心はなくしてしまいたい」（東浩紀 2005: 176-177）という動物的な欲求を高めていく。その欲求に従い、一方で強者は監視や管理の技法によって「ゲーティッド・コミュニティ」的な安全地帯を確保し、その中に引きこもることで他者を拒否し排除する[*2]。他方では、弱者が対処も回避もできないリスクを「宿命」（渋谷 2003）として粛々と受け入れながら、教育や労働の機会だけでなく希望さえも奪われていき（山田 2004）、生き残ることがギリギリの「剥き出しの生」（アガンベン 2003）の中に放置されていく。そのような強者と弱者間の格差増大による不信と断絶をみれば、「リスク社会」の中の「連帯」というユートピア的帰結などイデオロギーにしかすぎないという気がしてくるのではないだろうか。

　実際、「リスク社会」は非常にイデオロギー的である。ますます複雑化する社会システムにおいて、個々人がリスクを適切に認識し、引き受け、

---

*2　この点に関連して、三上剛史は「リスク社会」における、リスクと監視と個人化のつながりについて、以下のように述べている。「リスク社会は単純な因果関係や結果予測がしにくい社会であるがゆえに、絶えざる監視を必要とする。また、個人の価値観や感性が多様化した社会では、個々人の内面を推し量ることは困難となり、人間に規範を埋め込み精神を移植することで社会秩序を維持するよりは、個別的行動をモニターしつづけることによって逸脱を規制するほうが効率的になる。同時に個人化されたリスクの前で不安を抱える諸個人は、みずから進んで監視に身を委ね、相互監視的にリスク回避に向かおうとする」（三上 2010: 73）。

それらすべてに対処することは、ほぼ絶望的に困難である[*3]。医療におけるインフォームド・コンセントの例を挙げるまでもなく、すでに専門家ですら正しい選択をすることが困難な状況において素人に対し選択を迫ることは、私たちがもはや専門家さえも「信頼」することができないということを表しているのではないか。そこにおいて、自己責任や自己決定という言葉自体がすでに形骸化している。引き受けざるをえない「受動的リスクを選択せよ」（ジジェク／デイリー 2005）という形式的選択の自由を与えることは、「不可能なことを遂行せよ」というイデオロギー的な命令を下すことと同義である。そこから導かれる帰結とは、信頼や連帯のユートピアであるよりも、不信と断絶による諦めと怯えが蔓延した悲惨な社会ではないだろうか[*4]。

[*3] 春日直樹は、このように個々人がみずから不可能なリスクを引き受けていく思考を、〈問題―解決〉型の思考であると述べている。そこにおいて各個人は、「自分の問題を自分でみつけて反省し、目標を設定して努力し、評価し説明するというテクノロジー」（春日 2007: 7）を要求されることになる。〈遅れ〉を手がかりに〈問題―解決〉の枠組みの外部へ脱出しようとする春日の試みは、「リスク社会」のオルタナティブを模索するうえで、たいへん有効な導きであると考えている。

[*4] 付け加えれば、2011 年に発生した東日本大震災をめぐっても、「リスク社会」のイデオロギーはいたるところで表出していたと考える。たとえば、震災後の復興に際して、「がんばろう！　日本」というスローガンが流通している。あれほど大規模の災害に直面し、暴動もパニックも起こさない冷静沈着で礼儀正しい日本人たちが、1つにまとまって復興を進めていこうというビジョンは、ナショナルな「連帯」という「災害ユートピア」（ソルニット 2010）を映し出すと同時に、日本人というカテゴリーの境界を強め、その外部に位置する外国人を放置や排除する「震災ナショナリズム」への道筋も示している。あるいは、震災後の原発をめぐる議論においては、政府の見解や専門家の意見などが乱立し、情報が正しいのか誤っているのか、開示されているのか秘匿されているのか、識別不能な状況の中で「信頼」という言葉がその意義を失いつつある。このような、東日本大震災後の状況に代表される現代日本の「リスク社会」においても、オルタナティブな選択肢を模索することはやはり不可欠ではないだろうか。

リスクと災因論

　「リスク社会」を生き抜くために、あるいはさらに積極的にリスクという概念・思考による社会の一元的な支配を回避するために、私たちに残された方策を探ることが必要とされている。それは、言い換えれば、「リスク社会」へのオルタナティブを探究せよという要請である。

　人類学の古典的な研究の中にも、そのようなオルタナティブの萌芽は数多く見いだすことができる。たとえば、古典的人類学の中核をなす呪術研究における、不幸や災いへの説明体系、また対処法としての災因論についての研究蓄積はその手がかりになると考えられる。M. ダグラスは「リスクと非難」の議論（Douglas 1992）において、リスクと災因論を近代と伝統の両極にそれぞれ位置づけるのでなく、不幸の説明や非難という観点から、近代的なリスク認識自体も含みこんだ災因論を大きく想定した。そのような考え方が生まれてきた背景には、近代化における無条件のテクノロジー礼賛を経由して、テクノロジー自体に埋め込まれた不確実性への気づきによるテクノロジー批判へと行き着く流れがある。つまり、呪術であろうがテクノロジーであろうが、知というものは根本的に不確実であるという認識への到達である。同様に、専門家と素人のリスク認識についても、それを知識の有無で区別するのではなく、方法論的個人主義によるものと文化や社会の影響を受けたものという2つのリスク認識の違いとしてみていくことが可能である。そこからダグラスは、リスク認識について複数アクターの間主観的な合意形成と決定プロセスに着目していく。以上より、伝統／近代、呪術／科学、素人／専門家という二極にそれぞれ災因論とリスクを振り分ける発想を逃れ、災因論としてリスク認識を捉え直すことが可能になる。

　本書の序章で市野澤によって詳しく述べられているが、E. E. エヴァンズ=プリチャードによるアザンデの妖術研究（エヴァンズ=プリチャード 2001: 82-83）においては、ある男が倒壊した穀物小屋の下敷きになって怪我をするエピソードが示されている。ここでは、妖術はその男の「個別」の不幸を説明する災因論を形成していることが確認されている。どれほど

理解可能な因果関係が出揃っていても、なぜその人物が、なぜそのときに、なぜその場所で、という個別性の問いへの答えとはならない。そこで不幸を引き受け、受け入れるための装置として共同体に共有された災因論が発動される。その際に、災因論は因果を説明しているのではなく、経験を了解可能なものとする物語装置（浜本 1989）となっている。その物語を通じて、リスク的な因果論では説明し切れなかった不幸が、共同体の成員たちによって引き受けられるのである。

　アザンデの災因論は、どちらかというと過去に起こった不幸な出来事をさかのぼって解釈するような時制で現れていた。それでは、未来の不幸や災いに対して、災因論はどのように働きかけているのであろうか。G. リーンハートによるディンカの雨乞い儀礼の民族誌をもとに呪術儀礼論を展開したダグラス（1995: 119-145）は、ディンカが雨乞い儀礼を雨季が始まるころに執りおこなうということ、すなわちディンカはもうすぐ雨が降るという合理的な因果関係をたしかに知っているということを報告している。では、いずれにしてももうすぐ雨が降るのであれば、なぜ雨乞い儀礼は執りおこなわれなければならないのであろうか。それをダグラスは、雨乞い儀礼という表現行為が経験の意味を変容させる、あるいは無意味な経験に意味を与えるからであると考えた。いずれにしても乾季の日照りはいつか終わり、雨季になって雨は降るかもしれない。しかしながら、日照りという不幸をみずからの人生にとって意味ある経験として捉え、またそれに対してなんらかの望むべき未来へと変えていくような物語として、雨乞い儀礼は執りおこなわれているというのである。ここで求められているのもアザンデの事例と同じく、合理的な因果関係ではなく、共同体にとっての意味ある経験である。

　アザンデやディンカの事例では、災因論という物語装置が共同体の全体、あるいは大部分に対して機能しているという点で、ある種の伝統社会のあり方を前提としている。それは、血縁や地縁といった目に見え顔の見える関係性をベースとしながら、個人を社会から切り離すことができないような社会のあり方である。その意味では、本書が対象とする「リスク社会」において、個人化が進み、個々人の関係性が分断され、不安が不信を生み

出していくような状況下では、そもそも災因論という発想自体が効力を持ちえないという考え方もできよう。しかし、ふたたびダグラスが述べるように、伝統／近代という両極に災因論とリスクを振り分けるのではなく、リスク認識自体が大きく災因論に包摂されるような知見こそが、人類学がこれまで個々の文化や社会において描いてきた人びとの生の営みではなかっただろうか。リスク化の濃度やイデオロギーの受け入れ度合いによって、伝統社会から近代社会、そして「リスク社会」までの延長線上に、個々の人びとの営みをそれぞれ位置づけ直し、リスク化が完全に浸透していないシステム上の齟齬やマージナリティからオルタナティブの開拓を進めることは可能だろうか。少なくとも、それは人類学がこれまで対象としてきた、いわゆる「伝統社会」においてのみおこなわれうる実践ではないだろう[*5]。

「リスク社会」へのオルタナティブ

　第Ⅲ部の諸論考は、「リスク社会」への強い危機感とオルタナティブの可能性への希望に向けて発せられたものである。これら諸論考によって提示されているのは、これまで他領域から提出されてきた「リスク社会」のイデオロギーへの対応策とはやや異なった可能性だといえよう。社会学や政治学などでいわれてきたのは、市民を組織し連帯や活動を活性化することによる集団的なリスク管理や、公共政策によってリスクに立ち向かう

---

*5　たとえば、私自身はこれまで、近代医療が十分に普及したフィリピンの地方都市における呪医の治療活動について報告してきた。そこでみられたのは、災いや不幸をめぐる人びとのリアルな実感によって、非合理な呪術と合理的な近代医療という二分法が軽々と乗り越えられていく状況であった（東賢太朗 2011）。また同様な状況は、科学技術については世界最高峰にあるはずの現代日本社会における、「スピリチュアリティの興隆」と呼ばれる現象についてもあてはまると考える。伝統社会から近代社会、そして「リスク社会」へという単線的な図式を受け入れるのではなく、それらが複雑に混交している生活世界において、個々人がどのような社会的コンテクストに位置づけられているか、そしてどのような世界観をリアルなものと受け止めて生きているか、1つひとつ微細に見きわめていく必要があるだろう。

個々人をエンパワーメントする方策、あるいはデモ活動によるアンダークラスの抵抗運動である（小松 2003）。だがしかし、それら対応策は、あくまでも「リスク社会」の「不可能なことを遂行せよ」というイデオロギー的な呼びかけを一度受け入れたうえでなされるものである。それに対して、人類学的なリスク研究の立場は、そもそもそのような「リスク社会」のイデオロギーをすべて受け入れるのではなく、「リスク社会」から部分的に、あるいは全面的に脱出することを希求するようなオルタナティブな諸実践を提示し、その可能性やポテンシャルをふたたび「リスク社会」へと返していくような戦略をとる。もちろん、そうはいっても世界規模での新自由主義の波及により、まったくリスク化していない社会を求めることはほぼ困難である。だがしかし、リスク化の濃度やイデオロギーの受け入れの度合いなど、必ずしも地理的にではないシステム的なマージナリティ（福島 1998）において、オルタナティブを記述することは不可能ではないと考える。

　以下、第Ⅲ部各章の内容を手短に概観する。第 8 章では東が、フィリピン地方都市の無職状況にある若者たちを事例に、彼らが親族や地域共同体に支えられながら、出稼ぎという唯一の希望を「待ち」、またそれに「賭ける」という戦略や狡知を含んだ人生観・世界観を提示する。第 9 章は飯田卓による、マダガスカルの漁撈社会についての論考である。本質的に不確実な生業形態である漁撈活動に従事する漁民が、資源枯渇という危機に持続的に直面しながら、いかにこれまでの営みを継続していくことができるのか。そこにはリスク計算による資源管理とは異なった、微細な適応と調整、決断による在来の知識と実践がみられる。第 10 章は、西真如による、エチオピアの葬儀講活動にみる保険と連帯についての論考である。死というリスク、また葬儀のコストに対して、一見すると私たちになじみのある保険や共済制度と似通った手法が適応されているようでありながら、そこには厄介ながら避けることのできない他者とあえてかかわるという生の営みと倫理を見て取ることができる。最後に、第 11 章は碇陽子によるアメリカ社会のファット・アクセプタンス運動についての論考である。そこでは、肥満が明白なリスクとして管理・対処が求められる社会的状況に

おいて、「逸脱」としての肥満という思考に異議申し立てをし、ずらしていく運動による新たな世界観の構築過程の可能性が提示されている。各章の論考は、それぞれフィールドと対象を大きく異にしながらも、第Ⅲ部がめざす「リスク社会」へのオルタナティブを、それぞれのフィールドに埋め込まれた思考や実践から、しかしながら人類学的リスク研究による新たな視座と切り口によって、提示することを目的とする点で共通している。4つの試みを通して、最終的に「リスク社会」からのなんらかの突破口、あるいは脱出先を垣間見ることができるのであれば、第Ⅲ部の目的はある程度まで果たされたことになる。その成否は読者諸氏の評価に委ねたい。

参照文献
アガンベン，G. 2003『ホモ・サケル——主権権力と剥き出しの生』（高桑和巳訳）以文社。
東賢太朗 2011『リアリティと他者性の人類学——現代フィリピン地方都市における呪術のフィールドから』三元社。
東浩紀編 2005『波状言論S改——社会学・メタゲーム・自由』青土社。
エヴァンズ=プリチャード，E.E. 2001『アザンデ人の世界——妖術・託宣・呪術』（向井元子訳）みすず書房。
春日直樹 2007『〈遅れ〉の思考——ポスト近代を生きる』東京大学出版会。
ギデンズ，A. 1993『近代とはいかなる時代か？——モダニティの帰結』（松尾精文・小幡正敏訳）而立書房。
小松丈晃 2003『リスク論のルーマン』勁草書房。
ジジェク，S.／G. デイリー 2005『ジジェク自身によるジジェク』（清水知子訳）河出書房新社。
渋谷望 2003『魂の労働——ネオリベラリズムの権力論』青土社。
ソルニット，R. 2010『災害ユートピア——なぜそのとき特別な共同体が立ち上がるのか』（高月園子訳）亜紀書房。
ダグラス，M. 1995『汚穢と禁忌（新装版）』（塚本利明訳）思潮社。
浜本満 1989「不幸の出来事——不幸の語りにおける「原因」と「非・原因」」吉田禎吾編『異文化の解読』平河出版社, pp. 55-92。
福島真人 1998「文化からシステムへ——人類学的実践についての観察」『社会人類学年報』24: 1-28。

ベック，U.　1998『危険社会——新しい近代への道』(東廉・伊藤美登里訳) 法政大学出版局。
三上剛史　2010『社会の思考——リスクと監視と個人化』学文社。
山田昌弘　2004『希望格差社会——「負け組」の絶望感が日本を引き裂く』筑摩書房。
Douglas, M. 1992 *Risk and Blame: Essays in Cultural Theory,* Routledge.

第8章
「待ち」と「賭け」の可能性
―― フィリピン地方都市の無職と出稼ぎ

東賢太朗
Azuma Kentaro

1 「リスク社会」の労働と教育

　「リスク社会」のマージナルな場所の記述から、脱出や逃避のオルタナティブを探る。そのような第Ⅲ部の目的に照らしあわせ、本章ではフィリピン地方都市の無職の若者、「イスタンバイ（*istambay*）」と周囲の人びとの生活実践から、フィリピンの「リスク社会」を生きる人びとの労働や教育について、またその人生観や世界観について考察する。

　新自由主義的な経済・社会システムにおけるリスクの予測や管理への過度な欲望によって、人びとの不安や不信が高まり、強者と弱者の格差が増大し、社会的な信頼や連帯の可能性が奪われる、というかたちで社会のリスク化が進行している。その特徴が強く表れているのが、若者の教育や労働に関する議論である。本章ではまず、ニートやフリーターについての議論に代表される、日本の若者の構造的なハイリスク状態について概観する。つづいて、フィリピン地方都市のイスタンバイと呼ばれる無職の若者たちの教育や労働についての思考や実践から、新自由主義的な「リスク社会」へのオルタナティブな生き方の可能性を模索する。そのうえで、イスタンバイと彼らを支える親族や地域共同体にみられる「待ち」と「賭け」という人生観・世界観を提示することにする。

2　「リスク社会」の若者たち

　日本のニートやフリーターに関する議論は、学校教育から社会における労働までつねに継続するリスクについて、弱者の立場におかれた若者の諦めのトーンを強く反映している。教育や労働に関するリスクが若者たちにもたらすのは、社会・経済的な量的格差のみではなく、未来についての希望の質的な格差である（山田 2004）。そこには、リスクを予測・管理し、未来の諸問題に能動的に対処する人間像などもはや見いだせず、本来は例外状態であるはずの「剥き出しの生」（アガンベン 2003）を、常態としてただなんとかやりこなしながら生き残るしかないという陰鬱な絶望の嘆きと怯えが蔓延している。

　ニートやフリーターへの評価は大きく肯定と否定に二分することができる。まず肯定派として、東浩紀はニートが社会活動への参加を通じた社会への応答責任から「降りる自由」を行使しているのだと主張している（東 2005）。また春日直樹は、フリーターは自己実現による〈問題─解決〉を求めているのではなく、〈まだ─ない〉を非決定状態で待つことによって、いつ到来するかわからない「希望」を具現化しているのだと論じている（春日 2007）。一方、否定派として、山田昌弘はニートが労働から逃走することによって、結果的に階層下降しているということを（山田 2004）、また内田樹はニートやフリーターが不労や転職を自己決定することにより社会的弱者を生産する構造の中に取り込まれていることを（内田 2007）、それぞれ指摘している。ここにおいて、ニートやフリーターが「リスク社会」の自己責任や自己決定から降りているのか、あるいは逃走の結果、再度自己責任や自己決定のイデオロギーを再生産しているのかという相矛盾する評価がみられるのである。

　また、同じようなジレンマは、近年増加する「外こもり」と呼ばれる人びとにもあてはまる。外こもりとは、日本社会を降り、物価の安い途上国で働かずに生活する若者や老人たちのことである。バンコクの外こもりについて報告した下川裕治は、一方で外こもりが不寛容で生きづらい日本社

会から降り、タイの労働観の中で救われることを肯定的に評価しながら、他方で生活費を稼ぐ必要性やビザの滞在制限による帰国のため、完全に降りているのではなく結果的には一時的な逃避にすぎないと論じている（下川 2007）。ニートやフリーターと同じく、外こもりも労働の自己責任や自己決定をせまる「リスク社会」から逃れるために降りることと、その結果としてふたたび「リスク社会」に回帰することの狭間にいるのである。

　それでは、若者の教育や労働に関する問題について、日本以外の他地域ではどのような状況がみられるのであろうか。欧米やアジアの先進諸国では、深刻化する若者の教育や労働の問題に対して、さまざまな政策の整備によって対策を講じているという報告がなされている（白川 2005）。では、多くの場合政治システムが機能不全の状態にあり、政策による問題対策が行き届かない開発途上国における状況はどうであろうか。グローバル化する新自由主義社会とその経済システムにおいて、構造的な弱者として位置づけられる開発途上国の若者たちは、ますます増大する教育や労働についてのリスクと格差をどのように捉え、また対応しているのであろうか。以下では、フィリピンのケースを取り上げることにする。

3　フィリピンの無職の若者たち

3.1　イスタンバイとは

　フィリピンも他の途上国と同じく、低賃金や高い失業率という深刻な労働問題を抱えている。フィリピンの労働問題に特徴的なのは、低学歴者だけでなく大学や専門学校を卒業した高学歴者であっても、低賃金や雇用不足などが就職の阻害要因となり失業率が高いということである。つまり、教育の成果が労働に反映されていないといえる。そのような労働状況において、フィリピンの若者にとって唯一の希望となるのが出稼ぎである。近年では、居住地を離れ、首都マニラや海外への出稼ぎ労働を志向する無職者が増加している。

フィリピン英語で「待つ」を意味するイスタンバイとは、無職者から不定期・非正規労働者までを広く含み、多くの場合は家族・親族の被扶養者として生活する若年層の男女を指す。日本でいえば、ニートとフリーター、家事手伝いを包含したような存在だといえるだろう。イスタンバイたちが、文字どおり待っているのは、自分の社会的条件や教育、経験に見あったステイタスの賃金労働である。たとえば、低学歴層であればマニラでの建築作業員や日本でのエンターテイナーなど、高学歴層であればマニラのコールセンター、あるいは中東や欧米での介護士、看護師などの職種がそれに該当する。

　イスタンバイのおかれた状況を日本のニートやフリーターの状況と並べた場合、そこには無職や不定期・非正規の労働、被扶養状況など、多くの共通点を見いだすことができる。しかしながら、ニートやフリーター、また彼らをめぐる論壇のトーンと比べた際に、イスタンバイに特徴的なのはその「明るさ」だといえる。もちろん、明るいニートやフリーターも日本社会の中には数多く存在するだろうし、イスタンバイの状況に陰鬱さを見いだすことはいくらでもできるだろう。だがしかし、フィリピン社会におけるイスタンバイの位置づけや彼らをめぐる言説全体としてみた場合、そこにはニート・フリーターと比べてのあきらかな差異が見いだせる。その違いは、イスタンバイ自身の「前向き」さによるものでもあり、また彼らの周囲の人びとの「温かさ」によるものでもある。

3.2　イスタンバイの「不安」と「希望」

　無職や不安定な雇用状況にあるということが、イスタンバイを「不安」にさせているということは、もちろん確かである。しかしながら同時に、イスタンバイには「待つ」ことによる未来への「希望」も共存している。「不安」と「希望」が共存しているとはどういうことか。まず彼らはたとえ無職無給であったとしても、仕事については基本的に高望みをする。日銭稼ぎや低賃金労働など、選ばなければ得られるであろう「小さな」仕事は可能なかぎり避けようとする。もし働くのであれば、自分のキャリアや

能力に照らして望みうるかぎりの賃金の高い仕事や条件のいい仕事を得ようと考えている。その最たるものが海外出稼ぎである。彼らが日々漏らす「海外にさえ出れば！（Basta makaguwa!）」というつぶやきがそれをよく表している。

　またそのように「希望」を持ちつづけながらも「不安」な状況にあるイスタンバイは、多くの場合、周囲の人びとと良好な関係にある。家族や親族に扶養されながら、イスタンバイはとくに無職無給であることについて非難されることはなく、また本人たちも必要以上に卑屈な態度をとることはない。仕事がないのであれば、家の中で家業や家事の手伝いを淡々とこなし、その見返りとして衣食住の保障と小遣い程度の金銭的な援助を受けているというのがよくみられる状態である。また一方で、イスタンバイはそれが常態であることを当然のものとして受け入れているわけでもなく、ことあるごとにそのような扶助が自分にとって「心の負債（utang na loob）」であると表現する。そして、その負債は、いつか自分が「希望」を手に入れた将来に、返済されるべきものであるとも付け加えるのである。

　労働について「不安」でありながら「希望」を持ちつづけ、また周囲の家族や親族もその状況を見守り、受け入れているという環境の中で、イスタンバイの日常生活は継続していく。日々の家業や家事手伝い以外の時間には、同じくイスタンバイである友人たちと過ごすことも多い。男性であればバスケットボールや闘鶏に興じてエネルギーを発散し、また時に（金銭的な余裕があれば）酒を飲んだり、ギャンブルをしたりすることもある。女性であっても同様に、友人とおしゃべりをしたりテレビを観たり、（金銭的な余裕があれば）街に出てショッピングや食事をすることに時間を費やす。その生活に、無職であるということがもたらす陰鬱さよりも「希望」を持ちつづける明るさをみることができるのは、イスタンバイが個々人の「不安」の中に閉じ込められてしまうのではなく、家族や友人との関係によってつながり、外部に開かれていることが大きく影響している。

　そのように継続していくイスタンバイの日常は、しかし当然ながら終了することもある。そのきっかけのひとつは、もちろんイスタンバイが待ちつづけていた「希望」に出会ったとき、すなわち自分の能力やキャリアに

イスタンバイたちの飲み会

見あった仕事を手に入れたときである。「出発できる（*makalakat*）」幸運に恵まれたイスタンバイは、これまで継続してきた日常に終止符を打ち、「負債」を返済するため異国や他の土地に旅立っていく。だがしかし、すべてのイスタンバイに幸運が訪れるわけではない。待ちつづけるイスタンバイも次第に年齢を重ね、いつか若者ではなくなっていく。どこかの段階で「待つ」ことなく、ただ働かない大人になったとき、自覚的に、あるいは周囲の視線の中で、とにかくどのような仕事であっても働くことを余儀なくされる。10代から20代前半を過ぎ、20代半ばから30代までには多くのイスタンバイが「待つ」ことにみずから終止符を打つ。その際によくみられるのが、恋人や配偶者とのあいだに子どもが生まれ、家計を支えるために働かざるを得なくなるという状況である。そんなとき、働きはじめたイスタンバイは、「ミルク（*gatas*）のためさ」と諦め顔で仕事に向かうのである。イスタンバイであることと、たんに無職であることのあいだには、みずから希望を持ちつづけており、かつ周囲からの期待が寄せられているか否かという違いがある。

3.3 イスタンバイに共感する周囲の人びと

イスタンバイの無職状態を、本人も周囲の人びとも許容できている要因として、そもそも「仕事がない」という状況についての責任に対する認識がある。フィリピンの、多くは地方で生活しているイスタンバイにとって、学校を卒業した後すぐに、自分の学歴に見あった職に就く幸運に恵まれることは非常に稀なことである。それは、本人の努力不足によるものではなく、そのようなフィリピンの社会的状況の中、生活していることによる必然的な帰結だと捉えられている。たとえば、「無職であることについてどう思うか」、また「家族に扶養してもらっていることについてどう思うか」という私の問いかけに対し、あるイスタンバイは「仕事がないのは私たちの責任ではなく、政治が悪いから。だから家族は本人の責任だと見捨てず、支援を続けるのではないか」と答えている。また、同様な問いかけに対し、別のイスタンバイは「仕事がないことは本当に辛いことだし、貧困は自分の子どもにも引き継がれてしまう。けれども政府は何も対策をしないので、いつまでもこの状況が続いてしまう」と答えている。このような発言からは、無職状態が政治的な理由によるものであること、そしてそのように本人にとってどうすることもできない事情を家族も共有し、その立場からできるかぎりの手助けをしているという認識がうかがえる。

あるいは、イスタンバイや周囲の人びととのあいだには、無職状態を経済的な格差と結びつけて捉える考え方もよくみられる。それは、次のような発言の中に特徴的に表れている。

「海外で働くためには、確かな学歴と職歴が必要だ。そうでなければ、ビザを取ることすら難しいのが現実なんだ。けれどもその家庭がお金持ちでなければ、高い教育を受けることもいい仕事に就くことも難しい。だからなおさら格差が生まれてしまうんだよ」

イスタンバイがもっとも望む海外での出稼ぎ労働は、多くの場合高度な知識やスキルを必要とするものである。たとえば海外で看護師として働くことを望むのであれば、まず大学で看護学を専攻するか看護学校で学んでいる必要がある。そのための学費を支払うことができ、無事に卒業した後

には、競争率の高い海外での就労のための豊富な労働経験を積むことが要求される。その期間、地元での無給のインターンシップや低賃金労働を継続するあいだには、やはり家族や親族の援助を必要とすることも多々ある。さらに、海外出稼ぎを手配するエージェンシーに対する支払いや、各種手続きのための費用も含めると、一般に経済的に豊かな人びとのほうが貧しい人びとに比べ、海外出稼ぎへの機会により開かれていることは疑いえないだろう。またそのことは、貧困層にとって海外出稼ぎが遠い「希望」であり、同じフィリピン社会の中で生活していながら、経済的な格差が「希望」の質的格差を生み出しているということも表している。「希望格差社会」の議論は、日本だけでなく、フィリピンにおいてもあてはまる部分があると考えられるのである。だがしかし、ふたたびイスタンバイと日本のニートやフリーターとの差異を確認しておくならば、そのような経済的格差が生み出す「希望」の格差についても、イスタンバイ自身がたんに個々人で引き受けているのではなく、周囲の人びとの共感を受けながら共有されているのである。「仕事がないのは誰のせいか」という質問に対し、「政治的状況と経済格差が原因である」と答えることは、実際の社会的状況についての認識を表明しているのと同時に、イスタンバイが自身を肯定すること、また周囲の人びとが彼らに対して共感を示すことにもなっているのである。

4 イスタンバイたちの生き方

調査地ロハス市は、フィリピン共和国西ビサヤ地方（Region V）に位置するパナイ島内カピス州の州都である。人口は約14万7000人（2007年度国勢調査）であり、首都マニラやその他の中核都市と比較すると、地理的にも規模的にもフィリピンの地方都市として位置づけることができる。言語は、西ビサヤ地方の地域言語であるヒリガイノン語が日常的に使用されているほか、政治や教育など公の場では、公用語である英語とフィリピン語も用いられる。主要産業は農業や漁業など一次産業が中心であり、とく

に豊富な海産資源を前面に打ち出した「フィリピンの海産物の中心地（Seafood Capital of the Philippines）」としてのPRが積極的におこなわれている。宗教はローマ・カトリック信徒が95％以上を占め、その他プロテスタント信徒も加えると、典型的な低地キリスト教社会だといえる。

　以下、調査地ロハス市でイスタンバイ状態にある2人の若者のケース、また加えイスタンバイをしないことを選択した若者のケースを2つ紹介しながら、フィリピン地方都市の若者の労働問題の具体例を確認したい[*1]。

イスタンバイの事例(1)　ボン（27歳、ロハス在住）

　ロハス市の私立大学卒。電気・電子工学専攻。卒業後、現在までイスタンバイを継続している。両親ともに死亡したため、現在は（夫がそれぞれ海外出稼ぎ労働者である）2名の叔母の家事や家畜飼育の手伝いをしながら、生活の支援を受けている。不定期のアルバイト以外に、叔母の支援を受けて、養豚やカラオケなどの小ビジネスを試みるが、いずれも失敗に終わっている。現在は、中東や日本への海外出稼ぎのチャンスを狙い、介護士の専門学校への進学準備中。専門学校の学費についても叔母の支援を受ける予定である。

イスタンバイの事例(2)　ロレト（30歳、ロハス在住）

　マニラの私立医科大学卒。学費や生活費は、当時日本でエンターテイナーとして働いていた長姉が出資した。卒業後、理学療法士の資格を取得。現在に至るまで、元エンターテイナーで日本人の内縁の夫をもつ2番目の姉の家に居住し、生活の支援を受けている。無職期間の後、数回のマニラでの契約雇用（バーテンダーなど）と、ロハス市の保健センターでの非正規雇用の理学療法士としての勤務を経験し、現在はふたたび無職の状況にある。これまで、アメリカやカナダへの複数回の求職活動を経て、現在はイギリスでの在宅介護職へ応募中。申請などにかかる経費は、2番目の姉が出資している。

---

*1　以下の事例については、プライバシーの関係上、本章の論旨に影響が及ばない範囲内で固有名詞や事実関係に若干の脚色を施してある。

現役のイスタンバイであるボンとロレトは、ともに大学卒業という最終学歴であること、無職期間と非正規や不定期の労働を繰り返していること、海外出稼ぎ労働者である親族から扶養や援助を受けていること、自身も将来的には海外出稼ぎ労働を希望していることが共通している。そして、これらは多かれ少なかれ、他のイスタンバイの若者たちにも共通する状況である。平日の日中にロハスの中心街や農村地域を訪れて、そこで数名でおしゃべりや、ビリヤードやバスケットボールに興じている若者たちに声をかければ、ほぼ高い確率で彼らが、ボンやロレトと同じイスタンバイの状況にあることが判明するだろう。

　もちろん、個々のイスタンバイの状況は多様である。学歴についても、大学卒業や専門学校卒など高学歴の者だけでなく、高校や小学校を中退した者もいる。また親族の経済力にも差異はあり、ロハス市内でビジネスなどを営む裕福な親族を持つもの、海外出稼ぎ労働者の送金を受けている者、そもそも両親や親族が無職であり、親族全体が困窮状況にある者などさまざまである。

　あるいは「イスタンバイであること」を個々人がどのように受け止めているかについても、千差万別である。たとえばボンからは、現在の自分のおかれた境遇を淡々と受け止めている様子が見て取れた。私が彼の叔母の家を訪ねるたびに、食事の用意や掃除など家事を手伝ったり、養豚ビジネスで飼育している豚の世話をしたり、自家用のバイクの修理をしている勤勉な彼の姿があった。寡黙なボンは、将来について何か語ることはほとんどなく、現在の状況を受け入れながら、いつか到来するビジネスや海外出稼ぎのチャンスをひたすら待ちつづけているようだった。数年間交際した近所に住む女性が、親戚の助力でシンガポールに出稼ぎに行くことが決まったときも、「よかったね」と微笑み、静かに見送る姿が印象的だった。そんな彼は、最近別の女性をバイクの後ろに乗せて走るようになった。

　対照的に、ロレトは明るくポジティブである。私の滞在先の近所に住んでいた彼は、いつもアイロンの折り目がしっかりとついた流行りの服装で、バイクにまたがって私を誘いに来た。マニラで大学時代を過ごしたロレトは、現地ではよく飲まれるタンドゥアイ（Tanduay）という安ラムよりも

ビールのほうが好きで、新しくオープンする飲食店の情報に敏感で、ショッピングモールで携帯電話や DVD などをチェックするのが趣味だった。そして、そういったライフスタイルや購買行動が可能な程度に、姉からの小遣いによる収入があった。医学部を卒業し、理学療法士の資格を取得している彼にとって、フィリピン国内の、地方都市ロハスでの就職は不本意以外の何ものでもなく、つねに国外での出稼ぎ労働、それもイギリスやカナダなど先進国で医療関係の職に就くことを将来のビジョンとして語っていた。それは彼にとって夢や希望というような遠く隔たった先にあるものではなく、いつか必ずつかむことができるはずのチャンスであり、イスタンバイである現状は、そのチャンスが訪れるまでの待機の期間だと捉えられているようだった。またそのようなポジティブなイスタンバイであることの認識は、日本でのエンターテイナー経験者であり、内縁の夫からの援助を受けているそれなりに裕福な姉の意向や期待に即していたことも要因であったと考えられる。ロレトの明るく前向きなイスタンバイ生活は、自身の現状と将来についてのビジョンに加え、親族の承認やサポートによって可能になっていたのである。

　ボンとロレトの 2 名のケースを比較しただけでも、イスタンバイのおかれた現状と将来構想、労働や職業についての認識、親族とのかかわりや援助の程度など、それぞれ質量ともに異なっていることがわかる。繰り返せば、2 名以外のその他すべてのイスタンバイについても、その多様さは同様にあてはまるだろう。しかしながら、彼らに唯一共通することがある。それは、現状の自分たちのおかれた環境に満足しておらず、将来のビジョンとしてよりよい労働条件を求めているということである。

イスタンバイしない事例(1)　ドン (27 歳、ロハス在住)
　警察官になることをめざして通っていたロハス市内の大学 (犯罪学専攻) を 3 年で中退した。その後、5 年ほど兄とともに叔母の家で扶助を受けながら暮らしていたが、ある日思い立って山の上に自分で小屋を建て、1 人暮らしを始めた。現在、日雇いの建設現場の労働に従事している。日当は 100 ペソ。働いた日数分の賃金が週ごとに支払われる。最近は、体調が悪

く休むことも多い。

　イスタンバイたちがよりよい労働条件を求めて待ちつづけるのに対し、必ずしも条件に満足しておらずとも、いくつかの動機や状況から、当面可能な労働に従事することを選択する若者もいる。ドンの事例はそれにあたる。

　ドンは先述のボンの実弟であり、もともとは兄弟ともに親族からの扶養を受けるイスタンバイの状況にあった。ドンが待ちつづけていたのは、他のイスタンバイと同じく条件のよい仕事であり、また経済的理由と学業上の不振から中退してしまった大学への復学のチャンスだった。礼儀正しく正義感が強く、また体格もよくスポーツが得意であった彼は、警察官になるという幼いころからの夢を諦めることができず、中退後も復学への意欲を持ちつづけていた。安ラムの回し飲みで酔いが回ってくると、決まって「俺が警察官だったら、絶対に汚職をしない」と理想を語るのだった。

　そのドンが、ある日突然、1人暮らしを始めた。数か月前から、兄とともに世話になっていた叔母の家近くにある山の上に、少しずつ少しずつ竹や木などの建築資材を持ち込んで、小さく粗末な小屋を建てていたのだった。小屋が完成し、どうにか住むことができるようになると、身の回りのものだけを持ち出し生活を開始した。具体的にどのような話しあいや取り決めがあったのかは知る由もないが、叔母から受けていた扶助はすべて打ち切りになり、ドンは食費や生活必需品に充てる金銭収入を得るため、日雇いの建築労働に従事するようになった。収入はつねに不足かつ不安定であり、健康状態も思わしくない。

　なぜドンは数年間継続したイスタンバイ状況に突然終止符を打ち、自分自身の労働による生活を選択したのか。もちろん、なんらかの理由により叔母と衝突し、扶助を受けながら生活を続けることが難しくなったという可能性は考えられる。しかしながら、ここではそのような個々人間の事情に踏み入るよりも、次のようなドンの発言に注目したい。それは、私が発した「なぜ叔母の家を出て1人暮らしを始めたのか」という問いに対する、「自分自身の生活を送りたかった」という回答である。ロハス市の日

常会話でも頻繁に聞かれる「自分自身（*ako nga kaugalingon*）」という言葉は、親族や友人の複数集団を指す「私たち（*kita*）」という単語と対比される、個としてのあり方をとくに表している。その動機が外的にもたらされたものであれ、内的に生じたものであれ、ドンは叔母や兄との相互に支えあい助けあう「私たち」の暮らしを抜け出し、自分の責任と能力による「自分自身」の生活を築くことを選択したのである。

　それでは、イスタンバイ時代に抱いていた夢や希望はどうなったのか。ドンは、「警察官になるのは夢だったけれど、かなわなければ仕方ない。生活していくためには日雇いでも仕方ないと思う」と語る。また、よりよい条件の労働として待ちつづけていた出稼ぎについても、「出稼ぎはしないことにした。マニラに行って働けばより賃金の高い仕事に就くことができるかもしれないが、今より高い家賃や食費を支払わねばならない。収入と支出を考えれば、ここにいるほうがいい」と考えている。さらに、これまで自分がおかれていたイスタンバイという立場についても、「今考えれば、働くのが面倒（*tamad*）だからイスタンバイを続けていたのかもしれない。最初のころは、働く気もあって、出稼ぎの機会を待っていたのだけれども」と否定的に捉えている。

　イスタンバイは、現状への不満を嘆き、未来への夢や希望を抱えながら、親族による扶助を受け入れ待ちつづける。その状態は、自己と他者や社会との関係性がバランスよく均衡を保っていれば、エンドレスに継続していくことも可能である。だが一度、なんらかのきっかけでそのバランスが崩れたとき、「自分自身」に対する責任や選択の必要性が生じ、また将来の夢や希望を持ちつづけることに対して否定的になり、他者に対して誇りを持って頼りつづけることが困難になる。ドンに起こりえた、そしてその他すべてのイスタンバイに起こりうるであろうターニングポイントは、イスタンバイ状態が自己と他者と社会の微妙なバランスの上に成り立っているものであることをよく表しているのではないだろうか。

イスタンバイしない事例(2)　ダダ（23歳、ロハス在住）
　イロイロ市の私立大学看護学科卒。大学の勉強があまりにもきつく、1

年間休学しファーストフード店に勤めたが、やはり大学に戻ることにした。その後は順調に卒業し、卒業1年後に看護師の資格を取得。さらに1年間の求職期間を経て、ロハスの私立病院でボランティアのインターンシップを開始した。求職期間には、より賃金条件のいいコールセンターにも採用されたが、将来の海外出稼ぎをめざし、看護師としてのキャリアを積むことを選択する。大学の学費は、アメリカ合衆国に在住し看護師として働く祖母の妹から援助を受け、日々の交通費や小遣いは両親から受け取っていた。自分の姉とイトコの学費も祖母の妹が出していた。将来は彼女を頼り、看護師としてアメリカへの出稼ぎを計画している。

ダダの事例も、先ほどのドンと同じくイスタンバイをしない若者の事例である。しかしながら、ドンとダダではイスタンバイをしない理由が大きく異なる。他の多くのイスタンバイと同じく、ダダも大学の看護学科卒業という高学歴者である。学業の途中で休学期間を経験したが、ドロップアウトすることなく復学し、卒業と国家資格の取得を達成した。厳しい看護学の教育課程の中で、「勉強がたいへんで、自分自身何度もやめようと思ったし、何より両親が心配してやめてもいいといってくれた」ことがきっかけとなり、まずは休学を決意した。しかしながら、やはり復学することに決めたのは、休学期間に従事したファーストフード店での労働経験が大きいという。ファーストフード店では、最初は仕事がたいへんだと感じたが、次第に仕事に慣れ、単純労働を繰り返すことが楽になり、またそれが楽しくすら思えてきたという。そして、日々の単純なルーティンを繰り返す中で、「このままではいけない」と思い至り、最終的に大学への復学を決意した。

大学卒業後も、ダダは決してただ幸運に恵まれていたわけではない。卒業後、1年かけて必死で勉強し、難関の看護師国家試験に合格した。そこから求職活動を開始したが、有給の看護師の仕事にめぐりあうことはなかった。その代わりに、英語が堪能なダダには、かなりの好条件で近隣の中核都市イロイロ市のコールセンターからのオファーがあった。イロイロ市でのコールセンターの賃金の相場は、1万2000ペソから1万5000ペソで

ある。それは、同じくイロイロの病院の看護師の賃金が、6000ペソから8000ペソであることと比べても、よりよい条件であるといえる。しかしながら、コールセンターのすべての試験やインタビューを通過し「内定」を獲得したダダは、同時期に見つけたロハスの私立病院での無給のインターンシップという労働のほうを選択する。ダダは、なぜ有給で好条件のコールセンターでの仕事よりも、無給で条件の悪い病院での労働を選んだのか。

　その理由は、ダダの将来構想と大きく関係している。ダダは他の多くのフィリピンの若者たちと同じく、海外での出稼ぎ労働を希望している。出稼ぎの職種として考えた場合、人件費が安いため、マニラやイロイロにオフィスがあるコールセンターと比べると、看護師は病院があれば世界中どこでも働くことができる。看護師という職種を選択し、将来的には海外出稼ぎを計画しているのであれば、無給であってもまず病院で看護師としての経験を積むのは合理的な選択だといえよう。たとえば、シンガポールの病院で働くためには1年の経験が、サウジアラビアやアメリカ合衆国の病院では2年の経験を採用の条件としている場合が多い。またその際に、フィリピンの病院での経験はカウントされないこともあるため、フィリピンからまず出稼ぎしやすい国外へ行き、そこでまた経験を積み、アメリカ合衆国やカナダなどより条件のいい国へと移動していくというステップアップが必要となる。このような看護師の出稼ぎ事情を考慮に入れて、ダダは目先の好条件に揺らぐことなく、自分の明確な将来構想に則って職業と職種を選択したのである。

　ダダの、非常に確かな将来構想と、それを実現しようとする強い意志は本人の資質によるところも大きい。しかし、その背後には、ダダを支える親族の存在があることも忘れてはならない。事例中にもあるように、ダダにはアメリカ合衆国に在住し、看護師として働く祖母の妹がいる。実の祖母と同じく「おばあちゃん（*lola*）」と彼女を呼ぶダダは、彼女から愛され、期待され、また実際に金銭的な支援を受けている。祖母の妹は、高額な私立大学の看護学科の学費の大部分を出資し、ダダが学歴と資格を手にすることを可能にした。ダダは、「家計の都合で大学には行けないと思ってい

たが、おばあちゃんからの支援の申し出があって、とても幸運だった。大きなチャンスが訪れたと思った」と、当時の気持ちを振り返っている。祖母の妹はダダだけでなく、ダダの姉やイトコなど、親族全般に対して学費の支援をおこなっている。このように海外出稼ぎによる成功者が、自分の親族の生活や学業に対して支援をおこなうことは頻繁にみられることであるが、ダダがさらに幸運であるのは、自身の将来構想である看護師としての海外出稼ぎ先として、祖母の妹の働くアメリカ合衆国を想定できることである。もちろん先述のように、看護師として海外労働に従事するには、国内外での経験が重要視される。そのため、今すぐにアメリカ合衆国への出稼ぎを実現することは不可能である。しかしながら、無給であっても現在フィリピン国内の病院で経験を積んでおり、今後別のアジアや中東の諸国での経験を経由して、最終的に祖母の妹の手引きや手配によってアメリカ合衆国へと出稼ぎに行くことはおおいに現実的だといえよう。付け加えれば、同じく祖母の妹の支援によって大学の看護学科を卒業したダダの実の姉は、すでに数年間の看護師としての労働経験を経て、目下海外出稼ぎを計画中である。

　このように、ダダが学業を修め資格を取得した後に、1年間という短期間のみしかイスタンバイ期間を経験することがなかったのは、本人の能力や資質と明確な将来構想によるところが大きい。しかしそれに加え、海外在住の祖母の妹という強力なスポンサーが金銭的に援助をし、またその将来構想をより具体的で実現可能なものにしている。さらに、両親の確かな愛情や日常的な援助もダダの強い支えとなっている。夢や希望を抱きつづけ、親族からの経済的・精神的な支援を受けているという点では、じつはダダは他の多くのイスタンバイたちと変わることはない。しかしながら、その夢がより具体的かつ現実的であり、親族からの支援も質量ともに豊饒なものであることに注目すれば、イスタンバイ状態に恒常的に陥ることがなく、またその状態からの脱出が可能である理由が見えてくる。あるいは、逆の観点から見れば、イスタンバイたちが無職状態を続ける大きな要因のひとつとして、夢や希望が大きくとも漠としており現実性に欠しく、また親族からの支援もそれを実現するまでには質量ともに至っていないという

ことがいえよう。夢と希望と豊かさに恵まれたダダと、孤独なその日暮らしを続けるアンダークラス状態にあるドンのあいだにあって、ボンやロレトは勝ちにも負けにも至らない、どっちつかずの状況にある。そして、そのような境界状況をイスタンバイの生き方として捉えることが可能ではないだろうか。

5 「待ち」と「賭け」の可能性

5.1 ふりかえって

　ここまで、フィリピン地方都市ロハス市における、イスタンバイと呼ばれる若者たちの生き方について、イスタンバイする若者とイスタンバイしない若者の双方の事例を提示してきた。イスタンバイとは、端的に「親密圏や共同体に守られた不労状態の出稼ぎ準備期間」であると定置化できようか。それは、労働と教育をめぐるリスクと格差についての責任や決定を、徹底的に自己によるものとして引き受けざるをえない日本の若者たちとはやや異なる生き方である。「自由」を行使し「希望」に向かうものの、逃げたり降りたりしながらも、結局は階層下降や「リスク社会」への回帰へと至ってしまう日本の若者たちは、自己責任と自己決定によってリスクを個々人が一身に引き受けざるをえない状況にある。辛さやきつさに対処するユニットはあくまで個人であり、それはまさに「個人化」が進展し、リスクが個々人に分配される「リスク社会」（ベック 1998）の様相を呈している。
　それに対し、イスタンバイの若者たちは、教育や労働に付随する経済・社会的なリスクを、すべて個人で抱え込んではいない。もちろん、彼らが人生におけるさまざまな出来事に、まず個人として対処していないというわけではない。学業も、仕事探しも、労働も、結婚も、人生のさまざまな機会における選択について、多くのイスタンバイはまず自分でなんとかしようとする。しかしふたたび、教育や労働をめぐる苦境は、「政治的状況

と経済格差が原因である」という本人の認識と周囲の人びとの共感により、個人に完全に帰責されてしまうのではなく、イスタンバイが属する親密圏や共同体の中に緩やかに分配されている。周囲の人びとが、イスタンバイを決定的に非難や排除することなく受け入れ、期待を持ちつづけ応援し、ときに経済的な援助を与えることにより、彼らは無職状況という「不安」の中にあっても、外部とつながり、自閉することなく開かれながら、「希望」を持ちつづけ明るく生きていくことが可能になっている。このことを「リスク社会」論の観点から捉え直せば、自己決定や自己責任によって個々人がリスクを引き受けるのではなく、共同体や親密圏による集団的な分配を前提としたリスク管理がおこなわれているとみることができようか。

しかしながら強調すべき点は、これがいわゆる血縁や地縁を通じた伝統的な相互扶助システムとは大きく異なるという点である。本章で確認したイスタンバイのリスク分配は、まず親族や村落など、ある特定の固定された関係性の中で安定的になされるものではない。それは、個々人の資質や能力を反映し、また多くは親族ネットワーク内の資本や資源の有無や多寡に大きく影響された、不安定で状況依存的な実践である。また、さらに強調すべきは、そのような個人の資質や周囲の資源は、グローバルな国際移動によるトランスナショナルな空間に埋め込まれながら、海外出稼ぎという労働形態と分かちがたく結びついている。それは、イスタンバイ本人にとっては将来の構想や希望として、また周囲の支援者にとってはイスタンバイの無職状態を支えるための資源として、双方の偶発的な関係性の結節点となっている。このような個人と集団の状況依存的な不安定さと、それが埋め込まれたグローバルなコンテクストの移ろいやすさは、強固な伝統的相互扶助システムとは大きく質の異なるリスク管理をイスタンバイと周囲の人びとに対して課しているのである[*2]。

さて、そのような不安定さの中で、個々のイスタンバイの状況が大きく異なってくることを、本章では事例の中で確認してきた。それぞれを比較しまとめれば、夢と希望を抱き親族に支えられたイスタンバイたちは、いずれも乏しくその日暮らしの孤絶した無縁の労働状況に陥ることと、どちらにも恵まれ最終的に海外出稼ぎという夢を実現することの狭間にいる。

それは、言い換えれば、一方では将来の夢とそれを実現する能力、他方では周囲の理解や親族の支援、という個人と集団双方の資質や資本に恵まれた「勝ち組」と乏しい「負け組」のあいだ、いわば「勝ち」でも「負け」でもないどっちつかずの状態であると表せるだろう。

5.2 イスタンバイの「待ち」と「賭け」

　それでは、そのような「勝ち」にも「負け」にも至らないイスタンバイたちの生き方の背後には、いかなる人生観や世界観があるのだろうか。またそこから私たちは、何を学ぶことができるのだろうか。本章では、それを「待ち」と「賭け」という両極の身振りとして位置づけながら、そこに「リスク社会」へのオルタナティブへの道筋を求めてみたい。

　「まるでギャンブルみたいでしょう？（*Daw sugal bala?*）」と、いたずらっぽい笑みを浮かべながら私に語ったのは、イスタンバイの事例(1)のボンの叔母である。そのころ、彼女はボンが通う介護士の専門学校の学費を支払っていた。学費支援が可能になったのは、自分の息子が病気で入院したため、息子が通う大学の学費を1学期（半年）間支払う必要がなくなったためだという。学費は、アメリカ合衆国に出稼ぎに行き、下水清掃の仕事をしている夫からの送金より捻出している。送金の額は一定であり、彼女の希望にかかわらず2人分の学費を同時期に支出することは家計の都合上不可能である。したがって、ボンが半年間のコースを修了することができず介護士の資格を取得できなくても、またコース修了後に用意されてい

---

*2　この点で、細田尚美によるサマール島バト村からマニラへの国内出稼ぎ移動の事例（Hosoda 2008）は、本章と対照的である。そこでは、すでに分村が形成されているマニラという明確な出稼ぎ目的地があり、また出稼ぎが経済的要因よりも幸運探しであるというユートピア的な世界観が共有されており、さらにバト村とマニラというある種の閉鎖的な空間の中で、強固に血縁や地縁のネットワークが温存されている。その違いは、地方都市が農村と比してグローバル化が急速であり、資本主義経済が隅々まで浸透し、そしてその影響によって社会のリスク化がかなり進んでいることによるものだと考えられる。

闘鶏に興じる人びと

る、日本に介護士として出稼ぎに行くための語学習得や手続きのコースを希望したとしても、息子が復学する来学期以降の学費支援は不可能だという。

　ボンが落第しても、あるいはより大きなチャンスを望んでも、支援は一定期間のみであることについて、彼女はそれは「仕方ない。彼が幸運（*maswerte*）ならチャンスをつかむだろうし、不運（*malas*）ならだめだろう」と言う。また「いずれにしても、何も手を打たなければ彼の人生に変化は訪れない」とも述べている。そのような文脈の中で、イスタンバイであるボンの人生も、またそのボンに対する自分の支援も、いずれも含め彼女がなぞらえたのが「ギャンブル（*sugal*）」という言葉であった。ロハスの日常生活において、「ギャンブル」とは闘鶏やカード、中国式のマージャン、バスケットボールのノミ行為、富くじなど幅広く賭博行為全般に用いられる。そのような言葉を用いて、彼女はイスタンバイの人生とそれに対する支援を表現したのである。そして、彼女はさらに付け加えるのである。「そもそもフィリピン人の人生全体がギャンブルみたいなものだから……」と。

このような、人生そのものをギャンブルや幸運不運に結びつける想像力について、それをリスク対処も回避もできない弱者による「宿命論」（渋谷 2003）として後ろ向きに捉えることも可能だろう。だが、ここではその想像力を、むしろ「リスク社会」を生き延びるための可能性として捉え返してみたい。
　ドンの叔母の発言に端的に表れているのは、イスタンバイの教育への投資も、海外出稼ぎ労働への投資も、確実なリターンが期待できるリスク評価可能なものではなく、幸運と不運に左右される不確実なギャンブル的投機として認識されているということである。そして、そのようなギャンブル的投機は、国際出稼ぎ労働システムを背景とした共同体の期待や親密圏の扶助に支えられながら、決定的な個人の「負け」に陥ることなく、「勝ち」の目が出るまで、可能なかぎり、断続的におこなわれている。イスタンバイが文字どおり意味する「待ち」は、そのようなギャンブルの機会が訪れない若者を支える扶助システムであると同時に、到来する次のギャンブルの機会を探し求め「賭け」に出るための助走期間ともなっている。このような「待ち」と「賭け」の両極の身振りは、近代社会システムの中に投げ込まれた伝統的な地縁・血縁ネットワークが集団で「守り」つつ、グローバルな国際移動の流れの中で個々人が「攻め」に出ることを可能にしている。
　決定的な「勝ち」にも「負け」にも到達しない境界状況において、イスタンバイと周囲の人びとが「待ち」と「賭け」の身振りを状況に応じて使い分けることによって、集団の資本におもに依存する「守り」と個人の資質に大きく左右される「攻め」を繰り返すヒットアンドアウェイ的な戦術が可能になっている。この戦術によって、気を抜くとすぐに自己責任と自己決定のバトルフィールドの最前線に立たされてしまう「リスク社会」を生き延びるための、個と集団の絶妙なバランスが成立しているとはいえないか。伝統的な相互扶助と新自由主義的な個人主義が偏在するシステム的なマージナリティにおいて、個々人の資質や能力と共同体や親密圏の資本と資源の双方を見据えながら、いつか到来するはずの「勝ち」と、できうるかぎり回避したい「負け」の狭間で、イスタンバイと周囲の人びとはい

くつかのレイヤーを貫く抜群のバランス感覚を維持しているのである。

5.3 「リスク社会」への2つのオルタナティブ

　最後に、はたしてイスタンバイの「待ち」と「賭け」の身振りから、私たちは「リスク社会」へのどのようなオルタナティブを見通すことができるのか。それは一方では、繰り返し論じてきた個と集団の関係の再考へと向かうだろう。リスクの個々人への分配によって、「リスク社会」では生活世界のすべての局面において自己責任と自己決定が常態化している。そのような「個人化」の流れを完全にせき止めることはもはや望むべくもないが、だからといって完全に絶望してしまう必要もないのではないか。新自由主義がいかにグローバル化しようとも、もちろんそこにはローカルな社会システムとの接触や融合、葛藤がつねに生じている。そのようなシステム間のマージナリティで、人びとがどの程度、個としてリスクを引き受けねばならず、またどの程度集団としての管理が可能であるのか。本章で提示したフィリピン地方都市のイスタンバイの事例は、国際移動労働というグローバルなコンテクストにローカルな親密圏や共同体が再配置されつつある渦中で、個と集団によるリスク管理のバランスが偶然にも均衡を保持する状況を呈していたと考えられる。個人が引き受けようとして引き受け切れないリスクを、親密圏であれ、共同体であれ、社会であれ、国家であれ、なんらかの集団によって引き受けることが可能になるような道筋を模索することを1つの課題としよう。

　そして、もう1つのオルタナティブとして、こちらはややアナーキーな発想ではあるけれど、偶然性や不確実性をコントロールする（というそもそも不可能な）ことにのみ執心することからの脱却を提案したい。問題を設定し、その解決や達成のためにできるかぎりの評価や計算をおこない、最終的にリスクに完全に対処し管理すること。このような未来の生存へと向けた思考や行為が、ある程度まで人類にとって重要で必要なものであることは、とくに否定しない。だがしかし、科学や技術の発展によって自然や社会に起こりうるすべての問題が解決可能であるという発想が、人類の

傲慢以外の何ものでもないということも強調したい。「ある程度」を超えた地点から、リスクについての評価や管理を諦めることを許容すべきではないか。すべての未来を予測や対応可能なものとして、過去―現在―未来の直線軸上に並べてしまうのではなく、いまここ、現在この瞬間の生のあり方を受け入れる「待ち」の姿勢と、渾身の「賽の一振り」のゆくえにすべてゆだねる「賭け」の身振り。一見相反するように思えながら、しかしどちらもいまここに切実に誠実に向かいあうという意味ではじつは表裏一体の態度ではないだろうか。フィリピン地方都市の無職の若者と対峙する中で、未来を必死にコントロールしようとする「リスク社会」の私たちとは多少異なった生き方がもっともっと見えてくるはずだ。そんな予感を抱きながら、もう少しだけオルタナティブの模索にあがいてみたい。

参照文献

アガンベン，G. 2003『ホモ・サケル――主権権力と剝き出しの生』（高桑和巳訳）以文社。
東浩紀編 2005『波状言論S改――社会学・メタゲーム・自由』青土社。
内田樹 2007『下流志向――学ばない子どもたち働かない若者たち』講談社。
春日直樹 2007『〈遅れ〉の思考――ポスト近代を生きる』東京大学出版会。
渋谷望 2003『魂の労働――ネオリベラリズムの権力論』青土社。
下川裕治 2007『日本を降りる若者たち』講談社現代新書。
白川一郎 2005『日本のニート・世界のフリーター――欧米の経験に学ぶ』中公新書ラクレ。
ベック，U. 1998『危険社会――新しい近代への道』（東廉・伊藤美登里訳）法政大学出版局。
山田昌弘 2004『希望格差社会――「負け組」の絶望感が日本を引き裂く』筑摩書房。
Hosoda, N. 2008 "Connected through 'Luck': Samarnon Migrants in Metro Manila and the Home Village," *Philippine Studies* 56(3): 313-344.

第9章
自然と向きあうための技術的対応と社会的調整
—— マダガスカル、ヴェズ漁民が生きぬく現在

飯田卓
Iida Taku

1 漁獲安定化にむけた技術的対応と社会的調整

　海の資源を捕り尽くすリスクが認識されるようになった今日、資源に依存する当事者たちと非当事者たちは、それぞれに違った解決シナリオを期待することがある。このことを、マダガスカルでの事例にもとづいて報告するのが、本章の目的である。

　異なる解決シナリオのそもそもの由来は、海辺の人びとが長期にわたって実現してきた技術的適応[*1]と、同じく社会的適応に求められよう。両者はいずれも、海辺の人びと自身が開発してきたものであり、矛盾するもの

[*1] 進化生態学において、「適応」という語は、生物自身による行動の調整という意味を含まない。むしろ、遺伝的に規定された特定の形態や行動が、所与の条件のもとで生きのこる可能性が高いとき、その形態や行動の適応度が高いという。このため、主体的かつ意図的な場合を含む人間の行動調整は、「適応」と表現すると誤解を招く場合がある。また、個体や社会が環境や所与条件に適応したというとき、個体や社会の側に変化が起こることを意味するが、一部の読み手はそれ以上のできごとを期待し、両者の関係が安定したと誤解することがある。
　しかし、一部の海洋人類学者は、海岸環境に対して人間側がさまざまなレベルで編み出した工夫や調整をしばしば「適応」と表現している。このため本章でも、主体的かつ意図的な調整を含むさまざまな調整や工夫を、比較的長い歴史的文脈のもとでは「適応」と呼ぶことにした。

ではない。しかし、資源の有限性に基づいてリスクが評価されるようになった今日、漁師以外の人たちは、社会的適応の延長としての集団的調整（以下「社会的調整」）を強化しようとする傾向にある。これに対して、本章で取り上げるマダガスカルの漁師たちは、どちらかといえば技術的適応の延長である個人的対応（「技術的対応」）を強化しようとする。同地における2つの解決シナリオは、潜在的には葛藤をもたらす可能性がある。

　技術的適応については、秋道智彌（1988, 1995）がさまざまな角度から述べている。海辺に暮らす人たちは、魚群の回遊・行動についての知識や、気象や海況を判断する知識、海上で船舶を操る知識、目標物の少ない海上で位置を測定する知識など、陸上の人たちとは異なった知識を有している。また、漁具や船舶を製作する技術や、それを使用する技術にも秀でている。これらの技術や知識は、不可視の水中から獲物を安定的に引き出すという動機に衝きうごかされ、上の世代から伝承されるとともに、個人の努力によって改良されてきた。

　一方、社会的適応については、漁師たちの不確実性に対する対処法をさまざまな観点からレビューしたJ. M. アチソン（Acheson 1981）に詳しい。たとえば、市場に出入りする魚仲買人や農民と長期的に関係を築いて蓄えを安定させたり、融資を受けやすくしたりすることは、季節的で断続的な魚群回遊に対する備えとなる。また、高い確率で漁具や船舶が破損し使えなくなるという不確実性に対しては、流動的な労働力による漁撈チーム編成が有効である。さらに、これら物理的な不確実性だけでなく、社会的な不確実性に対しても、社会的適応は効力がある。その最たるものは、同じ資源をめぐる競合者への対応だろう。世界中のさまざまな地域において、漁師たちは、資源へのアクセスを制限して競合者の数を減らし、有資格者によって資源を確実にコントロールしようとしてきた。日本でいう漁業権もそのひとつだが、法律で定められていない「制度」や「規範」も少なくない。アチソンはさらに、儀礼や呪術といった「制度」も、漁撈社会の安定に一役買ったと述べている。

2　ヴェズ漁村における資源問題

　これらの適応は、短期間で果たされたわけではない。内陸生活者が海辺への定着を果たすためには、何度か漁に成功するだけでは不十分だ。不漁や災厄などの困難に耐えかねて内陸生活に戻った人びとや、子孫を残さず滅びた人びともいただろう。そうした人びとのあいだにあって、海辺の滞在記録を伸ばしてきた一部の人びとは、長期の試行錯誤に基づいて生きぬく知恵をうけ継いできたといってよい。

　本章で論じるマダガスカル西海岸部の漁師ヴェズたちも、そうした知恵をうけ継いできた。彼らは、海での暮らしを誇りとするほどの成功者である。しかし、だからといって、海を思うままに操れるわけではない。とくに1980年ごろからは、さまざまな魚種が減少し、生活が変わるテンポも速くなった。たとえば、かつてなら岸近くで簡単に捕れた獲物も、沖合で複雑な方法を用いなければ捕れないという（飯田 2008）。その理由としては、漁村人口が増加したことや、新しい漁具素材によって漁獲効率が高まったことが挙げられよう。また、地球規模の気候変動や陸地からの土砂流出なども、今後、広範囲で漁場環境を悪化させる可能性がある。

　こうした漁撈の不確実性を前にして、漁師自身も対応を続けてきたし、他の人たちも漁師に助言を与えてきた。本章ではそうしたことをまとめながら、古くから不確実性に対処してきた漁師たちの考え方と、それ以外の人たちの（おそらく「リスク社会」の価値観に影響された）考え方とを比べてみたい。そして、両者の違いや重なりあいを論じたい。

　一言で言えば、資源枯渇に直面したヴェズ漁師は、職業的スキルをふまえた積極的な解決策として、漁を強化する。彼らは、代々海で暮らしてきた実績があるため、初期の海岸定住者と異なって、海での暮らしがどれほど不確実でもそこに住みつづけようとする。そして、それまで以上の努力や工夫によって、多くの魚を捕ろうと試みるのである。こうした努力は、新しい漁法の創出を促し、漁獲対象の幅を広げて資源への負荷を軽減する可能性がある。海岸定着の人類史における技術的適応に相当するといえよ

う。

　一方、漁師以外の人は、漁の強化が「リスクをとる」こと、すなわちある種の危険をおかすことだと考える傾向にある。漁の強化は、漁獲圧の高まりにますます拍車をかけ、生態系機能のさらなる低下をもたらしかねない。このため、漁師たちに介入して、漁獲努力量を全体的に控えさせようという考え方が出てくる。これは、海岸定着の人類史において、社会的適応とされてきたことの一環である。

　ただし本章で最終的に強調したいのは、2つの考え方の対立ではない。むしろ、対立の表面化を避けるかのような、漁師たちのふるまいに着目したい。彼らは、あくまで積極的に漁の強化をはかる一方、漁の制限を唱える外部者たちにも協力してきた。このように、外部者の提示するリスクをなかば受け止めつつ自力で未来を拓く態度は、「リスク社会」における処世術として興味深いものと考えられよう。

3　漁獲をめぐる不確実性の増大

　ヴェズ漁民と、彼らが1970年以降に経験してきた生活変化については、すでに別所で述べたことがある（飯田 2008）。ここでは、本章の論点にかかわる点だけを要約しておきたい。

　ヴェズは、漁撈をもっとも重要な生業とし、またアイデンティティの基盤としている。一部のヴェズは農耕や賃金労働のみをおこなうが、そうした人びと自身、漁撈をおこなわないことにひけ目を感じる場合がある。カヌーをうまく操ること、漁をうまくおこなうことなど、海での暮らしを成り立たせる技能に秀でることが、ヴェズのアイデンティティの支えなのである。

　ただし、彼らのアイデンティティを支える技能にはこのほか、個別の漁法にかかわる技能や、カヌー建造や水泳など漁撈に隣接する技能もあり、多様である。さらには、魚の分類や海況の認知など、漁撈の前段階の技能が焦点となる場合もある。また、幅広い漁をこなすことが評価される場合

もあるし、困難な漁をやりとげることが評価される場合もある。

　こうした多層的なアイデンティティのあり方を背景として、ヴェズの人びとは、世代を超えて海に生きる知恵をうけ継ぐ一方、進取の気性にも富んでいる。新しい漁法の「実入りがよい」と判断すると、多くの人びとがそれをまねて、広い範囲で共有するようになるからである。ヴェズが海辺で暮らしてきた年月のあいだに、予期せぬ災厄が生じて生活の転換を強いられたこともあっただろうと考えれば、進取と保守の二面性にも納得がいく。

　ただし、1970年代以降のヴェズ漁師は、どちらかといえば進取の気性を発揮してきたとわたしは考えている。これは、自然や社会をめぐる現代の変化が目まぐるしく、不確実性が高まったことを意味している。

　1970年代には、漁村から50キロメートル離れた地方都市に道路が通じ、輸送トラックが州都まで通うようになって、漁師の暮らしにまずは明るい兆しが訪れた。これと前後して、地方都市で魚が売れるようになり、ナイロンなどの新素材を用いた漁具も入手できるようになった。これらの変化は、家計における現金経済の拡大と要約できる。それ以前は、現金の使用が限定的で、漁獲は農作物と物々交換されることが多かった。このころに売れるようになった水産物としては、西洋料理に用いられるイセエビ、インド系商人がアジアへ輸出するナマコ、同じく香料の原料として輸出される貝類（*Pleuroploca trapezium*）の部位、大群をなすカタクチイワシ科の魚（*Stolephorus* sp.）などが挙げられる。また、魚からは見えにくいナイロン製の漁網が普及したため、従来から流通していた魚もいっそう多く水揚げされるようになった。また、漁師やその家族が漁獲を遠方まで運ばなくとも、村の仲買人がキロ買いして加工し、その後に流通させるようになった。現金を手にした漁師たちは、ナイロン製の漁網や釣糸、水中眼鏡、小型の釣針などを購入し、漁の強化をはかった。

　しかし1980年前後から、好況の反動が起こりはじめた。資源が次第に減ってきたのである。大きなサイズのナマコは、深くまで潜らなければ見つからなくなり、やがてそれもなくなって、小さいナマコを捕るようになった。イセエビも、買い手の多い地方都市の近くでは捕れなくなった。こ

のため、腐敗というリスクにもかかわらず、村の近くで捕ったものを地方都市まで運んで売るようになった。ちなみに、この地域では船外機エンジンが普及していないため、カヌーに帆をかけて航海する。また、乱獲によるかどうかはさだかでないが、カタクチイワシ科の魚も回遊してこなくなった。

　一般的な刺網の漁場も、ナイロン製漁網が普及しはじめるころは、今よりずっと岸近くだったという。絶滅した魚類はいなかったにせよ、あきらかに個体数が減ったのだ。その直接の原因は、新素材の漁具による漁獲効率の向上と、人口の増加であろう。この時期の人口増加について詳しい資料はないが、筆者が調査した漁村では、1996年から2003年にかけての1年あたり人口増加率が5.9％、自然増だけでも3.9％にのぼる。これは、人口増加の著しいマダガスカル全体と比べてみても、はるかに高い数字である。

　こうした事態に直面して、1980年代には、都市への労働力流出が増えた。また、海岸部は雨が少なく農耕に不適であるにもかかわらず、農耕への依存も高まった。魚価の高い地方都市や、魚の多い無人島でキャンプ生活を営む者も出てきた。確実な生計戦略を見いだせないまま、この時期には、漁師がそれぞれに試行錯誤を繰り返したのである。

　ただしこのような不況は一時的で、1990年代に入るとふたたび好況が訪れた。東南アジアや中国でフカヒレの需要が高まり、大型の刺網でサメを捕獲すると多大な利益があがるようになったのである。これと前後して、同じ海外市場でナマコの需要も高まった。村の近くのナマコはすでに減少し小型化していたが、筆者が調査した村の漁師たちは、100キロメートル以上離れた無人島までキャンプ出漁してナマコを捕獲するようになった。

　その後、仲買人が一部の漁師にスクーバ装備を貸してナマコ集荷の規模を広げたため、広い海域のナマコ資源が2000年代前半に枯渇した。このころには、ナマコ漁師たちもサメ漁に鞍替えしていたので、生活が困窮するほどの事態にはならなかった。しかし、サメも以前ほど捕れなくなっているという。サメの数が減っているというより、サメが漁網を警戒するようになったためかもしれないが、いずれにせよ、以前ほど漁が楽でないこ

とを漁師たちは実感している。2000年代には、冷凍船やトラックでの輸送により、乾燥加工した魚でなく鮮魚も多く売れるようになり、漁獲圧の高まりに拍車がかかっている可能性がある。ヴェズ漁師の生活は、これまでになく不確実性を増しているとみたほうがよいだろう。

4　社会的調整のはじまり——国際的NGO主導の禁漁試験

4.1　慣習に拘束されない社会

　1980年代にヴェズ漁民が経験した困窮は、数百年におよぶ海岸生活の歴史から考えると、とりわけ深刻とはいえないかもしれない。しかし、困窮がたんに漁獲の不安定性によるのではなく、人口圧の高まりや漁獲効率の向上にも影響されていることから、事態は新たな局面にさしかかったといってよい。一言で言えば、人口と技術の規模が大きくなって、漁獲のペースが魚の再生産のペースに近づいてきたのである。このため漁師は、次のような変化に直面している。従来、漁師たちは、自分の「指し手」に対する海の反応だけを見ていればよかったが、近年は、同業者の打つ手も意識しなければならなくなった。

　伝統的権威が漁法や操業区域を制限してきた社会ならば、このような状況でも社会的調整が可能だろう。また、少数の網元が力をもつ社会ならば、話しあいも比較的円滑に進むと期待できる。しかし、ヴェズ社会はそうした社会ではない。船外機エンジンが普及しないという技術的制約と、呪術行為がリアリティをもつという文化的理由により、結果的に村ごとの慣習的操業区域が漠然と定まってきた程度で、慣習の拘束力がほとんどない（飯田 2011）。わたしが調査した村でも、同じ村の者たちが話しあって漁獲努力を制限することがないばかりか、国内法（1993年 ordonnance＝法令第22号）に基づいて水産局が定めたイセエビなどの禁漁期間もほとんど守られないような状態だった。

　そうした状況は現在もあまり変わっていないが、2003年ごろから変化

の兆しが現れはじめた。その変化とは、地域外からの来訪者が資源保全にかかわるようになったことである。イギリスに拠点を置いてサンゴ礁保全に携わる NGO 組織、ブルー・ヴェンチャーズ（以下「BV」）が、アンダヴァドゥアカ村に常駐して活動を始めたのである。代表のアルスデア・ハリスがアンダヴァドゥアカ村を訪れ、常駐を決めたのは 2003 年春である。彼らの究極目的はサンゴ礁生態系の保全にあり、数か月間にわたって村に滞在する欧米人ボランティアの協力を得て、サンゴ礁生態系にかかわる科学的データを集めようとした（飯田 2006）。その一方、村に暮らす漁師たちを保全プランから排除するのではなく、むしろボランティア・ダイバーたちと同じく生態系保全に寄与するように導いていった。

4.2　タコ禁漁区の設置

　BV 関係者が漁師たちの協力を得てなしとげた大きな成果は、2 つある。1 つは、2004 年秋から翌年春にかけてタコ禁漁区を設置したこと、もう 1 つは、その成功をふまえて漁師中心のネットワーク「ヴェルンヂアケ」を発足させたことである。ヴェルンヂアケについては次節で詳しく述べることとして、まずはタコ禁漁区についてみていこう。以下の経緯は、ハリス自身や BV 現地スタッフの報告に加え（Langley 2005; Humber et al. 2006; Harris 2007）、わたしが 2005 年 10 月に現地でおこなった聞きこみもふまえたものである。

　BV のスタッフたちによると、タコ禁漁の措置は、アンダヴァドゥアカ村民とのミーティングを重ねるなかから具体化した。漁師たちによる資源減少の報告に接して、なんらかのアクションが必要だと感じたスタッフたちは、期間限定でタコ禁漁区を設けることをアンダヴァドゥアカ村の寄りあいで提案した。そして寄りあいでの話しあいにより、アンケレオと呼ばれる水域で、半年あまりの禁漁を実施することが決まった。この水域は村に隣接しておらず、西方の沖合に 4 キロメートルほど離れたバリア・リーフに位置する。このため、漁場として利用される頻度が比較的低く、だからこそ大きな反発もなく禁漁を実施できたのである。ただし、この水域

の2キロメートルほど南には、漁民が季節的にキャンプ生活を営むヌサオ島があり、アンケレオが漁場としてまったく利用されないわけではない。適度に利用されている漁場だったからこそ、禁漁措置は、漁民に大きな関心を呼んだ。

　話しあいを受けて、2004年10月23日、アンダヴァドゥアカ村民とBVのあいだに契約書が交わされた。契約書には、少なくとも33名の漁師の署名がある。署名に応じたのはあくまで村の漁師の一部だが、役場の末端機能を代行する区長も立ち会う正式の寄りあいだったため、契約書は効力を持った。ここには禁漁の期間や場所のほか、タコを密漁した者から5倍相当の罰金を徴収することも明記された。

　禁漁措置は、契約書が交わされて約1週間後の2004年11月1日に始まった。BV関係者とアンダヴァドゥアカ村民は、監視員を1人雇ってとり締まりにあたらせ、解禁日の2005年6月6日までに1件の密漁をとり押さえて1万4000アリアリ（1アリアリは約0.1円）を徴収した。禁漁措置の成果は、少なくともBV関係者にとっては、満足できるものだった。禁漁が実施される前、アンダヴァドゥアカ村やヌサオ島で仲買人が買いつけたタコのサイズを記録したところ、多くの漁場で平均重量が0.7～0.8キロであったのに対し、アンケレオでは0.5～0.6キロにすぎなかった。ところが解禁後の2005年6月6日には、アンケレオでの平均重量が1.1キロに増加した（Langley 2005）。

　翌6月7日には平均重量が半減し、解禁前の水準に逆戻りしてしまったものの、翌年は、解禁後の平均重量の減り方が前年より緩やかだった。このため、禁漁の継続には意味があると、BV関係者は考えている（Humber et al. 2006）。仮に数値的な効果が上がらなかったとしても、一時的禁漁には意味があったのではなかろうか。ヴェズの人びとは、売れる獲物があればただちにそれを捕ることに慣れてしまっている。あっても捕らないという選択肢に慣れることは、資源枯渇が深刻になったときに大きな意味を持つだろう。わたしが会ったアンダヴァドゥアカ村民も、禁漁の試みに否定的な者は少なく、むしろ海外の者が自分たちのために働いてくれることを喜んでいた。彼らにとっては、1つの水域が禁漁となっても別の水域で

漁をすればよいので、それほどの負担にはならなかったようだ。

　禁漁措置の試みは欧米でも評価された。タコ解禁を目前にした 2005 年 4 月、BV は、環境と開発の分野で功績のある者に授与されるシード賞を受けた。BV の受賞理由は、「マダガスカルで初めての、コミュニティ運営による海洋保護区（community-run marine protected area）」を実現したというものだった。

5　漁師らによる社会的調整

　BV はこの成功をふまえて、他の村にも禁漁の試みを拡大し、各村の有力者とコンタクトをとるようになった。そして、禁漁の試みに賛同する村々を連絡する、大きな村落間ネットワークを築きあげた。BV は、このネットワークに参加するというかたちでサンゴ礁保全をおこない、表舞台をヴェズ漁師に譲っていったのである（Cripps & Harris 2009）。サンゴ礁保全を究極の目的とする BV にとっては、こうしたネットワークを介さず、直接政府に働きかけて禁漁措置を講ずるほうが簡単だったかもしれない。だが一方で、近辺のサンゴ礁では漁民やその家族が数千人暮らしていたから、トップダウン方式のプロジェクト運営には限界があったかもしれない。おりしも、住民参加型の開発や環境保全は、1990 年代を通じてすでに規範となっていた。BV の関係者らは、住民参加型のサンゴ礁保全を成功させるほうが、長期的な成功を勝ちとれると判断したようだ。

　2005 年いっぱいは、タコ禁漁の効果についての追跡調査や、その成功を内外に広報することが BV の表立った活動となった。しかし、各村の重要人物への接触をはじめとして、次の計画にむけての準備も進んでいた。そして 2006 年の秋になって、海洋環境保全をめざす広域のネットワーク「ヴェルンヂアケ（velondriake）」が結成された。ヴェルンヂアケというマダガスカル語ヴェズ方言を、関係者は「海とともに生きる（to live with the sea）」（Harris 2007）と訳しているが、むしろ「海に生かされる（to be fostered by the sea）」と訳したほうがもとのニュアンスに近い。

ネットワークの形成に賛同した各村の代表者たちは、2006年の7月から10月にかけて、アンダヴァドゥアカ村で会合をもった[*2]。このとき、BVと世界自然保護協会（World Conservation Society）からは「ファシリテーター」が参加したという（Harris 2007）。参加した村々は、南北40キロメートルの範囲にあり、全部で23か村、そのうち5つはバリア・リーフ上の島にある。また、全面的に漁撈に依存する村のほかに半農半漁村もあり、そのうち海から離れた内陸村は3か村である。後に聞いたところによると、代表者たちのなかには、「役がまわってきたから会議に出てきた」という消極的な者もいた。日当と宿泊費が支給されるにせよ、プロジェクトの全貌がわからない段階では、新しい役を厄介がる者がいてもおかしくない。アンダヴァドゥアカ村から遠い村の者は、なおさらだろう。遅れて参加するより途中で抜けるほうが簡単だから、とりあえずなりゆきを見てみようという態度は自然だったにちがいない。

　2006年秋の会議では、活動や運営方法の確認に時間をとったとおもわれる。しかしそのほかに、対外的にもっとも目立った成果として、恒久的な禁漁に基づく海洋保護区の設置が提案された。また、マングローブ林や内陸の林などにも伐採禁止区域を設け、サンゴ礁保全をふみ超えて広く環境保全をはかることが提案された。翌2007年4月には、結成されたばかりのアンダヴァドゥアカ村婦人組合が、BVや水産会社と協力してナマコ養殖の実験を始めた。そしてこの年の6月、2004年以来の活動が評価され、アンダヴァドゥアカ村民が赤道賞を受けた。さらに2008年12月には、ヴェルンヂアケの代表を務めていたサンバ・ロジェが、世界自然保護

[*2] ヴェルンヂアケ発足時には、村で選出された委員が、ヴェルンヂアケ総会と村民の橋渡しをしていた。しかし、後に述べるように、ある委員が村寄りあいと総会でまったく違った意見を使い分け、混乱を招く事態が起こった。そうした事情も影響して、2010年に、ヴェルンヂアケは制度を大きく変えた。地域を3つの小地域に分けて、それぞれから11名ずつを選ぶという、いわば大選挙区方式にしたのである。そうすることで、それまでとは逆に、委員はヴェルンヂアケ代表として寄りあいに参加することが期待されている。
　なお、発足時に23だったヴェルンヂアケ参加村は、2011年初頭には25に増えていた。

基金（WWF）から J. ポール・ゲティ賞を受けた。また、ヴェルンヂアケが結成されてからも調整が続いていた恒久禁漁水域は、2009 年 9 月、バリア・リーフ上にあるヌサオ島付近のアヌルンヂアケ水域で施行され、ヴェルンヂアケの活動は大きな区切りを迎えることになった[*3]。

　ヴェルンヂアケの目ざましい活躍をわたしが現地で実見したのは、ようやく 2010 年はじめになってからだった。このときは運よく、その年初めての総会に参加し、漁師たちがてきぱきとタコ漁の解禁日を決めていくのを見ることができた。タコ禁漁は、アンダヴァドゥアカ村付近だけでなく、他の村でもおこなわれるようになっていた。会議では、小中学校で教師をしていたことのあるサンバ・ロジェ氏が、明るい雰囲気のうちに手ぎわよく話しあいを進めていた。とはいえ、プロジェクトの発展にとって気がかりなこともあった。1 つは、アンダヴァドゥアカ村民がヴェルンヂアケを代表してしまっており、他の村のメンバーたちは脇へおしやられているという不満である。この不満を、わたしは、調査してきた F 村のヴェルンヂアケ委員のひとりから聞いた。彼女によれば、海外からの取材や科学的計量調査[*4]、村どうしの連絡のための役職など、ちょっとした現金収入の機会を、アンダヴァドゥアカ村民が独占しているということだった。

　もう 1 つの気がかりは、恒久禁漁措置に対する反応である。新しく禁漁水域が設けられたヌサオ島は、わたしの調査していた F 村から 4 キロメートルほど沖合にあり、わたしのよく知る漁師たちも時おり利用していた。しかし、禁漁措置にはほとんどの者が反対で、なかには密漁者の肩を持つ者もいた。これには、村を代表するヴェルンヂアケ委員に問題があっ

---

*3　この禁漁は、慣習法を表すマダガスカル語「ディナ（*dina*）」という語とともに、一躍有名になった（Rakotoson & Tanner 2006; Cinner et al. 2009; Andriamalala & Gardner 2010）。科学と慣習の歩み寄りというわけである。しかし、この地域では、かつてこうした慣習法があったという確証はない。

*4　BV は、タコの資源量推移をモニタリングするため、村で買いあげられたすべてのタコを計量するという調査をおこなっている。また、同様にウミガメの個体群動態を調査するため、捕獲されたウミガメを計量し写真撮影するという調査もおこなっている（Humber et al. 2006, 2010）。

第 9 章　自然と向きあうための技術的対応と社会的調整　273

たようだ。村内での合意を十分にとらなかったにもかかわらず、ヴェルンヂアケ総会では、禁漁措置は村の総意であるとして署名をしてしまったのである。さらに、決定の時期が乾季であり、大勢の漁師が村を出てキャンプ先で漁をしていたことも事態をこじらせた。

　ヴェルンヂアケに積極的にかかわる漁師たちと、周辺的な漁師たちのあいだで、意見のくい違いが生じている。これは結局、ヴェルンヂアケが個々の漁師たちの意見を調整するに至ってはおらず、BVをはじめとする村外のアクターの知識やアイデアを紹介するにとどまっていることを示している。だが今のところ、漁師たちとヴェルンヂアケとの関係は、対立というほど深刻なものではない。ヴェルンヂアケの役割についての評価は、今後のなりゆきから判断すべきだろう。

　一部の漁師たちがヴェルンヂアケの措置に不服をもらしながら、それでもヴェルンヂアケの分裂という事態が生じないのには、理由がある。それは、個々の漁師たちも変わりゆく海や社会の現実と向きあい、みずからの方途によって未来に働きかけているからである。つまり漁師たちは、ヴェルンヂアケを通さずとも、未来に働きかける回路を自分たちが持つと信じている。そして、ヴェルンヂアケの決定によって試行錯誤の自由度を大幅に阻害されないかぎり、個別の対応を継続していくことができる。この様子をあきらかにするため、以下では、漁師たちによる技術面での対応について述べたい。

6　漁師らによる技術的対応

　すでに述べたように、ヴェルンヂアケ結成以前のヴェズ漁民は、同じ資源をめぐる競合者に対して比較的寛容だった。同業者どうしで制度的なとり決めをおこなうより、多くの漁獲を得ようと個人的に工夫をこらすことのほうが、一般的だったのである。一言で言えば、社会的な手段でなく技術的な手段によって、問題を解決する傾向にあった。

　その背景としては、未開拓の漁場が多かったという状況を無視できない。

たとえば無人島への出漁ひとつにしてみても、半世紀前にはせいぜい日帰りでおこなう程度であり、長期滞在によって高い漁獲圧をかけることはなかった。これは、生活に必要な飲料水を本土から運ぶのがむずかしかったからである。しかし、1970年代から1980年代にかけて、金属製のジェリ缶や合成樹脂製のポリタンクが登場すると、無人島での長期滞在が可能となり、周辺の漁場がくまなく利用されるようになった。無人島での漁獲水準が下がりはじめたのは、このとき以降と推測できる。逆に言えば、このような状態になるまでは、時間をかけて無人島へ行きさえすれば、ふだんより多くの漁獲を手にすることができた[*5]。

　このようにしてヴェズ漁師たちは、社会的な調整によらずに、個人の力量を通して漁獲の増加を試みてきた。そしてその試行錯誤の過程で、漁獲技術を向上させる工夫をこらし、現在おこなわれている主要な漁法をいくつか開発してきた。これについては別所でも報告してきたが（飯田 2008, 2010, 2011）、本章の重要な論点にかかわるので要約しておきたい。

　漁師自身がかかわって漁獲技術を向上する事例は、古くからあったと考えるのが自然だが、さだかではない。しかし、1990年代にナマコやフカヒレが輸出されるようになったときのことは、わたしの調査開始時点（1994年）でもしばしば話題になっており、聞きこむことができた。

　まず、サメ刺網漁の確立が挙げられる。1991年に調査村でこの漁を始めた漁師は、「大きな網でなら大きなサメが捕れ、それを売れば儲かる」ことだけを聞いて、漁具と漁法を工夫した。サメ刺網漁は他の村でもおこなわれていたようだが、その漁師は網の実物を見たことがなかったという。漁師の工夫は、いたるところにおよんでいる。まず、網の素材として、ナイロンのロープの撚りをほぐした細引や、中古の木綿製漁網の断片を束ねたものを用いた。このため試作したサメ刺網は、綿糸製やナイロン糸製の

[*5]　村の近海でも無人島の近海でも、1970年代以降に漁獲圧が高まって漁獲が減ったことは、ヴェズ漁師によって報告されている。ただし定量的なデータによる裏づけはない。また、村の近海より無人島の近海のほうが資源豊かであり、それが現在まで続いていることも報告されている。

銛銃を持つ若者たち（1998年）

網よりはるかに頑丈だった。また、網の設置場所も、サメを混獲したことのある一本釣り漁師の経験をもとに、試行錯誤しながら限定していった。網のところどころに寄せ餌として魚の切り身を結わえつけたり、生きたサメがかかった場合にまず太い棒を口に挿しこみ、噛みつかないよう処置したりするなど、一本釣り漁の経験は他所でも応用されている。

　その後も漁具は次々発明された。銛銃の発明は1997年ごろで、ヨーロッパからのリゾート客が持っていたダイバー用銛銃を模倣したもののようだ。銃身は1メートルあまりで、銃床（右手で握る部分）を削りだして猟銃に似せている（写真）。この材の一方（銃口にあたる）に穴をあけて、タイヤで作った太いゴム輪を通す。ゴム輪は、伸ばすと銃床の上部に届くほどの長さで、銃床に届く部分はゴムでなくV字型の金属片になっている。この金属片は雨傘の骨を流用したもので、この金属片に銛となる金属棒をかけ、銃床の上の金具に固定する。この金具のそばの木片をおさえると、テコの原理で金属棒が動いて金具からはずれ、ゴム輪の弾性によって金属

棒が銃口から発射される。

　このほか、2003年ごろには、銛銃と同じように手近な木材を利用して、イカ釣り用の擬餌針を自作するのが始まった。これは、冷凍漁船が近くの漁村の沖合に停泊し、それまで市場価値がなかったイカ類を買いはじめたことがきっかけとなっている。このとき漁師たちは、冷凍漁船の船員たちが持ち込んだプラスチック製の擬餌針から金属針の部分だけを抜きとり、木材で自作した本体にとりつけるという工作をおこなった。プラスチック製の針をそのまま用いなかったのは、この擬餌針が投げ釣り用で、リールを使って道糸を巻きとらないとうまく泳がないためである。比重の軽い木製本体を用い、回転防止のために鉛のオモリをつければ、手で道糸をたぐるだけで擬餌針が泳ぐようになる。

　銛銃やイカ用擬餌針といった木製漁具の発明には、ヴェズ漁師たちが漁とのかかわりで培ってきた木工技能が活かされている。刺網に用いる浮きの削りだしから、銛やヤスの柄の製作、カヌー建造に至るまで、彼らはさまざまな道具を木材で自作し、専門職には頼ってこなかった。子どもですら、カヌーの廃材を利用して、カヌー模型の玩具を自作することが多い。新しい発明においても、木材の選び方やその加工技術が発明の根幹をなしているのである。

　わたしが知るもっとも新しい事例は、2008年ごろに始まった電灯潜り漁である。これは、夜間海中に懐中電灯を持ち込んで魚などを突くというもので、沖縄など南西諸島ではめずらしくない。夜間には、活発だった魚が眠り、隠れていたナマコなどがはい出してくるので、昼間とはちがった大漁をもたらす。マダガスカルでは、完全防水を施した懐中電灯が入手しにくかったが、近年は中国製の小型で強力な白色LEDライトが村でも入手できるようになった。すると漁師たちは、ラテックス製のコンドームでライトをくるみ、海水が入らないようにして、ライトを海中に持ち込むようになったのである。コンドームは、エイズ予防や家族計画を目的として、さまざまな国際団体の助力によって安価で入手できるようになったものだ。国際援助の一般化という新しい状況と、LEDランプやコンドームなど新奇なモノの登場、そして、従来からの潜り漁という生活実践の出会いによ

って、新たな漁が始まったのである。

7 技術的対応の功罪——悪循環か打開の契機か

　こうした技術的対応は、漁獲減少に対してとられた措置ではあるが、かえって漁獲圧を高めて資源量を減らすのではなかろうか。ヴェズ漁師の成功を見て、漁師以外の関係者はこのことを心配する。たとえば、ヴェルンヂアケが拠点を置くアンダヴァドゥアカ村の寄りあいでは、資源の乱獲を防ぐため、LEDライトとコンドームを用いた電灯潜り漁の禁止をとり決めた。これは、漁師自身のあいだで資源保護の意識が高まったためではない。アンダヴァドゥアカ村では、BVやヴェルンヂアケ、婦人会などの活動が活発化して、漁撈に依存せずとも現金が得られるようになったため、漁師以外の住民が環境保護に加担するようになったのである。
　このことに関して、筆者自身は次のように考えている。主として漁師たち自身が進める技術的対応と、主として国際的NGOやその関係者が進めようとする社会的調整は、それぞれ方向性が違うものだから、両立させてしかるべきだ。しかし、社会的調整のベクトルが強く働きすぎた場合、漁師たちの技術的対応が制限されてしまうおそれがある。じっさいにアンダヴァドゥアカ村では、せっかく漁師たちに知られるようになった技術的対応の手段が、社会的調整のもとで実行不可能になった。こうした局面は現在のところかぎられているが、それが全面化するのは避けなければならない。さもないと漁師たちは、資源問題の解決という課題に、主体的なかたちでかかわれなくなってしまう。
　ヴェズ漁師たちの技術的対処は、資源問題の完全な解決には至らないものの、それを先送りするくらいの効果はある。上述したように、1991年に新しく始まったサメ刺網漁は、未開拓だった水産資源の利用を可能にし、1980年代の家計停滞状況を打開した。新たな資源が利用されているあいだは、減少した資源の利用が緩和され、資源回復の可能性も高まる。新漁法は単純に資源枯渇を早めると即断するのではなく、生態系と人間社会が

交錯するひとつのシステムのなかで評価していく必要がある（Berkes & Turner 2006）。

　また、新漁法が徐々に資源量を低下させているとしても、大がかりな機器の導入と同じように考えるのは早計だろう。たとえば動力船や魚群探知機など、工学的に設計された機器類は、仕事の効率や状況認知を格段に高めて、潜在的な資源を資源そのものに変える。これがヴェズ漁民の技術的対応と異なるのは、すべての漁法に応用されてそれぞれの漁獲効率を極端に高め、既存の漁獲対象種すべてに漁獲圧をかけてしまう点である。一方、ヴェズ漁師の新漁法によって漁獲圧が高まるのは、その漁法の対象となる魚種だけであり、既存種すべてを枯渇させるわけではない。また、このタイプの技術は急速に広まるものの、操業者の技能や操業状況に応じてカスタマイズしながら用いられるため、習得に個人差がある（飯田　2010）。熟練者であろうがなかろうが一律に漁獲効率を高める工学的機器類とは、区別して考える必要があろう。

　さらに、新漁法のみならず旧来からの漁も、新漁法創出の準備という性格をもっており、存続がはかられるべきだということを確認しておきたい。ヴェズ漁師たちが編み出す新漁法は、これまでに身体化された技能や知識の組みあわせにほかならず、ブリコラージュ的である[*6]。このブリコラージュ感覚は、じつは、日常における不断の漁撈実践で培われる。毎日の漁撈活動では、天候や海況、魚の行動、協働するメンバーなど、日々新しい条件のなかで漁獲という目的を達成しなければならない。しかも海上であるために、物質的な準備はおのずからかぎられる。こうしたなかで、漁師

---

*6　飯田（2010）を参照。ブリコラージュとは、ありあわせの資材を用いた大工仕事の意で、C. レヴィ＝ストロース（1976）は、これを未開社会の概念操作に類比した。ヴェズの新漁法が異質なものの組みあわせであることは、技術的対応の記述からあきらかだろう。たとえばサメ刺網漁では、ナイロンロープや古い漁網などの従来素材と、刺網製作の技術、一本釣り漁の経験に基づいた知識などが組みあわされている。木製の銛銃やイカ擬餌針の場合は、木材という従来素材とタイヤのゴムという比較的新しい素材のほか、木材加工の技術や、潜り漁・釣り漁などの経験が活かされている。電灯潜り漁の場合も、新しい道具を昼間の潜り漁に応用する発想が、新しい活動につながった。

たちは、手持ちの技能や知識のなかから条件にふさわしいものを選びつつ、かぎられた漁具や資材を即興で運用しながら漁獲を果たす。時には、漁具やカヌーを修理するため、文字どおりのブリコラージュをおこなうこともある。しかし、とくに修理の必要がない場合でも、漁師たちは、手持ちの技能や知識でブリコラージュをおこなうのである。

したがって、漁民の技術的対応が資源枯渇の悪循環をもたらすという理由で漁撈活動をいま以上に制限すれば、ブリコラージュ技法の習得や習熟の機会が奪われることになる。漁撈の制限だけでなく、たとえば養殖事業を拡大して自然のコントロールを強化しようとする試みも、広がりすぎれば同じ結果がもたらされよう。これらの措置は、ヴェズ漁民がおこなってきた技術的対応の創造の芽を摘みとってしまうことにほかならない。なぜならヴェズ漁民にとって、創造とはたんに因習の軛から逃れることではなく、日常的実践への深い関与を意味するからである（cf. Ingold & Hallam 2007）。

8　生活者感覚の再評価

以上のような近年のヴェズ漁撈に関して、わたしがとくに強調したいのは、資源保全の実務家に対してヴェズ漁師が示してきた姿勢である。漁師たちは、資源枯渇を防ぐためのさまざまな漁規制に対して、表立った不満を示さない。こうした反応は、「長いものに巻かれよ」式の諦念の表れともいえるが、それだけで片づけられるものでもない。漁師たちは、一面において、BVを頼っているのではないか。

実務家がヴェズ漁師に提案してきた社会的調整のプランは、複数の専門家が別々に持ちよったデータを、学会や国際政治などの場で吟味した結果に基づく。それが説得力をもつのは、ヴェズ漁師たちがあずかり知らない事例も多数ふまえられており、当事者の先入観や短期的利得だけで未来を選ぶような事態を未然に防ぐからである。この意味で、BVが提示するプランは、将来デザインのために有用なアイデアといえる。このような理由

から、少なくとも一部の漁師たちは、漁規制を通した資源回復の望みをわずかながらもBVと共有しているのではなかろうか。さもなければ、わたしが参加した2010年のヴェルンヂアケ総会において、あれだけ議論がかみあうことはなかっただろう。

とはいえ漁師たちは、実務家たちが示すような資源減少のシナリオをまるきり鵜呑みにしているわけでもない。むしろ、実務家たちの黙認する範囲内で操業を続け、実務家とはちがったシナリオで生活の持続をはかっているようにみえる。

すでに述べたように、毎日の漁撈とそれにもとづく新漁法の開発は、漁獲対象や漁獲圧を分散しながら家計収入を維持する効果がある。このことは、日々の仕事への専念が未来への投企に連なっていることを意味する。つまりヴェズ漁師たちは、一個人として毎日の漁撈に専念し、新漁法の発明・改良を展開する条件が整うのを待つ。そしてそのときが来れば、積極的にそれを模倣して可能性を試し、新たな生活を切り拓く契機になりうるかどうかを、隣人たちとともに吟味するのである。こうした社会的な吟味に参加するためには、毎日の漁を通してブリコラージュ感覚を磨いておかなければならない。漁師たちはこのように、毎日の漁撈という課題をこなしながら、みずからの能力と裁量に基づいて、未来にむけた選択に関与しているのである。

まとめて言えば、ヴェズ漁師たちは、専門家たちの施策や意見をある程度尊重しながらも、その影響が及ばない分野を確保する。そうすることで、専門家たちとのかかわりを維持しつつ、みずからの裁量を全面的に譲りわたさないようにしているのである。ヴェズ漁民によるこうした戦略は、専門家によるリスク計算が社会的に力をもち、それにもとづく行動規範がなかば強要される現代社会にあって、興味深い事例だろう。

現代社会の多くの局面では、ヴェズ漁師の技術的対応のような個人的行動は、専門的知見を反映せず場当たり的とみなされ、社会問題の解決に至る道筋とはみなされないのがふつうである。しかし、絶えず変化していくパラメーターを専門家が総合し、リスク計算し尽くすことには、限界がある。このことは、生態系が特定の環境許容値を持つのではなく、条件に応

じて予測しがたいふるまいをする複雑系だと認識される今日（Scoones 1999; Abel & Stepp 2003; Lansing 2003）、ますます重要性を帯びてきている。水産資源に関して言うなら、内陸の土地利用の変化や地球規模の気候変動など、地域外的な要因がますます資源の増減に影響するようになっている。こうしたなか、計算ずくで社会の合意をとろうとすることは、個人の性向を無視しかねないだけでなく、社会工学的にも誤りをおかす可能性がある[*7]。

漁師たちは、相応な漁獲を得るという目標のもとで、自分の生活や身のふり方にかかわる小さな決断を毎日のようにおこなう。漁に出る際、あるいは漁の最中にも、どのような漁具・漁法をどのように用いるかという決断を絶えず繰り返す。そのときに判断の基準となるのは、漁師の技量や期待される見返り、周囲の協力、経済的な困窮の度合いなど、主として個人的な事情である。この種の決断は、1回かぎりではなく、生涯を通じて無数に繰り返されていく。こうした「小さな決断」は、社会的な合意にまとめられる機会がほとんどない。しかし、それが積み重なって新漁法が洗練されることを考えれば、「小さな決断」を社会的合意にまとめ上げることも不可能ではないだろう。BVがその役割を果たしうるならば、漁師がBVに期待を寄せるのもうなずける。

いずれにせよ、社会的なリスク計算に基づいて調整をおこなう仕組みとは別に、状況を総合的に判断しながら個人が問題解決する余地も残しておくことは有効である。こうした生活者感覚を重視する視点は、日本の環境社会学の前史において「生活環境主義」というかたちで提起されたことがある（鳥越 1989）。その可能性を再考することは、今後の資源管理論に貢

[*7] こうした視点は、とくに2011年の福島第一原子力発電所の事故によって、重要性を帯びつつある。この事故に関して、放射性物質からできるだけ遠ざかっていたいという個人的性向を重視する声が上がり、地元の電力会社に依存しない電力調達の動きが広がってきた。いずれの動きも、「リスク社会」の考え方をただちに否定するものではない。しかし、本章の議論をふまえれば、専門家によるリスク計算と社会的調整から距離を置いた意思決定は、今後ますます認められていくべきだと考える。

献するばかりでなく、リスクに囲まれた我々の生活を改善することにもつながろう。

　リスクは決してなくならない。しかし、リスク計算の及ばない「小さな決断」を実践しつづけることで、オルタナティブな未来が開けることがある。その手がかりは、専門家の描くプランでなく、我々自身の生活から見いだしていけるもののはずだ。

参照文献

秋道智彌　1988『海人の民族学——サンゴ礁を超えて』日本放送出版協会。
─────　1995『海洋民族学——海のナチュラリストたち』東京大学出版会。
飯田卓　2006「ヴェズ漁民社会の持続的漁業をめぐる動向」深澤秀夫編『地方独立制移行期マダガスカルにおける資源をめぐる戦略と不平等の比較研究』平成14年度～平成17年度科学研究費補助金研究　基盤研究A(1)(研究課題番号14251004) 成果報告書，pp. 7-19。
─────　2008『海を生きる技術と知識の民族誌——マダガスカル漁撈社会の生態人類学』世界思想社。
─────　2010「ブリコラージュ実践の共同体——マダガスカル，ヴェズ漁村におけるグローバルなフローの流用」『文化人類学』75(1): 60-80。
─────　2011「海をめぐる無形の資本——マダガスカルの漁村から資源管理論を問い直す」松本博之編『海洋環境保全の人類学——沿岸水域利用と国際社会（国立民族学博物館調査報告97）』国立民族学博物館，pp. 73-90。
鳥越皓之編　1989『環境問題の社会理論——生活環境主義の立場から』御茶の水書房。
レヴィ=ストロース, C.　1976『野生の思考』（大橋保夫訳）みすず書房。
Abel, T. and J. R. Stepp 2003 "A New Ecosystems Ecology for Anthropology," *Conservation Ecology* 7(3): 12.（http:// www.consecol.org/vol7/iss3/art12/　2013年12月28日閲覧）
Acheson, J. M. 1981. "Anthropology of Fishing," *Annual Review of Anthropology* 10: 275-316.
Andriamalala, G. and C. J. Gardner 2010 "L'utilisation du dina comme outil de gouvernance des ressources naturelles: Leçons tirés de Velondriake, sud-ouest de Madagascar," *Tropical Conservation Science* 3(4): 447-472.

Berkes, F. and N. J. Turner 2006 "Knowledge, Learning and the Evolution of Conservation Practice for Social-Ecological System Resilience," *Human Ecology* 34 (4): 479-494.

Cinner, J. E., A. Wamukota, H. Randriamahazo, and A. Rabearisoa 2009 "Toward Institutions for Community-Based Management of Inshore Marine Resources in the Western Indian Ocean," *Marine Policy* 33: 489-496.

Cripps, G. and A. Harris 2009 *Community Creation and Management of the Velondriake Marine Protected Area,* Blue Ventures. (2013年12月現在，BVの報告書は次のサイトよりダウンロードできる。http://www.blueventures.org/our-approach-at-blueventures/grounded-in-science/reports-and-publications/ 以下同じ)

Harris, A. 2007 "'To Live with the Sea' Development of the Velondriake Community-Managed Protected Area Network, Southwest Madagascar," *Madagascar Conservation and Development* 2(1): 43-49.

Humber, F., A. Harris, D. Raberinary, and M. Nadon 2006 *Seasonal Closures of No-Take Zones to Promote a Sustainable Fishery for* Octopus cyanea *(Gray) in South West Madagascar,* Blue Ventures.

Humber, F., B. J. Godley, V. Ramahery, and A. C. Broderick 2010 "Using Community Members to Assess Artisanal Fisheries: The Marine Turtle Fishery in Madagascar," *Animal Conservation* 14(2): 175-185.

Ingold, T. and E. Hallam 2007 "Creativity and Cultural Improvisation: An Introduction," in E. Hallam and T. Ingold (eds.) *Creativity and Cultural Improvisation,* Berg, pp. 1-24.

Langley, J. M. 2005 "Establishing a Rotational No-Take Zone to Promote a Sustainable Fishery for *Octopus cyanea* in South West Madagascar," Paper Presented at the Fourth Western Indian Ocean Marine Scientific Association Scientific Symposium, Grand Baie, Mauritius.

Lansing, J. S. 2003 "Complex Adaptive Systems," *Annual Review of Anthropology* 32: 183-204.

Rakotoson, L. R. and K. Tanner 2006 "Community-Based Governance of Coastal Zone and Marine Resources in Madagascar," *Ocean and Coastal Management* 49: 855-872.

Scoones, I. 1999 "New Ecology and the Social Sciences: What Prospects for a Fruitful Engagement?" *Annual Review of Anthropology* 28: 479-507.

第10章
無力な死者と厄介な生者
――エチオピアの葬儀講活動にみる保険・信頼・関与

西真如
Nishi Makoto

1 はじめに――死と不確実性

　私たちがたどるライフコースには、予測できないさまざまな出来事が待ちかまえている。みずからの意思では、どうにもならない出来事がある。なかでも死は、私たちが人生で最大の不確実性を経験する瞬間であるかもしれない。人間は必ず死ぬという意味では、死そのものが不確実性の経験なのではない。問題は死が、私たちをもっとも無力な状態に置くということである。私が死んだときに、誰が私の亡骸を葬ってくれるのか、どのように葬ってくれるのか。これは私がみずからの力では解決できない問題である。不確実な世界において、私は生きるに値する者として生き、追悼に値する者として死ぬことができるだろうか（バトラー 2007）。このことは私たちの人生において、最大の賭けであると言ってもよいだろう。
　本章では、エチオピアの首都アジスアベバで暮らす人びとが運営する葬儀講の活動を取り上げる。葬儀講は、その名のとおり死者を葬ることを目的として運営される、互助組合のような組織である。決まった仲間が毎月一定の金額を講に納め、仲間あるいはその家族・親族に死者があったときには、葬儀費用が支払われるとともに、講仲間が葬儀の実施に必要な労働力を提供するというのが、葬儀講の基本的な仕組みである。
　エチオピアでは他者を祝福する言葉として、「神があなたから葬る者を

奪いませんように」と述べることがある（Alemayehu 1968: 12）。エチオピアの人びとにとって葬儀は重要な機会である。というのも「死体を墓地へと送り届ける人びとの多さ、そのとき人びとが嘆き悲しむ声の高さは、死者への人びとの愛情の深さを示すからである」（Mekuria 1973: 13）。だがアジスアベバのような大都市では、身寄りのない老人をはじめ、みずからの死の後に不安を抱える者も少なくない。文字どおり「葬る者を奪われた」人びとが、都市には少なくない。その場所で生きる者のライフコースを承認し、死後に至るまでその人生の価値を保障してくれるはずの共同体が失われているという意味では、本章で検討する葬儀講活動の参加者は、「リスク社会」に生きる私たちと同じように、不確実な世界を生きている。そして葬儀講は、その不確実な世界に対処するための活動なのだと考えることにしよう。

　たとえば葬儀講は、一種の保険として説明することができる。保険は、人びとが種々のリスクに対処するために編み出してきた方法のひとつである。ただ葬儀講活動には、現代日本で生活する私たちが知っている保険とは、ずいぶん異なるところもある。現代社会で生活する多くの人にとって保険に加入するということは、保険会社が綿密なリスク計算に基づいて開発した保険商品のなかから、みずからのライフスタイルに適合したものを、賢い消費者として選択するということになるだろう。その同じ商品を、他にどんな人たちが購入したのだろうか。彼らがどんな人生を送っていて、どのような事情で保険金を受け取るのか。想像してみるのは自由だとしても、ふつうはそんなことを知る由もないし、また知る必要もない。保険会社を信頼することができれば、それでよいのである。

　これに対して葬儀講は、保険会社を介さず、加入者どうしが直接に助けあうことで成立している保険だと、いちおう理解することができる。しかしそれが、どういった意味で「助けあい」であると言えるのか、別の言い方をすれば、葬儀講仲間のあいだにどのような倫理的な関係が成立しているのかは、意外と厄介な問題である。私たちは、保険金の配分を受けるまでにどれくらい掛け金を納めつづけるのか、わからないまま保険に参加する。このことは葬儀講活動にもあてはまる。ある者が「損をする」（受け

取る以上に支払う）ことを前提に、誰かが「得をする」（支払った以上に受け取る）ような仕組みは、ある意味で「賭けごと」に近いとも言える[*1]。

そこで本章の目的は、どのような倫理的な関係が、葬儀講の活動を支えているのかを考察することである。ひとつの可能な解釈は、保険という制度のなかに「賭けごと」を「助けあい」に変換するような論理が働いていると考えることである。本章の第3節では、保険学者の議論をふまえてこの可能性を検討したい。

もうひとつの解釈は、葬儀講は保険の制度である以前に、信頼をつくりだすシステム（Barber 1983; 山岸 1999）だと考えることである。冒頭で述べたとおり、死は人間をもっとも無力な状態に置く。葬儀講仲間が死後に葬ってくれなくても、死者はそれに抗議できないし、仲間の裏切りを知覚することすらできない。他の者がみずからの亡骸を葬ってくれると考えることは、究極の信頼であると言えるかもしれない。ましてアジスアベバは、多様な背景を持った数百万の人びとが生活する大都市である。そんな場所で、いったい誰が信頼できるというのか？　ところが実際には、葬儀講のなかには宗教も、民族も、職業も異なる人たちが一緒になって、数十年も活動を続けているものも少なくない。つまり葬儀講は、ある種の開かれた信頼をつくりだすシステムであると考えられないだろうか。葬儀講活動と信頼の問題については、本章の第4節で検討する。

ただあらかじめ言っておくと、葬儀講はたしかに、保険制度と信頼システムそれぞれの特徴を備えているものの、その活動は究極的には、「保険」によっても「信頼」によっても引き受けられない倫理的な関係を引き受けようとする行為だというのが、本章の仮説である。別の言い方をすれば、葬儀講活動にかかわる人びとは、「リスクへの備えを怠らない合理的個人」には思いもよらないような方法で他者とかかわることによって、「リスク社会」へのオルタナティブを示しているように思われるのである。なぜそ

[*1] 実際、近代的な保険事業が普及しはじめた18世紀のヨーロッパでは、生命保険が賭博的に利用される事態となり、イギリスでは賭博禁止法のもとで生命保険を賭博から明確に区別することがはかられた経緯がある（菊池 2009）。

う言えるのかは、後で検討することにして、まずはアジスアベバの葬儀と葬儀講活動の特徴について、簡単に説明しておきたい[*2]。

2　葬儀講の活動

　アジスアベバの路地を歩くと、時おり帆布製の大きなテントが道をふさぎ、人びとが出入りしているのを目にするだろう。それが葬儀会場である。葬儀会場を設営したり、死者を墓地へと運んで埋葬するのはたいへんな労働を必要とする。また埋葬が終わった後の数日間は、大勢の人びとがお悔やみを言うために葬儀会場を訪れる。アジスアベバでは、こうした労働の大半を葬儀講仲間に頼るのがふつうである。葬儀そのものは、もちろん故人の宗教と切り離すことができないけれども、講の活動は、労働と費用の提供が目的であって、基本的には宗教儀礼に干渉しない。したがって同じ講にキリスト教徒とムスリムが参加しているのは、決してめずらしいことではない。またアジスアベバの葬儀講には、女性だけが参加できる講や、同じ職場の仲間で結成する講、あるいは同郷者のための講などさまざまな種類があるのだが、主流を占めるのは「近隣の葬儀講」、つまり一定の地理的な範囲で生活している人なら、宗教や職業、出自を問わず参加できる講である。本章では、葬儀講と言えば常に「近隣の葬儀講」を指すことにする。ひとつの葬儀講には通常、200〜300人くらいの仲間が参加している。これは講仲間にとって、全員の顔と名前が一致する規模なのだという。また多くの場合、歩いて10〜20分くらいの範囲に住んでいることが、参加の条件となる。葬儀があればすぐに駆けつけられる距離である。アジスアベバの下町に住んでいれば、自宅の近くで活動している葬儀講の5つや6つはすぐに見つかるだろう。そのなかで、なるべくしっかりした活動をしている講を選んで参加することになる。

[*2]　より詳しい説明は、西真如（2009: 第8章, 2010: 32-36）を参照。

アジスアベバの人びとのなかには、結婚して独立した世帯を持ったときを機に、葬儀講への加入を検討する者が多い。葬儀講にはたいてい夫の名義で加入するのだが、女性のなかには、離婚をきっかけにみずからの名義で葬儀講に加入する人も少なくない。葬儀講仲間は死を迎えるまでの数十年にわたって、非常に長いつきあいを覚悟しなければならない。多くの葬儀講では、すべての仲間が毎月の会合に出席する義務がある上に、仲間やその家族、親族の葬儀でも一緒に働くことになるので、仲間どうしのつきあいは、それなりに密なものとなる。葬儀の手伝いに出てこないとか、会費を滞納しがちだといったことに始まり、互いのひとがらや暮らしぶりに至るまで、よく知りあっているのが葬儀講仲間ということになる。
　アジスアベバの葬儀講活動で興味深いことのひとつは、死者を葬るという活動を中心に、宗教や民族を異にする人たちが連帯しているということである。そこで次節では、死者を葬るという活動がどうして人びとを結びつけるのか考えてみたい。

3　死者と葬儀

　葬儀にかかわる事業や活動といえば、日本では葬儀会社や宗教法人くらいしか思い浮かばない人も多いだろうが、死者を葬ることを目的として持続的な活動をしている市民団体のひとつとして、NPO法人「葬送の自由をすすめる会」を挙げることができる。この節では、同会とアジスアベバの葬儀講とを比較しながら、死者を葬るという問題について、人びとが連帯する動機がなんであるのか考えたい。
　「葬送の自由をすすめる会」は、自然葬を推進する目的で1991年2月に設立された市民組織である。同会の実施する自然葬は通常、海や山林に遺灰を散布する、いわゆる「散骨」のかたちをとる。自然葬が望まれる背景はいくつかあるが、「先祖代々の墓」を守るという価値観に違和感をおぼえる人たちに対して、散骨によって死者が「自然に還る」という選択肢を提示し、また実際に自然葬を望みながら亡くなった会員の散骨を支援し

てきたことに、同会の活動の意義があると言ってよさそうである*3。

　同会の活動は一見すると、「自由」というタームが示すように、個人の尊厳と自己決定の権利をみずからの死後にまで延長しようという試みであるように見える。とはいえ、死者がどこまで意思の主体でありつづけるのかは、なかなか難しい問題である。もちろん私たちは遺言によって、死後にみずからの意思を示すことができる。ただし遺言に法的拘束力が認められるのは、相続にかかわる事項など民法で厳格に規定された「遺言事項」に限られており*4、自然葬の希望などは拘束力を持たないとされる。遺言の制度は、生きている者の自由意思が一般的に死後にまで及ぶということとは、だいぶ違うのである。

　自然葬を望みながら死んだ者は、生きている者の前に無力である。死んだ者は、従来どおりの葬儀を営もうとする遺族を説得することができないし、散骨を阻む当局のさまざまな規制に反論することもできない。「葬送の自由をすすめる会」は、自由を追求する諸個人の連帯であるというよりも、実際にはみずから他者に働きかける可能性を奪われた死者の無力さが、その連帯の動機となっているように思われる。

　近年では同会に限らず、葬儀業者のなかにも散骨を実施する例が増えてきたのだが、他方で散骨を受け入れがたいと考える近隣住民の働きかけによって、散骨を規制あるいは禁止しようとする条例の制定が相次いだ（小林 2008）。「葬送の自由をすすめる会」は、自然葬の実施を実質的に禁じた条例を制定している地方自治体に対して、その条例を撤廃するよう訴える一方で*5、「節度をもっておこなわれる自然葬」のルールづくりに意欲を示している*6。多くの日本人が「千の風になって」*7を繰り返し耳にして、風とともに吹き渡る魂のイメージをロマンチックに感じられるように

---

*3　「島田会長が各地で新たな運動のあり方などを講演（新潟県支部集会での要旨）」『再生』89: 9-14, 2013。
*4　これを遺言事項法定主義という。詳細は松井秀樹（2010）を参照。
*5　「秩父市へ〝散骨禁止〟条例の撤廃を求めて請願」『再生』72: 7-10, 2009。
*6　「「葬送基本法制定アピール」総会宣言案」『再生』73: 3-4, 2009。

なったとしても、誰か知りもしない死者にあたりを吹き渡られるのはありがたくないという感覚が、人びとのあいだに根強くあるのかもしれない。近隣住民との話しあいは、同会が決しておろそかにできない課題である。

「葬送の自由をすすめる会」の活動からも推しはかられるように、死者と生きている者との関係は時としてたいへんに面倒なものであるが、近年の日本社会では、むしろその関係の不在が問題となりつつある。誰が死者を葬るのかという問題は、現代日本社会では「孤独死」および「無縁社会」という言葉とともに顕在化しつつある。じつは、アジスアベバで葬儀講活動が成立したのは、これと似た背景があったとされる。アジスアベバで葬儀講活動が成立したのは、多くの都市住民が農村からの移住によって親族や地域の社会関係からいったん切り離されてしまったことと関係している（Alemayehu 1968; Mekuria 1973）。19世紀末から20世紀の初頭にかけて、故郷の村を離れアジスアベバで荷役夫として働いた人びとは、互助講を組織して「病に倒れた仲間を助け、病が重くなれば故郷に送り返し、仲間が死んだときには葬儀に参列した」と伝えられる（Sherif 1985: 27-28）。エチオピアの社会学者アレマユ・サイフの言葉を借りるなら、農村から都市に移り住んだ人びとは、「混乱と疎外感」のなかで生活を始めねばならなかった。何よりも、もしものときに助力を与えてくれる仲間が、都市にはあまりにも少なかったのである（Alemayehu 1968: 6-8）。

もちろんアレマユが描いたような「混乱と疎外感」が、現在のアジスアベバにおける市民生活の一般的な状況というわけではない。アジスアベバで長く生活し、多くの親族や仕事仲間に囲まれている人のなかには、葬儀講活動を「面倒な近所づきあい」としか考えない人もいる。他人の世話にならなくても、親族が盛大な葬儀を出してくれることがわかっているからだ。しかしなんらかの理由で親族と疎遠になった者、そしてみずからが裕福でなく、かつ裕福な親族を持たない者にとって、誰が葬ってくれるかと

---

*7　秋川雅史の歌唱による「千の風になって」は、2006年末に放映された「第57回NHK紅白歌合戦」から3年連続で同番組に登場した。また2007年8月には同曲の売り上げが100万枚を超えた。

いう問題は切実である。たとえば筆者が聞き取りをした「勤労」講という葬儀講は、女性世帯主や身寄りのない老人、零細商人、日雇い労働者などが多く生活する地区を中心に活動している。「勤労」講の仲間には、物乞いで生計を立てている者もいる。

　本章の冒頭で、葬儀講は一種の保険のようなものだと述べた。たしかに加入者の死が支払いの条件になっている点では、葬儀講は生命保険に似ている。ただし葬儀講の活動は、私たちがよく知っている生命保険とは目的が異なることを、ここで今いちど確認しておこう。生命保険が保障しようとするのはふつう、保険金の受取人つまり生きている者のなんらかの必要であろう。典型的には、死者の家族が生活していく資金である。だから私たちの常識からして、まったく孤独な者が生命保険に加入する動機は考えにくい。これに対して葬儀講は、死者の遺族のために葬儀費用を保障するという側面ももちろんあるのだが、より重要なのは死者の必要を保障することである。つまり死んだ後に、まともな葬儀がおこなわれるという必要である。だから家族や親族、職場の仲間といった縁に恵まれない者ほど、葬儀講に頼らねばならないと考える傾向が強い。こうした違いをふまえた上で、次節では保険学の議論の文脈から葬儀講活動を捉えてみたい。

4　保険と連帯

4.1　保険は「助けあい」なのか

　保険は、それぞれのライフコースをたどる加入者間の「助けあいと思いやり」によって成立していると言われることがある。日本では、「共済」[*8]

---

*8　「一般に共済とは、一定の地域や職域でつながった団体が共同の基金を形成し、将来発生する恐れのある一定の偶然の災害や不幸の発生に対して、団体の構成員に一定の給付を行うことを約する制度と考えられている」（出口 2004: 102）。

と呼ばれる協同組合保険の事業が広くおこなわれている。共済は通常、地域や職場を単位として設立される。たとえば県民共済は、各県内に居住する組合員を相手に生命保障や損害保障を引き受けている。全国生活協同組合連合会のウェブページには、共済事業の「原点」を表現したという「県民共済8つのものがたり」が掲載されている。1970年の夏、埼玉県のある町で起きた事故で仲間を失った職場の人たちが、まさかのときに「暮らしを守る保障制度」はできないものかと研究を重ねてつくったのが、県民共済のはじまりであるという[*9]。この節では、葬儀講活動と共済事業、それに保険会社が提供する生命保険を対比しながら、保険の仕組みがどのように人びとを連帯させるのか(あるいは連帯させないのか)を考えてみたい。

4.2　保険の「本質」をめぐる論争

　保険の本質とは何か、という問いに対してドイツの保険学者A.マーネスは、「同様に脅かされる多数経済による、偶然的ではあるが評価可能な貨幣必要の相互的充足である」と述べた[*10]。「同様に脅かされる多数経済」というのは、「同じようなリスクを抱える複数の主体」と読み替えてもよいだろう。マーネスの定義では「助けあい」や「思いやり」といった言葉こそ使われていないものの、人びとが相互の必要を充足するために、主体的に連帯して保険加入者となるその過程こそ、保険の本質であることが主張されているのである。

　しかしマーネスが展開した学説は、現在の保険学では「不毛な本質論」あるいは「神話」として退けられることが多いようだ[*11]。現在では保険

[*9] 全国生活協同組合連合会「県民共済8つのものがたり」(www.kyosai-cc.or.jp/aboutus/stories/　2014年1月8日閲覧)を参照。埼玉県民共済生活協同組合は、日本で最初の県民共済として1973年5月に設立された。全国生活協同組合連合会を元受とする共済事業(都道府県民共済)は現在、40を超える都道府県で実施されている。

[*10] 水島一也(1979: 3)からの再引用。原典はManes, A. 1930 *Versicherungswesen: System der Versicherungswirtschaft*, B. G. Teubner, p. 2.

加入者の連帯よりも保険会社の経営技術に関する議論が、多くの保険学者の関心をひきつけている。近代保険学の立場からすれば、保険を「助けあい」とみなすことは、人びとの確率的思考の欠如と、近代保険への無知を示すものでしかない（水島 2006; 田中 2009）。このような立場では、相互扶助の活動は「類似保険」と呼ばれて、近代的な保険との断絶が強調される。前述の共済も、過去には保険法の適用を受けなかったこともあって、「類似保険」とみなす保険学者が多かったようである。葬儀講のような活動も「類似保険」に分類されると考えて差し支えないだろう。近代保険学の立場からすると、商品としての近代保険の本質は、保険会社と消費者との「財貨取引契約」にあり、そこには消費者間の相互性が介入する余地はない。保険を商品としてみた場合、消費者は合理的個人として将来の不確実性に備えるために保険に加入する。そこに信頼関係が介在するとしても、それは保険会社と加入者のあいだのことであり、加入者間になんらかの倫理的関係が生じることはない。

これに対して、保険会社の視点から保険を論じる傾向に異論を唱え、相互扶助の活動に保険思想の「源流」を見いだそうとする興味深い議論もある。小林惟司は、日本における保険思想の源流を東西本願寺の「類似保険」や各地の「社倉」（小林 1997: 67-108）、神岡鉱山の友子同盟（小林 1992）などに見いだそうとする。小林にとって保険を基礎づけるものは、「確率論」に先行する倫理観である。それはたとえば過酷な鉱山労働のなかで死に直面する掘子たちの紐帯ないしは「人倫思想」であり、またそこから導かれる「救恤(きゅうじゅつ)規則」である（小林 1992: 82）。

ただし保険は、一方的な「救恤」（救済）ではありえないし、かといって通常の意味での相互扶助として説明するには無理がある。庭田範秋は、共済制度に関する論考で「保険でいう相互扶助は、本来の人間関係のところで見られる助けあいそのものではない」と断言している。というのも、

---

*11　マーネスの学説に対する批判は水島（1979）を参照。他方で小林は、いわゆる保険本質論を擁護する立場から、これを「不毛な議論」とみなす潮流に疑問を提起している（小林 1997: 13-14）。

生命保険に加入する個々人の動機は、賭けごとに参加する者に似て「利己的」であり、相互扶助の要素を欠くからだ。にもかかわらず庭田は、制度としての保険には相互扶助が成立しているという（庭田 1993: 180）[*12]。個々の加入者が利己的な動機しか持たなくても、保険制度は結果的に相互扶助を実現しうるというのである。さらに庭田によれば、保険にもある種の所得再配分の機能を期待してよい。つまり「不運者、被害者、受難者など」に有利な給付がおこなわれるという意味で、保険が相互扶助の機能を果たすことができるのだという（庭田 1993: 183）。

4.3　不可知による連帯

　庭田の議論は興味深いが、結果的に相互扶助が実現されるような制度があるとしても、加入者がどうしてその結果を受け入れることができるのかを説明しなければ、保険の倫理的関係を説明したことにはならないだろう。この問題を考える上で、「不可知による連帯」という言葉を保険の原理と結びつけて説明している立岩真也の議論が参考になりそうである（立岩 1997: 281）。立岩によれば、不可知による連帯は J. ロールズが財の配分を正当化するために想定する「無知のヴェール」（ロールズ 2010）とよく似た論理によって支えられている。もし私たちの誰もが、みずからが将来に遭遇する危険について知らず、かつその危険を乗り越えるためのみずからの能力について確信が持てないならば——つまり「無知」であるならば、もっとも弱い立場に置かれる場合を考慮した配分を受け入れるだろう。みずからは掛け金を払うばかりで、他の者がその金を受け取ったとしても、その者がもっとも不運な者であることが確かならば、不平は言わないはず

[*12]　ここで庭田は、次の文を引用している。「各私経済に於ける生命保険制度利用の動機は、全然利己的で、相互扶助の如き利他的要素を欠くこともあるが、これを制度自体に着目すれば、其機能は相互扶助的であり、又賭博或は富籤の如き単なる射倖を目的とするものとは全く異なり、合理的なる条件に基いて行はれる分配である」（矢野 1929: 4）。

だということである。葬儀講活動の文脈で言えば、仲間の誰かが死んだとき、その者がその時点で「もっとも不運な者」にあたる。その死者は、葬儀講に加入してまだ1年も経たない者であったかもしれない。仲間のなかには、数十年も葬儀講に会費を納めつづけている者もいるだろうが、彼はその死者に支払いがおこなわれることに、何の不満も感じないだろう。「不可知による連帯」は、保険加入者の倫理的関係をうまく説明しているように思われる。

　ただし立岩が指摘しているように、不可知による連帯は問題が可知になったときにはその働きを停止する（立岩 1997: 282-285）。そもそも、重い病気にかかっている者や、近いうちに死ぬことがわかっている者との生命保険契約を、保険会社が引き受けることはない。じつは葬儀講もこれと同様の規定を持っていて、病に伏せている者は葬儀講への参加を認められない。

　加えて、「不可知」という前提は意外と脆いものである。1人ひとりの運命は不可知であっても、科学技術を応用することで、リスクの度合いに応じて集団を分類することは容易である。生命保険におけるリスクとは、加入者の生死そのものというよりも、保険金の支払いが必要になるまでに、どれくらいの掛け金が支払われるかという問題に関係している。性別、年齢、喫煙や食習慣を含むライフスタイル、そして遺伝子情報に至るまでが、保険技術上のリスクを計算するための材料になりうる。そしてこのことは、保険にとっては大きな問題をはらんでいる。リスクごとに集団を細分化していくと「同様に脅かされる」仲間がどんどん見つけにくくなってしまうからである。

　この問題に対する解決策のひとつは、個人ごとにリスクを算定して、それに応じた保険料を支払わせることである。ただしこの方法では、リスクが高いことがわかっている者ほど負担が重くなるという問題がある[*13]。そこでもうひとつの解決策は、リスクの違いを「知らなかったことにする」ことである。実際に「助けあい」の理念を掲げる県民共済などは、一律掛け金、一律保障の原則が採用されることがある。これは葬儀講でも同様で、同じ講の仲間であれば、毎月の掛け金も、仲間が死んだときの支払

いも同じである。保険会社が提供する生命保険のように、性別や年齢で掛け金が異なるということはない。

　また葬儀講の規則でおもしろいのは、家族や親族が多くても少なくても、掛け金が同じということである。葬儀講では、本人が死亡したときの他に、配偶者や子、オジやオバが死んだときにも支払いを受けることができる。家族や親族が多い仲間と、そうでない仲間とでは、支払いの額はずいぶん違ってくることが想定される。葬儀講仲間はふつう、講に参加するときに家族や親族のリストを提出しておく。また結婚や出産によって家族が増えたときには、速やかに届ける必要がある。リストに1人記載するごとに掛け金を上げていく方法も可能なのだが、筆者の知るかぎり、そのような方法を採用している葬儀講はない。

　葬儀講仲間は、不可知の連帯を維持するための戦略として「無知」をよそおっているのだろうか？　そのように考えることは、もちろん可能である。これは彼らが「無知である」というのとは違い、何かの都合で「知らなかったことにしている」というだけのことだ。

　とはいえ、「葬儀講は不可知による連帯に支えられた保険の制度である」というだけでは、本章の結論とするには不十分であるように思われる。葬儀講仲間が「無知をよそおう」戦略をとっているにしても、その背景にどのような倫理的な関係があることで、その戦略が正当化されるのかを考える必要がある。そこで次節では「信頼」をキーワードにして、葬儀講仲間の道徳的関係について考えてみたい。

＊13　この問題がもっとも極端なかたちで表面化する例として、生命保険と遺伝子検査の問題を挙げることができる。検査によって重症遺伝病を抱えていることが判明すれば、その人の保険料は恐ろしく高額になり、実質的に保険に加入することができなくなる可能性がある。実際に米国では、保険加入にあたって遺伝子検査の結果を提出するように求められたケースがある（広海・田中 1996）。

5　葬儀と信頼

　前節では、保険はどのような意味で助けあいであると言えるのか、という問題について考えた結果、「不可知による連帯」という考え方に行き着いた。ただし不可知による連帯を維持するには、「無知をよそおう」戦略をとらざるをえないこともわかった。保険は、人びとが不確実性に対処する制度として実際に機能しているものの、保険を助けあいの制度として捉えようとすると、その倫理的な基盤は意外に脆いようにみえる。ただしこれは、あくまで保険という制度の枠組みのなかで考えた結論である。葬儀講は保険の制度である以前に、人びとが不確実性に対処するための道徳的な関係をつくりだすシステムであると考えることもできる。

　しかし先に進む前に、ここで本章が扱う「不確実性」の性質について確認しておく必要があるだろう。賭けごとがあらゆる不確実性を対象にして成立するのと同様に、保険の制度はあらゆる不確実性を対象にすることができる。これに対して本章では、社会的な不確実性（山岸 1998）だけに関係するものとして、信頼の問題を考えることにする。かなり乱暴に言えば、災害や事故で人が死ぬこと自体は、必ずしも社会的な不確実性にはあたらない。死んだ後に葬ってくれる者がいるかどうかは、社会的な不確実性にあたると考えることができよう。他人の意図（善意にせよ悪意にせよ）に依存する問題を、ここでは社会的な不確実性と呼ぶことにする。

　社会的な不確実性に対抗するのが、信頼のシステムである。本章の第1節で保険は賭けごとと紙一重であると述べたが、道徳的に正しくふるまう者が悪意の者に搾取されないような関係を「信頼」と呼ぶならば[*14]、信頼関係を欠いたシステムは「賭けごと」の世界よりもずっとたちが悪い。

---

*14　山岸俊男（1998）によれば、信頼は「道徳的秩序に対する期待」の一種である。山岸は「信頼」を非常に厳密に定義しているが、本章ではさしあたって、道徳的秩序に対する期待のうち、「相手が自分を搾取しようとする意図を持っていないという期待」に信頼という語をあてることにする。

賭けごとではすべての者に公平にチャンスが与えられるのに対して、信頼関係を欠いたシステムでは、悪意の者が善意の者を犠牲にすることがまかり通る。たとえばアジスアベバの葬儀講活動では、過去に不正に支払いを受けようとする者が絶えなかった。互いの出自についてよく知らない他人が一緒になって葬儀講を運営するので、たとえば金に困った者が「遠くの村に住むオジが亡くなった」と嘘をついて支払いを受けることが、簡単にできたのである。そこで葬儀講では、信頼関係を維持するためにいくつもの制度的な仕掛けを用意してきた。葬儀講に加入するときに家族や親族のリストを提出するのも、そのような仕掛けのひとつである。リストにない者が死んでも支払いは受けられないし、リストにある者が本当に死んだかどうか疑わしい場合には、葬儀講の役員が調査をすることもあるというから、不正は働きにくくなる。さまざまな背景を持った人たちが加入する葬儀講にとって、信頼の形成と維持は死活的な問題であるように思われる。

　アジスアベバの葬儀講では、新たに参加を希望する者があれば、役員たちがその者のひとがらを調査し、場合によっては入会を断ることがある。入会を希望する者が、過去に他の葬儀講でもめごとを起こしたり、不正をはたらいて除名された経緯がないことを確かめるのである。また、葬儀講に入会を許されたからといって安心してはならない。葬儀講には厳しい規則があり、葬儀に参加しない者、不正に支払いを受けた者、仲間ともめごとを起こした者には、除名を含む厳しい処分が待っている[*15]。こうした規則は、葬儀講の円滑な運営を助けるだけでなく、互いに葬りあう仲間として信頼に足りる者を抽出するための役割を果たしていると、いちおう考えることができるだろう。

[*15] 葬儀講の規則については、別のところで詳しく検討している（西 2010: 36-40）。

6　厄介な他人とかかわる

　「いちおう」と断ったのは、葬儀講の実際の運営を見ていると、必ずしもそうは言えない事例に遭遇するからである。たとえば、筆者が聞き取りをしている「勤労」講では、次のような事例があった。
　この講の仲間に、年老いた女性がいた。体が弱って外出が難しくなったこの女性は、同じ葬儀講仲間である男のひとりに毎月の会費を渡していた。その男の名を仮にヤレドとしておこう。ところがヤレドは、彼女から受け取った金を葬儀講に納めず着服していた。このことが発覚すると、葬儀講の仲間は緊急の集会を持ち、その場でヤレドの除名を決定した。ところがこの決定を聞いたヤレドの妻が除名の撤回を訴えた。葬儀講には世帯単位で参加するため、夫が除名されると、その妻も自動的に葬儀講を失う。「勤労」講ではあらためて集会が招集され、ヤレドの妻は「葬儀講には夫名義で参加していたが、実際に会費を払っていたのは私だ」と主張し、せめて彼女の名義で葬儀講に残れるよう、涙ながらに懇願したのである。彼女がそこまでして講に残りたかったのには理由がある。いったん講を除名になった者が、他の葬儀講に受け入れてもらうことはたいへん難しい。ヤレドとその妻は、文字どおり「葬る者を奪われ」かねなかったのである。
　そこでふたたび話しあいが持たれた。仲間のひとりが、夫の過ちで妻まで罰を受けるのはよくない、ヤレドの妻が、彼女の名義で葬儀講に残るのを認めるべきだという意見を述べた。ただし問題は、妻の復帰を認めた場合、その配偶者である夫、つまり仲間の会費を横領した当のヤレドが、実質的に葬儀講が葬る対象となってしまうことだ。仲間のなかには、ヤレドを葬るべきではないと強硬に主張する者も少なからずあった。かといってヤレドの妻にしてみれば、夫を葬ってくれない葬儀講はたいへん都合が悪い。議論が紛糾するなかで、仲間のひとりが次のような意見を述べた。考えてみるとヤレドが本当に悪い人間であれば、「俺は金を受け取っていない」と言い張ることもできたはずだ。年寄りの女性からヤレドが金を受け取るところを見た者は誰もおらず、ヤレドに金を渡したという彼女の主張

は誰も証明できない。彼が過ちを認めなければ、彼女は除名されていただろう。彼が過ちを認めたことで、彼女は除名を免れたのである。

　以上のような議論を経て、最終的にはヤレドの復帰を認める仲間が多数を占めたことで、彼は除名の難を逃れることができたのだが、はたしてヤレドは、信頼に値する仲間なのだろうか。ヤレドの立場は微妙であろう。たしかにヤレドは、みずからの立場を守るために仲間を除名に追い込むほどの悪意を持った人間ではなかっただろう。しかしそれは結果論であって、ヤレドは他人の会費を着服していたとき、それが仲間の除名につながることを知った上で着服していたはずだ。結果的に不正を認めたからといって、彼が仲間の信頼を裏切っていないと言えるのだろうか。

　他にも「勤労」講では過去に、出納係が講の金を使い込むという事件があった。彼は出納係を罷免されたものの、講仲間として「勤労」講に留まることを許された。こうした事例を追っていくと、葬儀講仲間のあいだで要求される信頼のレベルは、あまり高くないように思わせられる。少なくとも「勤労」講の仲間について言えば、他の仲間をさほど信頼していないようだし、あるいは信頼できなくても構わないと考えているように見える。本章の冒頭で述べたように、葬儀はエチオピアで暮らす人びとのライフコースにおいて、特別な重要性を持っている。葬儀講の仲間が信頼によって互いに結びついているのではないとすれば、どのような倫理が彼らを結びつけているのだろうか。いつでも縁を切れるはずの厄介な他人に、どうしてかかわりつづけねばならないのだろうか。

7　厄介な生者

　1940年代のアジスアベバ近郊を舞台にした小説『葬儀講仲間』には、葬儀講の役員が仲間の結束を訴えて、次のように語るくだりがある。

　「大切なことは、葬儀講の絆によって、辛いときには助けあい、病のときには見舞いあい、死ねば葬りあうことだ。苦しみも喜びもひとりで味わうのはつまらない。昔から「遠くの親類より近くの隣人」と言われるのに

は理由がある」(Mamo 1981EC: 26)。

　さまざまな背景を持った人たちが葬儀講活動を通じて知りあう。その先にあるのは、やがて来る仲間の死である。「遠くの親類より近くの隣人」と言うのは易しいが、さまざまな喜びや苦しみを抱えて生きた人の死を扱う葬儀講の活動は、誰にも受け止め切れないものを受け止めようとする活動でもある。

　人間は、人生の不確実さに対処するためにいくつかの方法を編み出してきた。そのひとつが保険であった。私たちは保険によって連帯することで、知りえない未来の問題に立ち向かうのだが、逆に言えば問題が不可知であるあいだだけしか、私たちを守ってくれない。保険技術が高度になればなるほど、つまりリスクについての知識や技術を人間が得るほど、そのリスクに対処するための連帯が狭められていくという皮肉な状況が起こる。この問題に対して、「不可知による連帯」を守り抜こうとする者がとれる手段といえば「知らなかったことにする」ことくらいしか思いつかない。保険技術の上で必ずしも「同様のリスク」に直面しているわけではない人びとを結びつけている葬儀講の活動は、「無知をよそおう」という何とも後ろ向きの戦略でしか説明できなくなってしまう。

　そこで本章第4節では、不確実な社会において個々人のあいだに信頼をつくりだしていくシステムとして、葬儀講の活動を説明することを試みた。アジスアベバの葬儀講が、死者を葬るという活動を通じて多様な宗教的・文化的・職業的背景を持つ人びとを結びつけてきたという事実は、不確実な社会において葬儀講が、効果的に信頼を生みだしてきたことを示しているのだろうか。しかし第4節で見たように、葬儀講仲間たちが互いに要求する信頼のレベルは、さほど高いものではない。むしろ葬儀講仲間は、どちらかと言えばお互いを信頼していないようにも思われる。

　社会心理学者の山岸俊男は、信頼を一種の「関係資本」として説明している。山岸によれば関係資本は、個人が人的資本を獲得することを促進したり、効率的な社会や経済の運営を可能とするような、社会的な関係のことである（山岸 1999: 4）。厄介な関係を排して、信頼に値する者だけを信頼することで生産性の高い社会が実現するというのは、たしかにそのとお

りだろう。だが葬儀講の活動は、不確実性を含んだ私たちの生そのものの価値に関するものであって、不確実性を排した社会に関するものではない。保険技術が、効率性を求めてリスク計算を精緻にすることによって、リスクを引き受けられる範囲を狭めてしまうのと同じように、信頼社会においては、道徳的に許容される他者の範囲は広くない。だが信頼できない厄介な他者の存在を許容することによって、初めて私たちは、不確実な生そのものを視野に入れることができるのではないだろうか。

　死者を葬る活動への根本的な疑問として、「孤独死で何が悪い」（上野2007: 243）という考え方もあるだろう。「ひとりで生きてきたのだから、ひとりで死ぬのが基本だろう」という考え方も、ひとつの人生の態度として成立するのかもしれない。だが他方で私たちの人生が、かかわりあい（Carsten 2000）のなかでそのかたちを与えられてきたのだと考えるならば、ある者の人生が閉じられるにあたって、他の者たちがそこにどうかかわり、その人生にいかなる価値を付与するかは、私たちの人生にとって本質的な問題であるように思われる。

　ここで問われているのは、合理的個人として連帯なき数理学的商品を選択するか、連帯を維持するために「無知」をよそおうかということではない。また信頼に値する者を的確に見いだすことで、効率的な社会をつくりだせるかどうかでもない。面倒な他者とのかかわりを避け、その代わり他者に迷惑をかけず、孤独死を厭わない個人であることに価値を見いだすか、それとも他者とみずからのかかわりのなかでそれぞれの人生を承認するために、無力な死者および厄介な生者との面倒なかかわりあいに足を踏み入れることを厭わないかである。

　別の言い方をするならば、「リスク社会」へのオルタナティブは、その「外」に踏み出したところにあるのではない。たとえばいっさいの保険に加入することを拒否したり、人びとのあいだに信頼を醸成しようとする努力をあざ笑うことは、たんに不確実性から目をそらしているだけのことであって、別の生き方を提示しているわけではない。私たちが生きている「リスク社会」が、「個人化が進み、個々人の関係性が分断され、不安が不信を生み出していくような状況」（本書第Ⅲ部イントロダクション）を生み出

していると考えるならば、「別の生き方」はむしろそのような社会のなかにある者のあり方の問題として、つまり私たちの生の本質的な不確実性をどのように受容し、厄介な他者とどうかかわりあうかという選択として理解されるはずである。

　みずからの生の価値はひとえに、限られた時間のなかでみずからが何を達成するかにかかっていると思うなら、厄介事にかかわっている時間はない。みずからの達成に必要な範囲で、十分に信頼できる他者を慎重に選びつつ、みずからの能力に頼って生きていけばよいだろう。しかし私たちが生きている「リスク社会」においては、本質的に不確実な生の価値を、誰も達成することができないかもしれない。そう考えるならば、もうひとつの道を選んでもよい。そのとき、アジスアベバで活動する葬儀講仲間の経験は、良い道しるべとなるはずである。不確実な社会に生きる私たちにとって、最大の賭けは生きるに値する者として生き、追悼するに値する者として死ぬことができるかということだ。私たちの厄介な生の価値そのものが賭けの対象となっているとき、私たちは他者とかかわりあい、他者に応答することを迫られる。そのような生き方のなかに、私たちは「リスク社会」へのオルタナティブを見いだすことができるのである。

参照文献

上野千鶴子　2007『おひとりさまの老後』法研。
菊池直人　2009「生命保険契約における被保険者と第三者のためにする契約」『生命保険論集』168: 89-118。
小林惟司　1992「保険思想の一源流としての友子同盟——神岡鉱山茂住・長棟地区の友子の考察」『文研論集』101: 39-89。
———　1997『保険思想の源流』千倉書房。
小林美津江　2008「少子高齢時代の墓を考える——継承者不在と墓の多様化」『立法と調査』287: 86-98。
立岩真也　1997『私的所有論』勁草書房。
田中隆　2009「「助け合い」としての生命保険に関する考察」『生命保険論集』166: 99-124。

出口治明　2004『生命保険入門』岩波書店。
西真如　2009『現代アフリカの公共性——エチオピア社会にみるコミュニティ・開発・政治実践』昭和堂。
─────　2010「「明日の私」を葬る——エチオピアの葬儀講仲間がつくりだす応答的な関係性」『文化人類学』75(1): 27-45。
庭田範秋　1993「協同組合保険とその時代」庭田範秋編『新保険学』有斐閣, pp. 171-188。
バトラー, J.　2007『生のあやうさ——哀悼と暴力の政治学』(本橋哲也訳)以文社。
広海孝一・田中淳三　1996「生命保険事業と遺伝子問題」加藤一郎・高久史麿編『遺伝子をめぐる諸問題——倫理的・法的・社会的側面から』日本評論社, pp. 173-190。
松井秀樹　2010「遺言執行」『月報司法書士』461: 23-29。
水島一也　1979「保険制度と経営主体——伝統理論の〝神話〟をめぐって」『生命保険文化研究所所報』49: 1-18。
─────　2006『現代保険経済(第8版)』千倉書房。
矢野恒太　1929「生命保険」池田成彬編『現代産業叢書第2巻　金融・保険編』日本評論社。
山岸俊男　1998『信頼の構造——こころと社会の進化ゲーム』東京大学出版会。
─────　1999『安心社会から信頼社会へ——日本型システムの行方』中公新書。
ロールズ, J.　2010『正義論(改訂版)』(川本隆史ほか訳)紀伊國屋書店。
Alemayehu, S. 1968 "Eder in Addis Ababa: A Sociological Study," *Ethiopia Observer* 12 (1): 8-33.
Barber, B. 1983 *The Logic and Limits of Trust*, Rutgers University Press.
Carsten, J. 2000 "Introduction," in J. Carsten (ed.) *Cultures of Relatedness: New Approaches to the Study of Kinship*, Cambridge University Press, pp. 1-36.
Mamo, W. 1981EC[*16] *Iddirtegnochu*, Kuraz Asatami Dirijit (in Amharic).
Mekuria, B. 1973 *Eder: Its Roles in Development and Social Change in Ethiopian Urban Centers*, Senior Essay, School of Social Work, Hailesellassie I University.
Sherif, K. 1985 *A History of the Silte Community in Addis Abeba: A Study in Rural Urban Migration*, Senior Essay, History Department, Addis Abeba University.

＊16　「EC」はエチオピア暦を示す。エチオピア暦に7〜8年を加えた数字が西暦にあたる。たとえば1981ECは西暦で1988〜1989年にあたる。

第11章
オルタナティブな世界の構築
──アメリカ合衆国のファット・アクセプタンス運動を事例に

碇 陽子
Ikari Yoko

1 本章におけるオルタナティブの位置づけ

1.1 「リスク社会」とファット・アクセプタンス運動

　アメリカでは、1990年代後半から「肥満（obesity）」者や「過体重（overweight）」[*1]者の数が急増しはじめ、今や人口の6割以上が「過体重／肥満」者だとされる。2001年に16代米国公衆衛生局長官は、『公衆衛生局長官による過体重と肥満の予防と減少のための実施要請2001』を発表し、「肥満はエピデミック（流行病）の域に達した」ため、心疾患、2型糖尿病、癌、高血圧症など、さまざまな病気のリスクがあるこの肥満を予防しなければならないと公式に声明を出した（U. S. Department of Health and Human Services 2001）。この「肥満エピデミック」という言葉の普及とともに、マスメディア、保健医療、ダイエット産業は、一丸となって、減量の自己管理と健康増進を人びとに働きかけている。

[*1] 体重（kg）／[身長（m）]^{2}によって割り出された「体格指数（Body Mass Index）」の数値によって、<18.5「低体重」、18.5～24.9「標準体重」、25.0～29.9「過体重」、30.0～34.9「肥満1」、35.0～39.9「肥満2」、≧40「極度の肥満」とするカットオフ値が多くの機関や施設で採用されている。

こうした生への管理の強化に対し、太っている者に対する差別の廃絶を要求する「ファット・アクセプタンス運動」という社会運動が「ふたたび」活発になりつつある。「ふたたび」と述べたのは、じつは、この運動は、1960年代以降の公民権運動、フェミニズム、ゲイ・ライツ運動などの隆盛と同時期にアメリカで生まれ、長いあいだ、身体サイズの多様性を受容する社会の実現に向けて、体重やサイズを反差別法で保護されるべきマイノリティ・カテゴリのひとつとして位置づけることを訴えつづけてきたからだ。しかし、同時期の他の運動に比べると、ファット・アクセプタンス運動は、広く知られることもなく、市民権を獲得することもないままだった（碇 2013）。ところが、1990年代以降の「肥満」者の増加と「肥満エピデミック」という公衆衛生的非常事態に呼応するように、現在、「肥満／ファット」についてのアクティビズムや批判的研究が活発になりつつある（cf. Gard & Wright 2005; LeBesco 2004; Lupton 2013; Kirkland 2008; Rothblum & Solovay 2009）。

　こうした状況を背景に、筆者は、アメリカの全米ファット・アクセプタンス協会（National Association to Advance Fat Acceptance：以下「NAAFA」）という組織を中心に、ファット・アクセプタンス運動にかかわる人びとを、2008年から現在まで、断続的に調査している[*2]。この運動は、アクティビストや栄養士、心理療法士、医師などの各分野の専門家によって支えられながら、肥満は不健康であるという広く受け入れられている認識を問い直し、太っていることに対するネガティブな価値づけを払拭することをめざしている。減量によるリバウンドが招く健康への弊害や減量による肥満嫌悪（fat phobia）の助長など、減量という行為自体がはらむ問題性を指摘し、代わりに、体重を健康の指標としない健康づくりへのアプローチを提唱する。したがって、ファット・アクセプタンス運動は、健康を「標準」

---

*2　カリフォルニア州ベイエリア地区の集まりやイベントでの参与観察、年に1度、夏に1週間近く開催される全米大会への参加、ファット・アクティビストや運動にかかわるメンバーたちへのインタビューをおこなった。本章はそれらのデータをもとにしている。

体重と同義とみなして減量による病気の予防を念頭に置く「リスク社会」の健康法とは、まったく異なる論理を持つ。

　本章は、ファット・アクセプタンス運動を、第Ⅲ部のイントロダクションで東が述べるような「「リスク社会」の「不可能なことを遂行せよ」というイデオロギー的な呼びかけ」を受け入れるのではなく、そこから部分的に、あるいは全面的に脱出することを希求するようなオルタナティブな実践として位置づける。そして、そのように位置づけた場合、運動はどのように対象化されうるのかという問いを人類学的にあきらかにしていくことにする。「人類学的に」というのは、最初は筆者にとって荒唐無稽に見えていたものが、フィールドを往復し、インフォーマントと対話しつづけることを通して、徐々に1つの「別の世界」として立ち現れてきたからだ。とくに、筆者の調査に欠かせないインフォーマントであるアクティビストのマリリン・ワンとの出会いは、その「世界」へ入る大きなきっかけとなった。本章では、筆者を含む「私たち」から見た「別の世界」としての「かれらの世界」を描き出していくことになる。

1.2　対抗世界を構築するオルタティブな実践

　ところで、何かを「オルタナティブ」な実践として論じる場合、その実践を「オルタナティブ」とみなす理由を検討する必要がある。たとえば心臓病の予備軍とされた人が、リスクがあることを知りながらも禁煙や減量を試みず、ただたんにその状況を無視することは、本章では、リスクへの向きあい方のオルタナティブな実践とはみなさない。ここではひとまず、オルタナティブな実践を、「たんにリスクに耳をふさぐのではなく、既存の環境や制度を変えていくような実践とそれを支える集合的な動き」としておきながら、後半でふたたび立ち返ることにして、議論を進めていくことにする。

　近年、「リスク社会」の生の管理が深化するなかで、生の不安に連帯して立ち向かう集合的な運動が、人類学や社会学のなかで注目されている（cf. Rabinow 1996; Rose & Novas 2005; 田辺 2008）。医療社会学者の A. ピー

ターセンらは、こうした集合性が、市民1人ひとりの、「より健康的」になることへの「参加」を要請する、新公衆衛生によって促されていると論じる（Petersen & Lupton 1996: 11, 146）。「参加」は強制的ではないが、「参加」の有無は市民であることの形態を決める。

たとえば、N. ローズらは、バイオテクノロジーや遺伝子科学の発展によって、生物学を「本質的」なアイデンティティの根拠とする、新たな種類の市民権が形成されつつあることに注目した（Rose & Novas 2005）。こうした研究が着目しているのは、遺伝病患者や感染症患者たちが、個人的集合的なアイデンティティを形成しながら、積極的にみずからの健康を作り上げていこうとする事態である。そこには、従来イメージされてきたような受動的な患者像はない。かれらは、専門家によって与えられた生物学的なカテゴリを使って自己を語り、生きていくために必要な科学的知識の理解を向上させ、さらには、治療のための研究資金を集め開発を促し、みずからの病に立ち向かおうとする。ここで重要なことは、こうした集合性が、病気という「生物学的事実」を受け入れた上で発生しているということだ。

それに対し、本論で扱うファット・アクセプタンス運動は、生の管理に抵抗する形で発展してきてはいるが、上記の集合性とは異なり、「肥満はさまざまな病気を引き起こす」「肥満は不健康である」といった「肥満」を病理化する「生物学的事実」や言説に疑義を呈する。ただし、これから述べていくように、運動は「リスク社会」の生の管理の論理に対抗的であるには違いないが、リスク言説に耳をふさぎ無視しようとするような「非合理」な態度ではない。では、いったい、かれらの運動の集合性、そして、かれらの生は、どのような論理のもとに支えられているのだろうか。本章では、かれらの運動の実践を、「私たちの世界」に対する対抗世界の構築として描き出していくことによって、それらの問いに答えていくことにする。

次節では、「肥満」のリスク化の歴史をたどりながら、その病理化がどのように進んできたのかをひとまず概観しておきたい。

2　「肥満」のリスク化

2.1　BMI の小史

　19世紀に統計学的な知が成立し、病人、狂人、非行者、同性愛者などのさまざまな人間集団が、人口全体のなかでリスクをはらんだ特殊な一部分として「発見」された。それらに比べると、「過体重」や「肥満」というリスク集団の「発見」の歴史は新しいと言える。

　R. クツマルスキと K. フリーガル（Kuczmarski & Flegal 2000）らによると、人間の肥満度を測るアプローチは2つある。1つ目の方法は、あらかじめ身長別に定められた標準体重にあてはめて判断するやり方で、1980年以前はこの方法が一般的だった[*3]。2つ目の方法は、身長から見た体重比を指標に照らしあわせて測定する方法である。体重 (kg)／[身長 (m)]^2 によって割り出された体格指数（Body Mass Index: 以下「BMI」）による測定はこの方法である。ここでは、アメリカだけでなく、WHOをはじめとする多くの保健機関や保健医療の現場で使用されているBMIに注目したい。

　BMI は、そもそも、19世紀のベルギーの統計学者 A. ケトレーの「平均的な成人の体重は身長の二乗に比例する」という考察によって生み出されたケトレー指数として知られていたものだった。ケトレーはこの計算方法を病気のリスクや脂肪率を測るために編み出したわけではなかった（Eknoyan 2008）。それが、生理学者の A. キーズの研究がきっかけとなり、BMI という名前で普及することとなったのだ。キーズらは、5カ国約7400人の成人男性を対象にした調査で、ケトレー指数が体脂肪率とよく

[*3]　このアプローチとしては、1942年、1959年に発表されたアメリカのメトロポリタン生命保険会社の体重表が有名だ。顧客のデータから体重の増加が寿命の短縮と関連していることを数十万人の保険加入者（ほとんどは上流階級に属する中年の白人男性）から発見し、もっとも死亡率の低かった体重を、「理想的な（ideal）」「望ましい（desirable）」体重として、男女別身長別に表化し、広く認知されるようになった。

相関することをあきらかにし、1972年にBMIと名づけた（Keys et al. 1972）。

　注目しておきたいのは、キーズは論文のなかで、BMIの数値は人口調査については適用可能だが、個人の診断には適切ではないと示唆していることだ。彼は、病気や死は体重ではなく加齢に関係すると述べた上で、科学的で客観的な体格指数を求めることと、個人の体重を「過体重」や「望ましい」体重など価値判断を含む用語で表現することはまったく関連性がなく、そればかりか、そうした価値判断は科学の客観性を損なうため正当化できない、と強い口調で指摘している（Keys et al. 1972: 341）。

　しかし、糖尿病や高血圧、心疾患が、体脂肪率の高さと関係していることが認識されるにつれ（cf. Hubert et al. 1983）、ケトレーの意図やキーズの主張とは無関係に、病気の予防介入のために、BMIが「標準」「過体重」「肥満」カテゴリを定義する物差しとして採用され、「正常」と「異常」を決めるカットオフ値をめぐって論争が繰り広げられた[*4]。

　未だ決着しない論争や不正確さ[*5]を抱えながらも、特殊な器具を必要とせず体重と身長のみで計算可能な手軽さから、BMIは多くの保健医療の現場で活用されている。しかし、統計的データを個人にあてはめ、因果的に解釈することの問題性についてはほとんど無自覚のまま、それは利用されている。そのことを次で指摘しておこう。

2.2　集合と「個人的リスク」

　サンフランシスコを拠点に活動するマリリンがファット・アクティビストになったきっかけは、医療保険会社からの1通の通知だった。その通

[*4]　議論の争点は、主にカットオフ値を決める際に年齢と性別を考慮に入れるか否かに関するものであり、それらについての論議は決着していない。現在、1998年に国立心肺血液研究所によって発表されたカットオフ値が広く使われている。具体的なカットオフ値は本章の*1を参照。

[*5]　BMIの不正確さは、筋肉や骨格などの身体組織が考慮されていないことからくる。

知には、彼女が「病的肥満」のため「保険に加入できない」と書かれてあったという。彼女は、太った人びとは「二流市民（second citizen）」というレッテルを貼られ、社会から排除されているように感じ、怒りをおぼえたと述べる。アメリカでは、オバマ大統領のヘルスケア改革以前は、彼女のような高リスクであると判断された者や、保険料を支払うことができない者は医療保険に加入できないことが多かった。

　このような保険のシステムは、美馬達哉が言うように、本来の保険テクノロジーのあり方ではない。リスクが計算可能になるには、まず、あるカテゴリの集団が数え上げられなければならない。しかし、肥満のリスクが数値化されたおかげで、その回路は時間的順序が逆になった。人間集団からリスクを割り出すのではなく、すでにあるリスクの指標となる数字に基づいて、高リスクの集団と低リスクの集団があらかじめ区分されて構成されるようになったのだ（美馬 2012: 140）。こうして作り上げられた低リスクの集団全体の医療費は、高リスクの者の加入を認めた場合と比較して、低負担になるというのは統計学的な事実であろう。しかし、このことは、太った個人が「標準」体重まで減量することが、その個人の健康増進につながるということまでは意味しない。

　そもそも、個人に関するすでに起こった特定の出来事の因果関係を「科学的」に証明することは、原理的には不可能である（Holland 1986）。ある太った人物が、仮に、糖尿病になった場合、その原因を「肥満」であると同定することは厳密に言えば不可能なのだ。なぜなら、その人が太っている場合と太っていなかった場合という、起きた場合と起きなかった場合の2つの状況を比較観察して、病気の原因を探ることはできないからだ。統計学では、「起きた世界」と「起きなかった世界」を特定集団によって構成し、その相関から因果的推論をおこなう。そうして出された統計的データは、集合に内在する規則性についてのデータであり、個別事象の因果関係を示しているのではない（本書コラム 3 参照）。したがって、太った個人が、「標準」体重をめざして減量をすれば、決して病気にならないというわけではないのだ。因果的説明は、減量を促すための便宜的な説明方法としては、強力な効果を持つだろう。しかし、遺伝的に太る傾向にある人が

無理矢理減量に努めるならば、逆に、リバウンドを繰り返し、健康増進どころか身体に悪影響を与えかねない。

　こうした保健医療体制や社会の状況に対し、ファット・アクセプタンス運動は、自己の身体と健康のあり方についてまったく異なるアプローチを提唱する。それは、太った身体を健康の形態のひとつとして受容する社会を支えていけるような「事実」を作製していくアプローチである。次節から、ファット・アクセプタンス運動の世界を描き出していこう。

3　ファット・アクセプタンス運動の世界

3.1　生まれつきの「ファット」

　1年に1度、夏にNAAFAの年次大会が1週間程度開催される。さまざまなワークショップやパーティが企画され、毎年、全米から200〜300人近いメンバーが集まる。2012年の年次大会は、サンフランシスコ近郊のホテルで開かれた。8月6日に開かれたあるワークショップで、メンバーAさんは、怒りと失望が入り交じった様子で、医師から病院での診察中に否定的な態度を受けた経験を話しはじめた。体重が200キロ以上はあると思われる彼女は、心臓粘液腫の手術を受ける際、2人の心臓医師から「手術を同意した人のなかで、あなたがいちばん太っている」と言われ、「肥満手術を受けなさい」と言われたという。会場からは悲鳴にも近い「信じられない！」という声があちこちから聞こえる。彼女の話は続く。何より彼女を怒らせたのは、彼女の夫が診察に同席しているときには、医師は彼女の身体サイズについてまったく言及しないことであった。むしろ、とても親切に対応してきたのだと言う。隣にいる彼女の細身の夫は「本当に僕には何も言わないんだ」と訴えかけるように語った。彼女は、医療では痩せている人を特権的に扱うことがまかり通っており、「医療は残虐だ」と言う。そして続けて、「あなたは〔身体が〕小さい（small）から、わかるでしょう？」と同じテーブルに座っていた「痩せている」筆者に向か

って言った。筆者は、「(いや、わからないだろうね)」というAさんの含みを感じつつも、うなずいた。結局、彼女は肥満手術を受けずに心臓粘液腫の手術を受けたが、現在、傷口以外、身体は何の問題もないと言う。彼女がメンバーを笑わせたのは、「旦那が車を大事にするあまり、スーパーに行っても、店の入り口からいちばん遠い誰も駐車していないような場所に車を止めるの。だから、人より結構余分に歩いているのよ」と活動的な様子について語ったときだった。

　こうした、太っている者に対し無条件に減量を要求する、医療による否定的な扱いは、メンバーの集まりで頻繁に語られた。多くは、太っていることが病気の原因にされてしまうという経験についての怒りの語りであった。メンバーBさんは「のどが痛くて風邪を引いたようだったから病院に行ったんだけど、真っ先に体重を測られ、睡眠時無呼吸症候群の話を聞かされた。のどの痛みは太っていることが原因だと言われた。痩せることは私の目的ではないと何度言っても、痩せなさいと言われつづけた」と語る。別のメンバーCさんが、「私が卵巣癌の手術を受けた後、医者から、「わかった？　あなたが太っているから卵巣癌になったのよ」と言われた。「肥満危機 (Obesity Crisis)」と言うくせに、医療業界は私たちのことをケアしたがらない。痩せるまではケアしたくない、と言っているようなものだ」と言うと、まわりにいたメンバーは、まったくそのとおりだと納得した様子で相づちを打つ。

　上記の2つの事例では、太っていることが将来の病気のリスクではなく、すでに生じてしまった現在の病気という出来事の原因として扱われている。かれらは、太っていることを病気の原因だと前提にするのではなく、身体をきっちりと診察した上で診断を下すべきだと訴える。病院に行きたくないというメンバーが多いのは、病院に行くと非難のまなざしを向けられ、減量を強いられるからだ。そのことに耐えられず、病院に行かなくなり、逆に病気の発見が遅れて亡くなった人の話を、筆者は何度か聞いた。

　それでもかれらが頑なに減量を否定するのは、太っていることを生まれつきの性質として捉えているからだ。かれらは、みずからを医学的な問題を抱えているとはみなさない。したがって、医療用語の「肥満」ではなく、

「ファット」として自己を同定する。また、太るのは食生活や運動などが原因である、という大多数の人が信じている考えを否定し、太るのは遺伝的な素因が強く関係しているからだとの見解を示す。

マリリンは、彼女の執筆物でも、筆者との会話のなかでも、「選択して太っているわけではない」と明言する（Wann 2005）。小さいころから太っていたという彼女は、実際、他の人より食べる量がとりわけ多いわけでもなく、バレーボール、トランポリン、シンクロナイズドスイミングなどの運動を好んでおこなう。ダイエットをしたのも、人生で1、2度だけだと語る。人口集団のなかの身長のスペクトラムと同様、「生まれつき」体重が軽い人や、「生まれつき」体重が重い人がいるのだ（Wann 2009: ix-x）。「ファット」は食生活や運動などの行為（behavior）に分解可能なものではないとし、「太っていることは存在（being）であり、それをやめろと言うのは存在否定だ」と主張する。彼女にとってそれは、肌の色や「性別」などと同様、生物学的に「本質的」な特徴なのだ。

保健教育に携わるメンバーのフェルは、少し違う意見を持つ。彼女は、小さいころに親からコルセットを着せられた経験もあり、小さいころから太っていて、減量をしてはリバウンドを繰り返してきた。一度、ウェイト・ウォッチャーという商業的減量プログラムと毎日3、4時間の運動を「まるでスポーツ選手のように」こなしながら、150パウンド（70キロ近く）の減量に成功した。しかし、大学院に入りダイエットに時間を費やすことができなくなると、減らした以上の体重を戻してしまう。ダイエットで苦労しつづけた経験を持つ彼女は、「肥満」ではなく、運動をしないことや食べ物が悪いことをリスクファクターとして問題化すべきだと主張する。減量しようとすればするほど太り、それが結果的にスティグマやストレス、不健康なライフスタイルに結びつく。そして、医師は「ほらね、心臓病や糖尿病になった。君が減量しなかったからだよ」と言う。彼女は、インタビューのなかで、こうしたサイクルが問題なのだと説明した（2009年9月30日インタビュー）。

このように運動に共鳴する仕方は個々人の経験によってさまざまであるが、身体サイズは選べるものではない、というのがかれらの基本的な考え

方である。

　ただし、かれらは、太っていることが痩せていることよりも健康的であると主張しているわけではない。運動にかかわる栄養学者のL. ベーコンが「体重がいくつかの病気のリスクの増大に関係しているのは確かだが、因果関係となると話はまったく別ものだ」(Bacon 2008: 123) と述べるように、太っていることを、有無を言わさず不健康だと曲解することに異議を唱えているのだ。あるいは、「肥満」についての統計的データを特定個人にあてはめ、その個人を非難するような社会的傾向に疑義を呈しているのだ。かれらの認識は「太っていることは病気の原因ではない」というものであり、ファット・アクセプタンス運動はこれに適合するような科学的結果や健康へのアプローチ法を生み出していく。これは、「Health at Every Size ®」(以下「HAES」) と呼ばれる健康管理方法を推進する専門家によって支えられている。

3.2　運動を支える Health at Every Size の組織化

　HAES は、あらゆるサイズの健康を追究するというその名のとおり、太っていることを不健康とみなす従来の減量モデルとは異なり、「体重管理をしない健康管理の仕方」を重要視するオルタナティブな公衆衛生モデルとされる (Burgard 2009: 42)。インターネットが普及する前の1980年代後半から1990年代にかけて、臨床での経験や個人的経験から、既存の減量モデルが役に立たないという結論にたどりついた人たちが、全米から集まり、それぞれの形でこのアプローチにかかわりはじめたという。そのなかには、セラピスト、医師や栄養士、アーティスト、アクティビスト、フィットネスの専門家などがいた。そして、すでに誕生していたファット・アクセプタンス運動と交わるかたちで徐々にネットワークが広がっていった。

　HAES アプローチの第一人者であるD. バーガードは、現在サンノゼ近郊で心理療法家として活動している。彼女は、1983年から1989年にかけダンスクラスのコーチをしていたとき、「とても健康な太っている女性」

と「とても不健康な痩せた女性」がいることに気づいた。この２つのカテゴリは、多くの場合、偏見によってその区別が認識されることはない。彼女は、筆者とのインタビューで以下のように述べた。医師が診察するのは病気の人だが、「太った人が〔病気になって〕病院に行くと、医師は太った人のことを健康なはずがないと思う。〔健康と太っていることは〕結びつけられることはないのよ。でも、私のクラスには、愉快で元気いっぱいで足を180度開脚するような人たちがたくさんいたの」（2009年9月10日インタビュー。〔　〕内は筆者補足）。

　この気づきがきっかけとなり、彼女は、博士論文の調査「200 パウンド（約90キロ）以上の女性がどのように自分自身の経験を理解しているのかについて」を開始する。その調査によってわかったのは、「体重をコントロールしようとしている人は、皮肉なことに、生活上の〔体重以外の〕その他のことに関してコントロールできていないと感じていた」ということだ。逆に、体重管理をしない人たちは「自信に満ちあふれて」いて「うまくやっていた」という。彼女たちは「〔減量は〕ばかげている」「減ったり戻ったりしているだけ」「別の方法でコントロールすればいい。私は自分の人生を取り戻すわ」と言い、「減量をすると何が起こるかを知って」いたと言う。

　さらに2000年代に入り、栄養学者のベーコンが、初めてHAESパラダイムの正当性を「科学的」に証明した。その調査は、30歳から45歳までの肥満白人女性被験者78人を、減量グループとHAESグループの２つに分け、２年にわたり、被験者の健康状態や体重の変化を記録することによっておこなわれた。この調査結果はアメリカ栄養学会のジャーナルに掲載され、肥満女性のリスクがHAESアプローチによって改善されることが証明されたと結論づけられた（Bacon et al. 2005）[*6]。太っていても健康でいられるという調査結果は、運動をさらに活気づけた[*7]。

　しかしながら、ベーコンの場合を除けば、HAESは、通常の科学的手続きにあるような、仮説の正当性を実験によって証明するような展開の仕方をしてこなかった。むしろ、過去の肥満科学の方法論の問題を指摘したり、その研究結果を、HAESをサポートするようなものとして読み替

たりすることによって、かれらは、その正当性を補強してきた（cf. Gaesser 2002; Burgard 2009）。このことについてバーガードは、「太っていることは不健康だ」という考えが、証明が必要とされないようなア・プリオリな前提になってしまっていることが問題なのだと指摘する。そして、「この考えに基づいて、人は、太っていることそれ自体がさまざまな病気を引き起こすとみなしたり、ある人の体重を見てその人が何を食べているか、どれだけ運動をしているかがわかると仮定したり、減量することによって健康になれると仮定したり、長期的な減量が可能であると仮定したりする。なぜなら、我々の文化では、医師も含め、人びとは頭からこの考えを信じ込んでいるため、科学的な検証がされないのだ」（Burgard 2009: 46）と述べる。

4　オルタナティブな世界のあり方

4.1　「生物学的事実」と〈問題―解決〉型の枠組み

　減量に対し異議を唱え、太っていても健康でいられることを主張する運

---

*6　減量グループには減量プログラムを受けさせ、HAESグループにはカウンセラーによる指導とワークショップがおこなわれた。結果は、体重とBMIの数値、血圧、血中脂肪の代謝状態の数値、エネルギー消費量、抑制や摂食障害の調査項目を使った食行動の測定、自尊心、鬱、ボディイメージなどに対する心理学的測定によって測られた。調査の結果は、減量グループとHAESグループともに体重に変化はなかったが、HAESグループは、自身のサイズを受け入れ、ダイエット行動を減らし、身体のシグナルに対する意識を高めているという結果が出された（Bacon et al. 2005）。

*7　HAES科学をサポートする専門家には、バーガードやベーコンを含め、ダイエットに苦しむ女性たちや摂食障害者を相手にする心理療法家や栄養士などが多い。本章では紙幅の関係で詳しく述べられないが、彼らは、女性の身体経験やフェミニズムへの関心から、やがて、「肥満」差別を助長し痩身志向を煽る文化に対する問題意識をファット・アクセプタンス運動と共有していった。

動に対し、しかしながら、その評価は、肥満による病気のリスクに目を背け、肥満を正当化したり、問題をすり替えているといった批判的なものが多い。たとえば、ある著名な減量の専門家は、『ニューヨーク・タイムズ』の記事に「太っているなら、数々の病気にかかるリスクが増える。これは科学的に証明されている。頭を悩ませる問題でもない。差別だと言っている人は、自分を擁護しようとしているだけなのだ」と運動を批判している（Ellin 2006）。また、ハーバード大学公衆衛生大学院栄養学科長は「体重の重い人は軽くしたほうがいい。体重は問題じゃないと主張している「体重は美しい集団（weight-is-beautiful groups）」によって誤った考えが助長されている。データはあきらかなのだ」とコメントしている（Katz 2009）。

　運動に肯定的な解釈を与えるとするなら、かれらは、「肥満問題」を差別問題として読み替えたり、「体重は美しい」という別の主張を提示することによって、問題をリフレイミングしながら、解決の糸口をつかもうとしていると解釈することもできるだろう。心理療法家の P. ワツラウィックによると、リフレイミングとは「同じ状況下の「事実」の意味を規定する古い枠組みに代えて、それよりも良い、もしくは同等の他の枠組みを与えて全体の意味を変えてしまうこと」であり、「新しい枠組みは「事実」に適している必要がある」（ワツラウィックほか 1992: 133）。おなじみのリフレイミングの例として、コップの水が半分しか入っていないと見るか、同じものを半分も入っていると見るかという例がある。ここでは、水の量という具体的事実は変わらず、その状況に帰属された意味が変えられる。これにならえば、「肥満は病気の原因である」という（歪曲された）「具体的事実」を変えずに、それを規定するフレイムを操作し、たとえば「肥満だから病気になりやすいし、見た目も良くないけれど、だからこそ人生で大切なことに気づけた」と、その状況を良いものとして再定義することはリフレイミングとみなすことができるだろう[*8]。しかし、これもかれらの実践を的確に言い当てているとは言いがたい。なぜなら、かれらの立場は、「肥満」を病気の原因とし、「標準」体重と健康を同一視する我々の事実認識自体を覆そうとするものであるからだ。

　では、この運動をオルタナティブな実践として、どう理解すればよいの

だろうか。ここで春日直樹によるフリーターは「待つ」の議論が参考になる（春日 2007: 165-187）。春日は、市場原理や自己規律が要請する「問題を同定し解決に向けて目標を持って対策せよ」という〈問題―解決〉型の思考と実践から逸脱したフリーターの受け身の姿勢を「待つ」と称する。〈問題―解決〉型の枠組みでは、「待つ」ことによって「やりたいことを探す」フリーターの不可解さは際立つ。ところが、その枠組みを取り払うならば、フリーター像は一変する。そして、春日は、フリーターは「待つ」ことによって、本質的に非決定的な未来に可能性をつなげ、その回路を開こうとしているのではないかと啓発する。

「肥満」でありながら健康を追求することは、フリーターの「待つ」に似ていないだろうか。少なくとも、人びとが、フリーターを分析するやり方と、ファット・アクセプタンス運動の人びとを分析するやり方は似ている。〈問題―解決〉型の狭い枠組みのなかでファット・アクセプタンス運動を理解し、多様な健康のあり方を認めないのであれば、かれらは、問題に目を背ける現実逃避の集団という形でしか理解されえないだろう。だが、本来ならば、健康の形態は身体サイズの大小にかかわらず、さまざまな形態で存在してよいはずである。その多様性を深く受け止めることができるような運動の理解の仕方はあるのだろうか。

4.2 「パラダイム・シフト」か、あるいは、同時にある2つの世界か

じつは、メンバーのあいだにも、運動とそれを支える HAES についての認識の違いがある。2010 年 8 月 9 日におこなわれた HAES のワークショップでは、そのことがあきらかになる出来事が起こった。その出来事は、

---

*8 別稿であらためて論じる必要があるが、病気であるという「生物学的事実」に異議申し立てをすることが難しい感染症や慢性病患者が構成する自助グループでは、こうした語りがみられるのではないだろうか。それに対し、ファット・アクセプタンス運動では、差別や不当な扱いに対し、怒りを爆発させるような語りが多くみられる。その根底には、彼らが主張する「事実」が認めてもらえないことへのいらだちがあるだろう。

運動の立ち位置を知る上で、筆者にとってとても重要な出来事であった。

　メンバーの中心的な人物のひとり、おしゃべりで元気なダイアナが、ワークショップの閉会時に「コペルニクスが地動説が正しいと言ってから、地球が平らではなく球であると人びとが認識するまでに、いったいどれくらいかかったのでしょうね。〔中略〕それと同じように、HAES が人びとに理解されるまでにどれくらいかかるのでしょう！」と言い出した。会場から「ケリーなら知ってるわよ」と声が上がり、ニューヨークの大学で人類学を専攻するケリーがコペルニクスについての説明のために引っ張り出される。彼女の説明が終わるや否や、会場にいたマリリンはいらいらした様子でこう言った。「コペルニクスの理論が理解される仕組みを知りたければ、トマス・クーンを読めばいい。科学は信じる人の数の多さ（quantity of believers）の問題ではないのよ」。会場は彼女の勢いに押され静まりかえった。その怒りはあきらかにダイアナに向けられたものだった。ダイアナは、怒気と困惑の入り交じった表情の顔を下に向け、隣の人に聞こえるぐらいの声で、「誰も信じる人の数の多さの話なんてしてないわよ」とささやいた。

　筆者は後日マリリンに会い、大会でダイアナに対して発した「信じる人の数の多さの問題ではない」という言葉に込められた考えをたずねた。彼女は、制度の圧倒的な権力に対する、ダイアナをはじめとするメンバーたちの失望感や焦燥感ももちろん理解できると言いながらも、「たとえ地球が丸くても、人が平らだと信じていたら、地球は平らなのよ。マジョリティが決めることじゃないと思う。〔中略〕たとえ、ミッシェル・オバマが25 年後には太った子どもたちはいなくなるだろうと言ったとしても[*9]、彼女は本当にそれを言ったんだけど、それは正しくない」と言った。そして彼女は、私が持っていた紙とペンを取り、1 つの胴体から別々の方向を向いた2 つの頭を持つ馬の絵を描いた。ドリトル先生に出てくる「オシツオサレツ（Pushmi-pullyu）」だ。絵を指しながら説明を続ける。「1 つの

---

*9　ミッシェル・オバマは、増加する「子どもの肥満」の対策として、2010 年から Let's Move！というキャンペーンを立ち上げている。

図1　マリリンが描いた「オシツオサレツ」

方向とそれとは逆向きの方向という2つの趨勢が、現在同時にある。つまり、こっちの方向では「肥満」が問題とされている。そうね、それは正しい。同時に、HAESとかファット格好良い、というあっち向きの方向がある。どちらも正しい。地球が平らなのと丸いのが同時に存在したようにね。だから、個々人は瞬時に世界の見方を変えられる。300年もかからないし、瞬間的に変えられるの。この世界があっちの世界に変わったというように、全然違う世界にね。そしてそれはマジョリティが決めるルールのもとに存在するわけではないの。〔中略〕地球が丸いと思えば、地球は丸い。太っている人が存在していると思えば、太っている人は存在するのよ」と最後は笑いながら言った（2010年8月14日インタビュー）。

　「肥満」を病気の原因とみなし、健康問題として問題化する「私たちの世界」に対し、太っていることを健康問題として見ない「かれらの世界」。この両者は、相容れない2つの対抗的な世界である。「私たちの世界」では、「事実」が歪められて理解されているのだから、正しい「事実」を備えた世界を作っていかなければならないというのが、かれらの運動の原動力になっていることには間違いない。そして、ダイアナの「パラダイム・シフト」という発言は、やがてHAESの正しさが理解され、HAESパラダイムが、既存の体重パラダイムに取って代わるという期待の表明でもあっただろう。実際、「パラダイム・シフト」という言葉は、ダイアナだけでなく、運動にかかわる人びとが好んで使う（cf. Robison 2004）。

　しかしながら、マリリンは、ダイアナが発した「パラダイム・シフト」という言葉に込められた意図に強い反感を示した。その意図とは、科学はやがて体重パラダイムの間違いを認め、HAESパラダイムの正しさを知ることになるだろうというものであり、その無邪気な期待に対してマリリンはいらだちを向けたのである。そして、彼女は、ファット・アクセプタ

ンス運動やHAESだけが、正しさを手に入れるわけではなく、信じる人の数だけ正しい世界はあるのだと述べている。つまり、信じる人の多さによって唯一の正しい世界が出来上がるのではなく、「私たちの世界」と「かれらの世界」は、不均衡ではあるが、常に、同時に存在している。ゆえに、人は、まるで異なる2つの世界を、部分的にではあるが、同時に理解することができるのだ。マリリンのいらだちには、ファット・アクセプタンス運動が作る「かれらの世界」は、「私たちの世界」から決して正当で十分な理解が得られることはないのだ、という鬱積した感情も入り交じっていたのであろう。

　しかしながら、筆者にとっては、マリリンの説明には、2つの世界が、埋めようがないほど溝が深いように見えてじつはそうではないのかもしれない、という含意があるように思えたのだ。

4.3　「事実」作製とオルタナティブな世界の構築

　ここから筆者は「かれらの世界」にできるだけ近づくために、正しい世界の多数性について論じたアメリカの哲学者N. グッドマンの議論（2008）に耳を傾けてみたい。グッドマンは、描写されるのを待つ世界がただ1つあるのではなく、記述や描写によってさまざまな世界が制作されるのだと述べる。世界は無から作られるのではなく、世界制作とは、常に、手持ちの世界の作り直しのことなのだ。だからといって、作られた多数の世界はすべてが唯一の世界へと還元されるわけではない。なぜなら、我々が記述する方法に縛られている以上、あらゆる視点（frame of reference）から離れて世界はどのようになっているかと問うことは不可能なのだ。たとえば、「座標系Aのもとでは、太陽はつねに動いている」と「座標系Bのもとでは、太陽は決して動かない」という2つの言明は、同一の世界について語っているのではなく、それぞれの世界の体系について語っているのだと述べる（グッドマン 2008: 19-20）。そして、それぞれの世界の体系は、実践や慣習に適合的な正しさを備えているのだと説く。

　ここにおいて、我々は、マリリンの説明から引き出された2つの世界

のあり方をつかむことが可能になる。かれらの座標系のもとでは、「太っていることは病気の原因ではない」という言明に適合したかたちで世界が制作されていく。こうしてつくりだされていく世界は、マクロに見るなら、「肥満」を問題にする世界と真っ向から対立する世界のように見える。しかしながら、世界制作とは手持ちの世界を作り直すことであるため、実際は、その2つの世界はそれほど隔絶しているわけでもない。むしろ、運動の個々の実践をミクロに見るなら、「事実」作製の過程において、部分部分では、もう1つの世界の「事実」を流用したり、それをリフレイミングしたりするのだ。

　たとえば、マリリンは、「過体重」の人口の死亡率が低いという調査結果（Flegal et al. 2005）を利用して、太っていることは健康に悪くない、というかれらの主張の根拠にする。すなわち、既存の保健医療の言説をいっさい利用しないわけではなく、状況に応じて利用し、新たな解釈を与えるのだ。そのやり方に、筆者は、はじめのうちは困惑していた。なぜなら、体重を健康の指標にしないと主張するのであれば、既存の保健医療のデータを利用しないほうが、主張にも一貫性が保たれるはずだと思っていたからだ。しかし、かれらは、手持ちの知識や理解を利用しながら、かれらの世界の体系の整合性を保とうとする。断片的な個別の「事実」の流用やリフレイミングなどを続けていくことが、結果として、オルタナティブな世界の構築へとつながっていくのだ。

　さらに付言するならば、保健医療用語である「過体重」というカテゴリをあえて流用し、「過体重」でも健康であると説明することによって、かれらは、「私たちの世界」の「正常」の範囲までも拡張しようとしているように見える。なぜなら、「過体重」や「肥満」という用語を使用する場合において、「かれらの世界」は、「正常／異常」の論理的根拠を「私たちの世界」と共有しているからだ。つまり、健康と定義される「標準」体重の範囲を広げていくという視座を、「私たちの世界」に理解可能な形で提示しているのではないだろうか。だから、マクロに見ると2つの世界は対抗的でありながらも、細部においては「私たちの世界」を否定するものではないのだ。むしろ、「私たちの世界」の理解可能な幅を広げていくこ

とが、すなわち、「かれらの世界」を制作していく工程であるのだ。

5 「私たちの世界」と理解(不)可能な世界

　ここまで見てきたように、ファット・アクセプタンス運動は、「太っていることは病気の原因ではない」という事実認識に適合するようなオルタナティブな世界を構築していく運動であった。それに対し、本章の1．2で紹介した遺伝病患者や感染症患者たちによる集合性は、病気であることを「生物学的事実」として受け入れた上で、問題の解決に向かって科学と連携したり、部分的に抵抗していくような運動であった。両者は、本章で記述してきたとおり、健康と病気についての事実認識において異なるだけでなく、「リスク社会」の生き方としても決定的に異なる。後者では、人びとの生は、科学が定義するリスクを受け入れた上で、再構成されていく。それに対し、ファット・アクセプタンス運動の人びとは、リスクを受け入れない生き方を求めて「かれらの世界」を作る。いつ到来するかもわからない未来の不利益に備えて今を管理して生きなければならない「私たちの世界」の生き方に対し、ファット・アクセプタンス運動の人びとのそれは、不確実な未来を生の可能性として切り拓いていくようなものであると言えるかもしれない。

　アメリカ社会は公民権運動の展開もあり、外見に基づいた差別が道徳的に正しくないということは理解されやすい土壌がある。また、繰り返しのダイエットが健康を害す可能性があるということについても理解が広まりつつある。こうした背景に照らしあわせるなら、かれらの運動はとりわけ「非合理」だというわけでもない。しかしながらその一方で、太っていることは健康に悪くないというかれらの主張は、一般的な認識として正しくないとみなされるだけでなく、痩身が健康的で美しいとされる社会では受け入れられがたい。ましてや、断固として痩せようとしないかれらの態度は奇異に映り、運動を傍から眺める者は眉をひそめる。そうして、「かれらの世界」は、我々の一義的な理解を拒むのだ。「私たちの世界」からは、

融通の利かない奇妙な運動として映りながら、かれらは運動を整合性と妥当性をもった「かれらの世界」として成り立たせようと努める。「リスク社会」から脱出することを希求するオルタナティブな世界の編成は、我々からは、ともすると、「訳のわからなさ」を抱えた実践として見えるものかもしれない。我々が、かれらの「訳のわからなさ」を、健康の形態のひとつのあり方として、真に深く受け止めて理解することができる日は来るだろうか。それは、「リスク社会」がこの先どのような方向に向かうのかにかかっているのだろう。

参照文献

碇陽子　2013「アメリカを中心としたファット・アクセプタンス運動の展開にみる「ファット」カテゴリの特殊性」『社会人類学年報』39: 51-75。

春日直樹　2007『〈遅れ〉の思考——ポスト近代を生きる』東京大学出版会。

グッドマン, N.　2008『世界制作の方法』(菅野盾樹訳) ちくま学芸文庫。

田辺繁治　2008『ケアのコミュニティ——北タイのエイズ自助グループが切り開くもの』岩波書店。

美馬達哉　2012『リスク化される身体——現代医学と統治のテクノロジー』青土社。

ワツラウィック, P. / J. H. ウィークランド / R. フィッシュ　1992『変化の原理——問題の形成と解決』(長谷川啓三訳) 法政大学出版局。

Bacon, L. 2008 *Health at Every Size: The Surprising Truth about Your Weight*, BenBella Books.

Bacon, L., J. S. Stern, M. D. Van Loan, and N. L. Keim 2005 "Size Acceptance and Intuitive Eating Improve Health for Obese, Female Chronic Dieters," *Journal of the American Dietetic Association* 105(6): 929-936.

Burgard, D. 2009 "What Is 'Health at Every Size'?," in E. Rothblum and S. Solovay (eds.) *The Fat Studies Reader*, New York University Press, pp. 42-53.

Eknoyan, G. 2008 "Adolphe Quetelet (1796-1874): The Average Man and Indices of Obesity," *Nephrology Dialysis Transplantation* 23(1): 47-51.

Ellin, A. 2006 "Big People on Campus," *New York Times*, November 26.

Flegal, K. M., B. I. Graubard, D. F. Williamson, and M. H. Gail 2005 "Excess Deaths Associated with Underweight, Overweight, and Obesity," *The Journal of the*

American Medical Association 293(15): 1861-1867.

Gaesser, G. A. 2002 *Big Fat Lies: The Truth about Your Weight and Your Health*, Gürze Books.

Gard, M. and J. Wright 2005 *The Obesity Epidemic: Science, Morality, and Ideology*, Routledge.

Holland, P. W. 1986 "Statistics and Causal Inference," *Journal of the American Statistical Association* 81(396): 945-960.

Hubert, H. B., M. Feinleib, P. M. McNamara, and W. P. Castelli 1983 "Obesity as an Independent Risk Factor for Cardiovascular Disease: A 26-Year Follow-Up of Participants in the Framingham Heart Study," *Circulation* 67(5): 968-977.

Katz, M. 2009 "Tossing Out the Diet and Embracing the Fat," *New York Times*, July 15.

Keys, A., F. Fidanza, M. J. Karvonen, N. Kimura, and H. L. Taylor 1972 "Indices of Relative Weight and Adiposity," *Journal of Chronic Diseases* 25: 329-343.

Kirkland, A. 2008 *Fat Rights: Dilemmas of Difference and Personhood*, New York University Press.

Kuczmarski, R. J. and K. M. Flegal 2000 "Criteria for Definition of Overweight in Transition: Background and Recommendations for the United States," *American Journal of Clinical Nutrition* 72: 1074-1081.

LeBesco, K. 2004 *Revolting Bodies?: The Struggle to Redefine Fat Identity*, University of Massachusetts Press.

Lupton, D. 2013 *Fat*, Routledge.

Petersen, A. and D. Lupton 1996 *The New Public Health: Health and Self in the Age of Risk*, Sage Publications.

Rabinow, P. 1996 "Artificiality and Enlightenment: From Sociobiology to Biosociality," *Essays on the Anthropology of Reason*, Princeton University Press, pp. 91-111.

Robison, J. 2004 "Health at Every Size: Time to Shift the Paradigm," *Health at Every Size* 18(1): 5-7.

Rose, N. and C. Novas 2005 "Biological Citizenship," in A. Ong and S. J. Collier (eds.) *Global Assemblages: Technology, Politics, and Ethics as Anthropological Problems*, Blackwell Publishing, pp. 439-463.

Rothblum, E. and S. Solovay (eds.) 2009 *The Fat Studies Reader*, New York University Press.

U. S. Department of Health and Human Services 2001 *The Surgeon General's Call to Action to Prevent and Decrease Overweight and Obesity*, U. S. Department of Health and Human Services.

Wann, M. 2005 "Fat & Choice: A Personal Essay," *MP: An Online Feminist Journal*, (http://academinist.org/wp-content/uploads/2005/09/010308Wann_Fat.pdf 2013 年 3 月 10 日閲覧).

―――― 2009 "Fat Studies: An Invitation to Revolution," in E. Rothblum and S. Solovay (eds.) *The Fat Studies Reader*, New York University Press, pp. ix–xxv.

あとがき

　本書は、2008年10月から2012年2月にかけて国立民族学博物館（大阪府吹田市）でおこなわれた共同研究会「リスクと不確実性、および未来についての人類学的研究」の研究成果である。研究代表者は編者のひとり東賢太朗が、民博側のコーディネーターにあたる副代表は林勲男が担当した。日本で数少ない「災害人類学者」である林は、足かけ3年半の研究のまとめ期間という段階になって、東日本大震災が起こったため多忙になり、研究会の運営に携われなくなった。このため、編者のひとり飯田卓が彼の代理となり、本書の刊行を補佐することになった。具体的には、本書全体の構成を見すえつつ、他の編者が担当した各部を調整してまとめた。

　研究会では、このほかにも、春日直樹氏（一橋大学）や福井栄二郎氏（島根大学）がレギュラーメンバーとして参加し、議論を盛りあげてくださった。また、レギュラーメンバー以外のゲスト発表者からご発表をいただいたこともある。彼らの論考を含められなかったのは残念だが、研究会の足どりについて関心のある方は、民博サーバー内のウェブサイトをご覧いただきたい（www.minpaku.ac.jp/research/activity/project/iurp/08jr115/　2013年10月30日閲覧）。

　東日本大震災が生じたことにより、不確実性の予見に関する議論は、日本の言論圏でますます活発になった。しかし本書では、そうした議論をあえていちいち取り上げず、「リスク社会」がはらむ問題の広がりについて提示する方針をとった。震災という本来的には自然災害だったはずのものが、原子力発電所の事故を伴って異例なまでに長期化したのは、我々の社会そのものが問題をはらんでいたからにほかならない。本書を一読すれば、そうしたリスクの社会的側面について、トータルに理解していただけると自負している。

　「リスク社会」の別の問題に目を向ければ、たとえばデザイナーベビー

の問題も本書に深くかかわっている。本書の第Ⅰ部では、高度なリスク管理の技術・制度が「リスク社会」を特徴づけると論じた。一方で、遺伝子解析技術が高度に発達した結果、発生段階の胎児の遺伝子を分析して、成長後の能力や容姿を判断できるようになった。この遺伝子解析は、胎児を産むか産まないかを決定するためのリスク分析に容易に転じうる。仮に、こうした遺伝子解析が当たり前になったとしたら、遺伝子解析をおこなわないまま出生した子どもは、ハンディキャップを背負うおそれがある——あるいは、周囲からそのようにみなされるおそれがある。もはや誰も、リスク管理の技術から無縁ではいられないのである。

　空想小説にしかなかった技術が身近に用いられている今、我々は、それを馴化するよう真剣にとり組まなければなるまい。今後、社会全体を巻き込んでいくであろう議論の出発点として、本書が役立つことを願っている。

　最後になったが、本書出版にあたり、館外での出版を奨励する国立民族学博物館の制度を利用した。編集段階では、世界思想社の中川大一氏と川瀬あやな氏、望月幸治氏にお世話になった。本書のテーマに初期から関心を持ってくださり、研究会にも出席していくつかの発表を聞いてくださったため、本書に対する助言は常に適切だった。道を踏みはずすことなく本書が完成した経緯を振り返ってみると、出版社の皆さんは、リスクをはらんだ編集過程を巧みに制御してくださったと思う。記して感謝申しあげる。

2014年3月21日
編者を代表して　飯田卓

索　引

人名・団体名索引

あ行
アカロフ、G.　11
アガンベン、G.　87, 128, 231, 240
東浩紀　231, 240
荒畑寒村　193
アルチュセール、L.　86
飯島伸子　104
イェーリング、R. von　188
一ノ瀬正樹　7, 218
宇井純　193
ウィルダフスキー、A.　65
内田樹　240
エヴァルド、F.　34, 218
エヴァンス=プリチャード、E. E.　12, 233
大森荘蔵　23, 153, 154
オリヴァー=スミス．A　64, 65

か行
カーソン、R　104
春日直樹　14, 22, 232, 240, 320
カルデール、I. R.　62
ガンディー、I.　44, 47, 48
菅直人　178, 179
岸信介　89
ギデンズ、A.　34, 35, 150, 167, 180, 185, 230
キムリッカ、W.　114
キャッシュダン、E.　10
九州電力　183, 184, 190, 193
P. キルウォース　171
N. グッドマン　323
クラーク、A. C.　154
クライン、N.　101
ケトレー、A.　33, 310, 311
原子力委員会　186
原子力保安院　184, 192

コーン、S.　220
コノリー、W. E.　117
小松丈晃　8, 236
近藤駿介　178

さ行
サイード、E. W.　179
齋藤純一　116
サンデル、M. J.　113
ジジェク、S.　232
渋谷望　21, 22, 218, 231, 259
下川裕治　240, 241
末弘厳太郎　187, 188
スベンセン、M. N.　219
スロビック、P.　201, 223
セラゲルディン、I.　62
セン、A.　113
曾野綾子　185
ソルニット、R.　232

た行
高倉浩樹　105
ダグラス、M.　9, 13, 22, 65, 205-208, 210, 233-235
立岩真也　40, 295, 296
田中角栄　91, 93
テイラー、C.　114
土井たか子　190
東京電力　34, 126, 128, 178
ドゥルーズ、G.　87
トクヴィル、A de.　113

な行
ナイト、F. H.　5, 164, 168, 169
中曾根康弘　89
庭田範秋　294, 295
ノージック、R.　115

は行
ハーバマス、J.　181

バーンスタイン、P.　33
バウマン、Z.　3
ハッキング、I.　17, 33
浜本満　234
ファッサン、D.　221
フーコー、M.　21, 33, 41, 42, 86-88, 126, 127, 212, 213
フェルスティナー、W. L. F.　182
福島真人　35, 125
藤垣裕子　70
フランクリン、S.　219
ベック、U.　1, 2, 4, 8, 9, 34, 36, 64, 99, 125, 192, 218, 230, 255
ベルヌーイ、J.　33
ホッブズ、T.　112
ホフマン、S. M.　64, 65

ま行
マーネス、A.　293, 294
舛添要一　185
マルクス、C.　112, 113
丸山真男　188, 194
三上剛史　231
ミル、J. S.　112
ムフ、C.　117

や行
安冨歩　193
山岸俊男　287, 298, 302
山田昌弘　231, 240
吉田麻里香　176, 178, 194

ら行
ラビノウ、P.　87
ラプラス、P. S.　6
リーズン、J.　168, 170
ルーマン、N.　8, 9, 121, 122, 205, 207, 211
レイコフ、A.　88
ローズ、N.　309
ローマ・クラブ　104
ロールズ、J.　113, 114, 295
ロック、M.　219
ロック、J.　112

わ行
和田安弘　182

アルファベット
IPCC　104, 105

事項索引

頻出する語については、とくに重要なページだけを選んだ。

あ行
アウェアネス　165, 168, 171
アザンデ　12, 14, 234
安心　111, 116, 136-138, 147, 148, 151, 152, 155, 168, 299
意思決定　3, 4, 6-9, 19, 20, 32, 34-36, 83-87, 96, 101, 121-123, 128, 154, 178, 222, 223, 282
移住　107-109, 178, 291
イデオロギー　65, 86, 89, 231, 232, 235, 236, 240, 308
医療人類学　12, 219
因果　5, 7, 9, 12, 14-18, 41, 125, 126, 147, 217, 220, 223, 231, 234, 311, 312, 316
疫学　16, 127, 130, 197-202, 204, 205, 211-213, 218, 221
エラー　157, 159, 161, 162, 164, 168
オリエンタリズム　179
温暖化　104, 105, 124, 125

か行
過学習　170, 173
格差　18, 56, 221, 231, 239-241, 246, 255, 256
賭け　58, 214, 239, 257, 259-261, 285, 287, 295, 298, 299, 304
可視化　15, 17, 21, 34, 35, 63, 69-72, 88, 96, 126, 127, 153
環境保全　271, 272
環境問題　34, 104
関係資本　302
気候変動　78, 104, 115, 223, 264, 282
技術的対応　263, 278-281
希望　23, 37, 57, 78, 108, 111, 173, 212, 219, 220, 230, 231, 235, 236, 240-243, 246, 248, 249, 251, 253-257, 290, 299
共同体　18, 57, 79, 112-116, 234, 236, 239, 255, 256, 260, 286
漁撈　10, 108, 109, 236, 263-265, 272, 278-281
儀礼　234, 263, 288
近代化　40, 53, 233
経済人類学　10
ケインズ主義　113
ゲーティッド・コミュニティー　231
血縁　108, 234, 256, 257, 259
決定論　17, 220, 224
幸運　252, 254, 257-259
公衆衛生　35, 88, 198-200, 204, 208, 213, 217, 221, 306, 307, 309, 316
洪水　78, 104-109
合理性　11, 155
個人化　67, 68, 192, 211, 218, 231, 234, 255, 260, 303
孤独死　291, 303
コミュニケーション　9, 99, 151, 157-159, 161-167, 169-171, 173, 230
コミュニティ管理　68
コントロール（制御）　2-4, 6, 11, 15, 20, 22, 37, 79, 122, 152, 181, 205, 211, 213, 214, 220, 260, 261, 263, 280, 317

さ行
災因論　12, 233-235
災害　37, 64, 65, 78, 80, 83-85, 88-90, 94, 95, 97, 98, 100, 101, 105, 107, 111, 180, 218, 232, 292, 298
災害対策基本法　84, 89, 90, 94, 98, 100
在来知　105
産児制限　36, 40, 42, 44, 45, 47-49, 53, 55, 56
資源枯渇　236, 264, 270, 278, 280
資源保全　269, 280
自己決定　3, 50, 111, 112, 114-116, 211, 232, 240, 241, 255, 256, 259, 260, 290
自己責任　3, 115, 137, 139, 141, 145, 147, 198, 217, 232, 240, 241, 255, 256, 259, 260
地震予知　92, 93, 96
植民地化　8, 181
社会運動　218, 307
社会的調整　263, 268, 278, 280, 282
社会民主主義　113

宿命(論) 21, 77, 231, 259
呪術 12, 14, 233-235, 263, 268
処方的リスク研究 10, 23, 122
新自由主義 31, 87, 115-117, 218, 236, 239, 241, 259, 260
信念 204
親密圏 255, 256, 259, 260
信頼 13, 34, 50, 85, 113, 115, 148-151, 155, 167, 180, 203, 230-232, 239, 286, 287, 294, 297-299, 301-304
生活環境主義 282
政策 40, 45-49, 57, 67, 68, 91, 95, 104, 109, 113, 116, 185, 194, 217, 218, 221, 235, 240
生態系 11, 104, 126, 265, 269, 278, 281
生態人類学 10
生の価値 304
専門家システム 34, 35, 128, 150, 185
外こもり 240, 241

た行

助けあい(互助・相互扶助) 20, 33, 97, 108, 113, 116, 256, 285-287, 291-296, 298, 301
多配列クラス 4
多文化主義 114
チェルノブイリ原発 189
地縁 234, 256, 257, 259
定住化 104, 107, 109
適応 236, 262-265
伝統医 75, 76
動員 36, 37, 84, 88, 90, 97, 100, 183, 184, 194
統計学 33, 41, 87, 122, 126, 205, 218, 223, 224, 310, 312
東大話法 193
統治 33, 41, 42, 59, 86-88

な行

ニート 239-242, 246
日常的実践 280
乳幼児死亡率 49, 67

は行

阪神・淡路大震災 91, 95, 97, 98, 101

東日本大震災 19, 79, 99, 100, 101, 108, 177, 232
病因論 219-221
不確実性 2, 4-6, 11-13, 15-17, 22, 44, 65, 70, 73, 121, 164-170, 173, 174, 218, 219, 224, 260, 263-266, 268, 285, 294, 298, 303, 304
福島第一原子力発電所 19, 34, 63, 79, 177, 178, 282
ブラックボックス(化) 2, 35, 57, 149, 150, 180, 183, 185, 192
フリーター 239, 240-242, 246, 320
不利益 4, 5, 8, 9, 11, 12, 14, 15, 17, 121, 129, 187, 190, 192, 220, 222, 223, 325
ブリコラージュ 279-281
紛争の展開モデル 182
保険 20, 33, 34, 36, 87, 90, 91, 96, 97, 125, 147, 153, 172, 217, 236, 286, 287, 292-298, 302, 303, 310-312

ま行

マージナリティ 235, 236, 259, 260
剥き出しの生 231, 240
無知のヴェール 295
モニタリング 161, 162, 165, 167, 168
〈問題―解決〉 14, 22, 23, 232, 240, 320

や行

優生学 35, 40, 44-46
ユートピア 230-232, 257
妖術 12, 14, 233
予防 20, 35, 68, 88, 127, 130, 142, 197-201, 203, 204, 207-211, 214, 217, 221, 277, 306, 308, 311

ら行

ラプラスの悪魔 6
乱獲 267, 278
リスク
――管理 18, 20, 33, 34, 37, 42, 47, 49, 113, 122, 127-130, 133, 137, 143-150, 154, 155, 158, 178, 208, 212, 218, 235, 256, 260
――計算 21, 31, 130, 200, 201, 203,

205, 208, 236, 281-283, 286, 303
　──研究　　10, 13, 236, 237
　──認知　　13, 142, 152, 197, 203,
　　　205, 207, 211, 214, 220, 223
　──の資源化　　132, 133, 146, 147,
　　　153-155
　──の〈装置〉　　21, 126-128, 130,
　　　153
　──の文化理論　　13, 14, 205, 207
　──分配　　230, 256
　累積的──　　201, 222, 223
リフレイミング　　319, 324
リプロダクティブ・ヘルス　　49, 50, 57,

　　　58
利便性　　108, 109
連帯　　20, 33, 36, 113, 115-117, 128, 230
　　　-232, 235, 236, 239, 289, 290, 293-298,
　　　302, 303, 308

アルファベット
HIV/AIDS　　196, 198-200, 202-207,
　　　211-214, 221
MSM(Men who have Sex with Men)
　　　198, 200, 201, 208, 211
NIMBY　　189
SPEEDI　　178

著者紹介（＊は編者）

＊市野澤　潤平（いちのさわ　じゅんぺい）
　東京大学大学院総合文化研究科博士課程単位取得退学。修士（学術）。宮城学院女子大学学芸学部准教授。専攻は文化人類学。
　著書に『ゴーゴーバーの経営人類学——バンコク中心部におけるセックスツーリズムに関する微視的研究』（めこん、2003 年）、論文に「危険からリスクへ——インド洋津波後の観光地プーケットにおける在住日本人と風評災害」（『国立民族学博物館研究報告』34 巻 3 号、2010 年）など。　　（序章、第 II 部イントロダクション、第 4 章）

＊木村　周平（きむら　しゅうへい）
　東京大学大学院総合文化研究科博士課程退学。博士（学術）。筑波大学人文社会系助教。専門は文化人類学、科学技術社会論、災害研究。
　著書に『震災の公共人類学——揺れとともに生きるトルコの人びと』（世界思想社、2013 年）、論文に「津波災害復興における社会秩序の再編——ある高所移転を事例に」（『文化人類学』78 巻 1 号、2013 年）など。　　（第 I 部イントロダクション、第 3 章）

松尾　瑞穂（まつお　みずほ）
　総合研究大学院大学文化科学研究科博士後期課程単位取得退学。博士（文学）。国立民族学博物館准教授。専攻は文化人類学、南アジア地域研究。
　著書に『ジェンダーとリプロダクションの人類学——インド農村社会の不妊を生きる女性たち』（昭和堂、2013 年）、『インドにおける代理出産の文化論——出産の商品化のゆくえ』（風響社、2013 年）など。　　（第 1 章）

松村　直樹（まつむら　なおき）
　名古屋大学大学院国際開発研究科博士課程単位取得退学。修士（学術）。独立行政法人国際協力機構バングラデシュ事務所企画調査員（水資源／防災）。専攻は開発の人類学。
　論文に「生活を脅かす「リスク」と浮遊する「安全な水」——バングラデシュ飲用水砒素汚染問題の事例から」（*Kyoto Working Papers on Area Studies* 29 号、2009 年）、「「安全な水」と「共同管理」をめぐるジレンマ——バングラデシュ砒素汚染対策プロジェクトにおける事例から」（『国際開発研究フォーラム』35 号、2007 年）など。
　　　　　　　　　　　　　　　　　　　　　　　　　　　　　　　（第 2 章）

藤原　潤子（ふじわら　じゅんこ）
　学術博士（大阪外国語大学）。総合地球環境学研究所上級研究員。専門は文化人類学、ロシア研究。
　著書に『呪われたナターシャ——現代ロシアにおける呪術の民族誌』（人文書院、

2010年)、著作に「途絶化するシベリアの村——社会変動と環境変動」『途絶する交通、孤立する地域』(東北大学出版会、2013年)など。　　　　　　　　　(コラム1)

日下　渉（くさか　わたる）
　九州大学大学院比較社会文化学府博士課程単位満期取得退学。博士（比較社会文化、九州大学）。名古屋大学大学院国際開発研究科准教授。専門は政治学、フィリピン研究。
　著書に『反市民の政治学——フィリピンの民主主義と道徳』(法政大学出版局、2013年)、論文に「秩序構築の闘争と都市貧困層のエイジェンシー——マニラ首都圏における街頭商人の事例から」(『アジア研究』53巻4号、2007年、アジア政経学会優秀論文賞受賞)など。　　　　　　　　　　　　　　　　　　　(コラム2)

渡邊　日日（わたなべ　ひび）
　東京大学大学院総合文化研究科博士課程単位取得退学。博士（学術）。東京大学大学院総合文化研究科教員。社会人類学。
　著書に『社会の探究としての民族誌——ポスト・ソヴィエト社会主義期南シベリア、セレンガ・ブリヤート人に於ける集団範疇と民族的知識の記述と解析、準拠概念に向けての試論』(三元社、2010年)、論文に「ロシア民族学に於けるエトノス理論の攻防——ソヴィエト科学誌の為に」『ポスト社会主義人類学の射程』(国立民族学博物館調査報告、78号、2008年)など。　　　　　　　　(第5章)

吉井　千周（よしい　せんしゅう）
　鹿児島大学大学院人文社会科学研究科博士課程単位取得退学。博士（学術）。国立都城工業高等専門学校准教授。専攻は法社会学。
　著作に「市民不在の原発建設決定の経緯」『九州の原発』(南方新社、2011年)、論文に「変容する山地民の紛争処理——モン族の離婚紛争を事例として」(『アジア女性研究』13号、2004年)など。　　　　　　　　　　　　　　　　　　(第6章)

新ヶ江　章友（しんがえ　あきとも）
　筑波大学大学院人文社会科学研究科修了。博士（学術）。名古屋市立大学男女共同参画推進センター特任助教。専攻は医療人類学、ジェンダー／セクシュアリティ研究。
　著書に『日本の「ゲイ」とエイズ——コミュニティ・国家・アイデンティティ』(青弓社、2013年)など。　　　　　　　　　　　　　　　　　　　　(第7章)

碇　陽子（いかり　ようこ）
　東京大学大学院総合文化研究科博士課程単位取得退学。修士（学術）。金沢大学研究員。専攻は文化人類学。

論文に「アメリカを中心としたファット・アクセプタンス運動の展開にみる「ファット」カテゴリの特殊性」(『社会人類学年報』39 号、2013 年)、「集合のリアリティ・個のリアリティ――アメリカの「肥満問題」から考えるリスクと個人」(『多民族社会における宗教と文化』17 号、印刷中) など。　　　　　　(コラム 3、第 11 章)

*東　賢太朗 (あずま　けんたろう)
　名古屋大学大学院文学研究科博士後期課程単位取得退学。博士 (文学)。名古屋大学大学院文学研究科准教授。専門は文化人類学。
　著書に『リアリティと他者性の人類学――現代フィリピン地方都市における呪術のフィールドから』(三元社、2011 年)、著作に「呪いには虫の糞がよく効く」『呪術の人類学』(人文書院、2012 年) など。　　　(第Ⅲ部イントロダクション、第 8 章)

*飯田　卓 (いいだ　たく)
　京都大学大学院人間・環境学研究科研究指導認定退学。博士 (人間・環境学)。国立民族学博物館准教授。専門は生態人類学、視覚メディアの人類学。
　著書に『海を生きる技術と知識の民族誌――マダガスカル漁撈社会の生態人類学』(世界思想社、2008 年)、著作に「近代空間としての名瀬市」『名瀬のまち　いまむかし』(南方新社、2012 年) など。　　　　　　　　　　　　　　　　(第 9 章)

西　真如 (にし　まこと)
　京都大学大学院アジア・アフリカ地域研究研究科単位取得退学。博士 (地域研究)。京都大学グローバル生存学ユニット特定准教授。専門は文化人類学、アフリカ研究。
　著書に『現代アフリカの公共性――エチオピア社会にみるコミュニティ・開発・政治実践』(昭和堂、2009 年)、論文に「「明日の私」を葬る――エチオピアの葬儀講仲間がつくりだす応答的な関係性」(『文化人類学』75 巻 1 号、2010 年) など。
　　　　　　　　　　　　　　　　　　　　　　　　　　　　　(第 10 章)

リスクの人類学 ――不確実な世界を生きる	
2014 年 6 月 10 日　第 1 刷発行	定価はカバーに 表示しています
編　者	東　賢太朗 市野澤潤平 木村　周平 飯田　　卓
発行者	髙島　照子

世界思想社

京都市左京区岩倉南桑原町 56　〒606-0031
電話 075(721)6506
振替 01000-6-2908
http://sekaishisosha.jp/

© 2014 K. Azuma, J. Ichinosawa, S. Kimura, T. Iida　Printed in Japan
落丁・乱丁本はお取替えいたします。　　（印刷・製本　太洋社）

JCOPY 〈(社) 出版者著作権管理機構 委託出版物〉
本書の無断複写は著作権法上での例外を除き禁じられています。複写される場合は、そのつど事前に、(社) 出版者著作権管理機構 (電話 03-3513-6969 FAX 03-3513-6979　e-mail: info@jcopy.or.jp) の許諾を得てください。

ISBN978-4-7907-1629-7

『リスクの人類学』の
読者にお薦めの本

現実批判の人類学　新世代のエスノグラフィへ
春日直樹 編

自然と文化、人間とモノ、主体と客体の二項対立を無効化する地平に立ち、現実が現実として構築される過程を緻密に分析することによって、世界が変わりうることを示す。「人類学の静かな革命」に共鳴する、別の現実を想像＝創造する試み。

定価 3,500 円＋税

震災の公共人類学　揺れとともに生きるトルコの人びと
木村周平

大地震が起こった。近い将来、また起こるかもしれない。だが急速に高まった災害への関心は、急速に低下してしまう。どうすれば記憶の風化に抗うことができるのか。過去と未来の地震の狭間で揺れる人びとの営みに注目する、公共人類学の構想。

定価 4,200 円＋税

プシコ ナウティカ　イタリア精神医療の人類学
松嶋健

なぜ精神病院を廃絶したのか？　精神病院から地域への移行で何が生じたか。地域精神保健サービスの現場でいま何が行なわれているのか。イタリア精神医療の歴史と現状を展望し、「人間」を中心にすえた、地域での集合的な生のかたちを描く。

定価 5,800 円＋税

ポストモラトリアム時代の若者たち　社会的排除を超えて
村澤和多里・山尾貴則・村澤真保呂

ひきこもり、ニート、腐女子……ポスト近代社会を生きる若者たちに起こっているのは何か？　彼らの心の構造と彼らを取り巻く社会の変動を同時に分析し、心と社会のつなぎめで起こっている問題の核心に迫る。失われたモラトリアムを求める旅。

定価 2,300 円＋税

定価は，2014 年 6 月現在